시험에 꼭 나오는

新JLPT

新 일본어능력시험
시험분석

(財)アジア学生文化協会 펴냄

N4

일본어 으뜸
(주)시사일본어사
book.japansisa.com

일본어능력시험을 목표로 공부하고 있는 여러분.

여러분이 일본에 흥미를 가지고 일본과 유대를 가져주시는 것을 아주 기쁘게 생각하고 있습니다. 그런 여러분의 능력시험합격에 조금이나마 도움이 됐으면 하는 바람으로 이 교재를 만들었습니다.

이 교재는 일본어능력시험의 신시험 형식에 맞춰서 만들었습니다. 문제에 답하면서 문법의 「文の組み立て(문장의 조합)」, 청해의 「発話表現(발화표현)」과 「即時応答(질의응답)」 등 새로운 출제형식에도 익숙해질 것입니다.

일본어능력시험의 신시험에서는 운용력을 본다고 합니다. 커뮤니케이션활동에는 다른 사람의 이야기를 듣고, 자기 의견을 말하는 것, HP나 알림, 리포트 등을 읽거나 쓰는 것도 필요합니다만, 그 중에서 주로 「듣기, 읽기」의 기능에 대한 능력을 측정하는 것이 신시험의 목적입니다. 물론 그 활동에 필요한 언어지식도 측정하려고 하고 있습니다.

그러므로 하루하루의 공부도 '이해한다'가 아니라 '실제로 사용한다'는 것을 염두하고 공부해 갑시다. 그 때문에 키워드는 '상대방이 말하는 의도를 아는 것'입니다. 지금 어떤 마음으로 무엇을 전하려고 이 말을 사용하고 있는가를 늘 생각하도록 하면 좋겠죠.

여러분의 하루하루의 노력이 합격이라는 성과에 이어질 수 있도록 건투를 빕니다.

아시아학생문화협회일본어코스 전임강사 일동
(アジア学生文化協会日本語コース専任講師一同)

차 례

新일본어능력시험 개요

2010년부터 새로워진 능력시험에 대해 알아보자.
연 1회 실시되던 시험이 연 2회(7월, 12월)로 늘어났다.

1. 무엇이 바뀌었는가?

❶ 기존 시험은 단순한 일본어에 관한 지식 위주의 시험이었다면 새로운 시험은 실질적인 문제해결능력을 묻는 문제를 중점으로 출제된다. 그리고 종합배점에서 청해가 차지하는 비율이 기존의 4분의 1에서 3분의 1로 높아졌다.

❷ 기존의 능시 1급에서 4급까지의 레벨이 한 단계 더 늘어나서 5단계로 바뀌었다.
새로 신설되는 N3는 기존의 능시 3급과 2급의 레벨차이를 보완하기 위한 것이다.
여기서 N이라는 것은 새로움을 의미하는 「New(新しい)」와 일본어의 의미인 「Nihongo(日本語)」의 머리글자이다.

N1	합격라인은 기존시험과 거의 변함이 없지만 기존 1급보다 조금 더 높은 수준까지 측정할 수 있게 된다.
N2	기존의 2급과 거의 비슷한 수준이다.
N3	기존의 2급과 3급 사이의 수준이다.(신설 됨)★
N4	기존의 3급과 거의 비슷한 수준이다.
N5	기존의 4급과 거의 비슷한 수준이다.

❸ 기존 시험에서는 1급의 경우 400점 만점에 70% 이상 즉 280점 이상이면 합격이었지만, 새로운 시험에서는 각 과목당 기준점수가 있어 이것에 미달하면 총득점이 높아도 합격할 수 없는 과락제도가 도입되었다.

❹ 매회 다른 난이도로 말미암아 발생하는 형평성 문제를 해결하기 위한 대책이 마련된다. 예를 들어 7월 시험은 쉬웠고, 12월 시험이 어려웠다고 한다면 12월에 시험을 친 수험생이 점수가 낮게 나올 가능성이 커진다. 이러한 문제를 보완하기 위한 대책이다.

❺ 일본어를 실생활에서 얼마나 적용할 수 있나?
새로워진 시험에서는 합격한 사람이 각 레벨별로 일상생활에서 일본어를 사용(말하기, 듣기, 읽기, 쓰기)해서 구체적으로 어떤 것을 할 수 있는지에 대한 기준을 제공할 예정이다. 예를 들어 N2에 합격한 자는 일본드라마를 볼 때 배우들의 대사를 무리없이 이해할 수 있으며(듣기), 일본인 친구들과 어려움 없이 메일을 주고받고(쓰기), 최신유행에 관한 잡지기사를 읽고 내용을 파악할 수 있으며(읽기), 회사면접 등에서 면접관 질문에 대해 정확하게 대답할 수 있다(말하기)는 것과 같이 실례를 보여주는 것이다.

2. 시험과목과 시험시간

레벨	시험과목 (시험시간)	
N1	언어지식 (문자・어휘・문법)・독해 (110분)	청해 (60분)
N2	언어지식 (문자・어휘・문법)・독해 (105분)	청해 (50분)
N3	언어지식 (문자・어휘) (30분) | 언어지식 (문법)・독해 (70분)	청해 (40분)
N4	언어지식 (문자・어휘) (30분) | 언어지식 (문법)・독해 (60분)	청해 (35분)
N5	언어지식 (문자・어휘) (25분) | 언어지식 (문법)・독해 (50분)	청해 (30분)

3. 시험점수

레벨	배점구분	득점범위
N1	언어지식(문자・어휘・문법)	0~60
	독해	0~60
	청해	0~60
	종합배점	0~180
N2	언어지식(문자・어휘・문법)	0~60
	독해	0~60
	청해	0~60
	종합배점	0~180
N3	언어지식(문자・어휘・문법)	0~60
	독해	0~60
	청해	0~60
	종합배점	0~180
N4	언어지식(문자・어휘・문법)・독해	0~120
	청해	0~60
	종합배점	0~180
N5	언어지식(문자・어휘・문법)・독해	0~120
	청해	0~60
	종합배점	0~180

新일본어능력시험 N4 문제 유형

시험과목		큰 문제	예상 문항 수	문제 내용	적정 예상 풀이 시간	파트별 소요 예상 시간	대책
언어지식 (30분)	문자·어휘	문제 1	9	한자 읽기 문제	3분	문자·어휘 20분	문자/어휘 파트의 시험 시간은 30분으로 문제 푸는 시간을 20분 정도로 생각하면 시간은 충분하다. 나머지 10분 동안 마킹과 점검을 하면 된다.
		문제 2	6	한자 쓰기 문제	3분		
		문제 3	10	문맥에 맞는 적절한 어휘 고르는 문제	6분		
		문제 4	5	주어진 어휘와 비슷한 의미의 어휘를 찾는 문제	3분		
		문제 5	5	제시된 어휘의 의미가 올바르게 쓰였는지를 묻는 문제	5분		
언어지식·독해 (60분)	문법	문제 1	15	문장의 내용에 맞는 문형표현 즉 기능어를 찾아서 넣는 문제	6분	문법 18분	총 60분 중에서 문제 푸는 시간 45분, 나머지 15분 동안 마킹과 마지막 점검을 하면된다. 문법파트에서 새로운 유형의 문제는 예제문제를 확실하게 이해하고 문제풀이를 하면 새로운 문제에 바로 적응할 수 있을 것이다. 독해문도 마찬가지다. 새로운 유형의 정보검색 등은 내용 속에 답이 있으므로 차분히 찾기만 하면 된다.
		문제 2	5	나열된 단어를 의미에 맞게 조합하는 문제	5분		
		문제 3	5	글의 흐름에 맞는 문법 찾아내기 문제	7분		
	독해	문제 4	4	단문(100~200자 정도)이해	10분	독해 27분	
		문제 5	4	중문(450자 정도)이해	10분		
		문제 6	2	400자 정도의 글을 읽고 필요한 정보 찾기	7분		
청해 (35분)		문제 1	8	과제 해결에 필요한 정보를 듣고 나서 무엇을 해야 하는지 찾아내기	약 12분 (한 문제당 약 1분 30초)		총 35분 중에서 문제 푸는 시간은 대략 32분 45초 정도가 될 것으로 예상한다. 나머지 시간은 질문 읽는 시간과 문제 설명 시간이 될 것으로 예상한다. 전체적으로 난이도가 그다지 어렵지 않다.
		문제 2	7	대화나 혼자 말하는 내용을 듣고 포인트 파악하기	약 13분 25초 (한 문제당 약 1분 55초)		
		문제 3	5	일러스트를 보면서 상황 설명을 듣고 그에 맞게 말을 먼저 꺼내는 쪽의 적절한 표현찾기	약 3분 20초 (한 문제당 약 40초)		
		문제 4	8	짧은 문장을 듣고 그에 맞는 적절한 응답 찾기	약 4분 (한 문제당 약 30초)		

1. 새로운 출제 형식

언어지식 (문법)	새롭게 출제되는 문제 • 나열된 단어를 의미에 맞게 조합하는 문제 • 글의 흐름에 맞는 문법 찾아내기 문제

독해	새롭게 출제되는 문제 • 팸플릿, 광고, 전단지, 정보지, 비즈니스 문서 등 400자 정도 되는 것을 보고 자신에게 필요한 정보를 찾기

청해	새롭게 출제되는 문제 • 일러스트를 보면서 상황설명을 듣고 그에 맞는 적절한 말 찾기 • 짧은 문장을 듣고 그에 맞는 적절한 응답 찾기

2. 문제경향

기존의 문자·어휘의 비중이 줄어든 반면 전체적으로 전체 문장을 읽고 파악해야 하는 문제가 강화되었다. 예를 들어, 기존의 문법 문제는 단순히 기능어를 묻는 문제였지만 새로운 시험은 주어진 글에서 알맞은 문법사항을 넣을 수 있는가를 묻는 문제가 추가되었다. 이는 구문만을 암기해서 답하는 문제가 아니라 전체적인 내용파악을 할 수 있는지를 평가하려는 것이다.

이와 더불어 청해의 비중도 이전보다 높아졌다.

3. 대처법

단순한 암기방식의 공부법이 아닌 평소에도 여러 분야의 글을 많이 읽어두는 것이 좋다. 특히 독해시험에 대비해서는 꼭 일본어가 아니더라도 한국어로 된 경제, 문화, 국제, 사회 등의 다방면의 글을 자주 접하는 것이 많은 도움이 될 것이다. 다양한 주제의 글을 많이 접하다 보면 독해 문장을 읽을 때 다음에 오는 내용을 예측하면서 읽어 갈 수 있기 때문이다. 그리고 청해 시험에 대비해 인터넷을 통해 접할 수 있는 뉴스, 드라마 등에도 흥미를 느끼면 어렵다고 느끼던 청해와 쉽게 친해질 수 있을 것이다.

I. 언어지식 (문자 · 어휘)

시험과목	배점	시험시간
언어지식 (문자 · 어휘)	언어지식 (문자·어휘·문법) ·독해 120점	30분

언어지식

문자 · 어휘

문제 1

 한자 읽기 문제

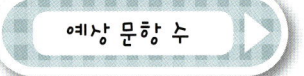 9문항    3분

 문제 1에는 훈독, 음독, 음독 훈독이 합쳐진 음훈독 혼합 한자가 골고루 출제될 것으로 예상한다. 특히 훈독은 1자 한자어, 음독은 2자 한자어를 중심으로 출제된다. 그리고 명사를 중심으로 출제되는 경향이 있으므로 철저한 학습이 요구된다.

명사
한자를 잡아라

もんだい1 ＿＿＿の ことばは ひらがなで どう かきますか。1・2・3・4から
　　　　いちばん いい ものを ひとつ えらんで ください。

1　外で 子どもの声が 聞こえます。
　　1　おと　　　　　2　こえ　　　　　3　はなし　　　　4　せい

2　山田さんは 何を 研究しているんですか。
　　1　けんきょう　　2　けんきゅう　　3　えんきょう　　4　えんきゅう

3　バスは 何時に 出発しますか。
　　1　しゅっばつ　　2　しゅっぱつ　　3　しゅばつ　　　4　ちゅばつ

4　ガソリンのねだんが 下がりました。
　　1　さがり　　　　2　あがり　　　　3　かがり　　　　4　したがり

5　私は 今年、２２さいに なります。
　　1　いまとし　　　2　こんとし　　　3　ことし　　　　4　いまとし

6　いもうとは ケーキが 大好きです。
　　1　おおすき　　　2　だいすき　　　3　たいすき　　　4　だいずき

7　すみませんが 先に 帰って ください。
　　1　せん　　　　　2　せい　　　　　3　さき　　　　　4　まえ

8　ここは 駅から 遠くて、不便です。
　　1　とおくて　　　2　とうくて　　　3　おおくて　　　4　おもくて

9　この国は 人口が ふえています。
　　1　にんこう　　　2　じんくち　　　3　ひとくち　　　4　じんこう

13

해설 및 정답

문제 1 _____의 단어는 히라가나로 어떻게 씁니까? 1 · 2 · 3 · 4에서 가장 적당한 것을 하나 고르세요.

---

1 外で 子どもの<u>声</u>が 聞こえます。

   1 おと   2 こえ   3 はなし   4 せい

정답 2

해석 밖에서 아이들의 목소리가 들립니다.

어휘 外^{そと} 밖   聞^きこえる 들리다   音^{おと} 소리   話^{はなし} 이야기

유형분석 명사 한자 읽기 문제

해설 「声」는 '목소리'라는 의미로 훈독은 「こえ」이며, 음독은 「せい」이다. 여기서는 '목소리'라는 명사의 의미로 사용되었으므로 훈독인 2번이 정답이다.

---

2 山田さんは 何を <u>研究</u>しているんですか。

   1 けんきょう   2 けんきゅう   3 えんきょう   4 えんきゅう

정답 2

해석 야마다 씨는 무엇을 연구하고 있습니까?

어휘 何^{なに} 무엇

유형분석 명사 한자 읽기 문제

해설 「研究」는 '연구'라는 의미로 음독은 「けんきゅう」이다.

---

3 バスは 何時に <u>出発</u>しますか。

   1 しゅっぱつ   2 しゅっぱつ   3 しゅばつ   4 ちゅばつ

정답 2

해석 버스는 몇 시에 출발합니까?

어휘 バス 버스   何時^{なんじ} 몇 시

유형분석 명사 한자 읽기 문제

해설 「出発」는 '출발'이라는 의미로 음독은 「しゅっぱつ」이다.

14

4 ガソリンのねだんが <u>下がりました</u>。

1 さがり   2 あがり   3 かがり   4 したがり

정답 1

해석 휘발유 가격이 내렸습니다.

어휘 ガソリン 휘발유   値段 가격

유형분석 동사 한자 읽기 문제

해설 「下がる」는 가격과 같은 수치 등이 '내려가다'라는 의미로 「さがる」라고 읽는다. 참고로 타동사는 「さげる」이다.

5 私は <u>今年</u>、２２さいに なります。

1 いまとし   2 こんとし   3 ことし   4 いまとし

정답 3

해석 나는 올해 22살이 됩니다.

어휘 才 세, 살(나이를 세는 단위)

유형분석 명사 한자 읽기 문제

해설 「今年」는 '올해'라는 의미로 훈독으로 「ことし」로 읽으며, 음독으로 읽을 때는 「今年度 (금년도)」와 같이 「こんねん」이라고 읽을 수도 있다.

6 いもうとは ケーキが <u>大好き</u>です。

1 おおすき   2 だいすき   3 たいすき   4 だいずき

정답 2

해석 여동생은 케이크를 아주 좋아합니다.

어휘 妹 여동생   ケーキ 케이크

유형분석 형용사 한자 읽기 문제

해설 「大好き」는 훈독과 음독의 혼용인 어휘로 주의가 필요하다. 「大」는 음독으로 「だい」라고 읽고, 「好き」는 훈독으로 「すき」라고 읽으며 '매우 좋아한다'라는 의미를 갖는다.

 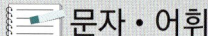

7 すみませんが 先に 帰って ください。

1 せん　　　　　2 せい　　　　　3 さき　　　　　4 まえ

정답　3

해석　죄송합니다만, 먼저 돌아가세요.

어휘　帰(かえ)る 돌아가다(오다)

유형분석　명사 한자 읽기 문제

해설　「先」는 음독으로는 「せん」으로, 훈독으로는 「さき」라고 읽는다. 여기서는 '먼저(앞서서)'라는 의미로 훈독으로 읽는다.

8 ここは 駅から 遠くて、不便です。

1 とおくて　　　2 とうくて　　　3 おおくて　　　4 おもくて

정답　1

해석　여기는 역에서 멀어서 불편합니다.

어휘　駅(えき) 역　　不便(ふべん)だ 불편하다

유형분석　형용사 한자 읽기 문제

해설　「遠(とお)い」는 형용사로 거리가 '멀다'라는 의미이다. 참고로 반의어는 「近(ちか)い(가깝다)」이다.

9 この国は 人口が ふえています。

1 にんこう　　　2 じんくち　　　3 ひとくち　　　4 じんこう

정답　4

해석　이 나라는 인구가 늘어나고 있습니다.

어휘　国(くに) 나라　　増(ふ)える 늘어나다

유형분석　명사 한자 읽기 문제

해설　「人口」는 '인구'라는 의미로 음독으로 「じんこう」라고 읽는다.

문제 2

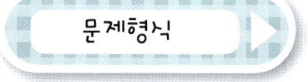 한자 쓰기 문제

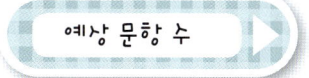 6문항 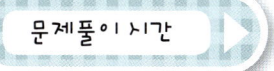 3분

 문제 2는 주어진 히라가나를 한자로 어떻게 쓰느냐 하는 문제인데, 정답과 비슷한 모양의 한자, 일본어에 없는 한자가 선택지에 사용되는 경우가 많다. 그러므로 한자의 부수를 정확하게 암기할 필요가 있다. 예를 들어, 정답이 「場所」인 문제의 선택지에 「揚所」가 나오는 경우이다. 그리고 주의해야 할 것은 送り仮名이다. 예를 들어, 문제가 「ねむたい」인 경우, 眠たい가 정답이지만 眠むたい도 선택지에 같이 나오기 때문이다.

한자 부수를
정확히 기억하자

もんだい2 ＿＿の ことばは どう かきますか。1・2・3・4から いちばん い
い ものを ひとつ えらんで ください。

10 父は 銀行で はたらいています。
　　1 動いて　　　　2 重いて　　　　3 働いて　　　　4 勤いて

11 この部屋は ちょっと くらいですね。
　　1 黒い　　　　2 暗い　　　　3 高い　　　　4 悪い

12 すみませんが、このかばんを もって ください。
　　1 持って　　　　2 待って　　　　3 特って　　　　4 侍って

13 あのかしゅは 有名ですね。
　　1 歌者　　　　2 歌人　　　　3 歌手　　　　4 歌家

14 学校で あさごはんを 食べます。
　　1 早　　　　2 昼　　　　3 夕　　　　4 朝

15 父は からだが 大きいです。
　　1 力　　　　2 身　　　　3 体　　　　4 心

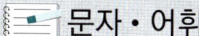
문제 2 _____의 단어는 어떻게 씁니까? 1・2・3・4에서 가장 적당한 것을 하나 고르세요.

---

10 父は　銀行で　はたらいています。

1　動いて　　　　　2　重いて　　　　　3　働いて　　　　　4　勤いて

정답　　3

해석　　아버지는 은행에서 일하고 있습니다.

어휘　　父 아버지　　銀行 은행

유형분석　　동사 한자 쓰기 문제

해설　　「はたらく」는 '일하다'라는 의미로 한자표기는 「働く」이다. 선택지의 한자의 올바른 표기는 각각 「動く(움직이다)」, 「重い(무겁다)」, 「勤める(근무하다)」이다.

---

11 この部屋は　ちょっと　くらいですね。

1　黒い　　　　　2　暗い　　　　　3　高い　　　　　4　悪い

정답　　2

해석　　이 방은 좀 어둡군요.

어휘　　部屋 방　　ちょっと 조금　　黒い 검다　　高い 높다, 비싸다　　悪い 나쁘다

유형분석　　형용사 한자 쓰기 문제

해설　　「くらい」는 '어둡다'의 의미로 한자표기는 「暗い」이다.

---

12 すみませんが、このかばんを　もって　ください。

1　持って　　　　　2　待って　　　　　3　特って　　　　　4　侍って

정답　　1

해석　　죄송합니다만, 이 가방을 들어주세요.

어휘　　かばん 가방　　待つ 기다리다

유형분석　　동사 한자 쓰기 문제

해설　　「もつ」는 '들다, 소지하다' 등의 의미로 한자표기는 「持つ」이다.

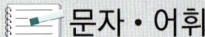

13 あのかしゅは　有名ですね。

　　1　歌者　　　　　　　2　歌人　　　　　　3　歌手　　　　　　4　歌家

정답	3
해석	저 가수는 유명하죠.
어휘	有名だ 유명하다
유형분석	명사 한자 쓰기 문제
해설	선택지의 한자를 우리말로 읽으면 쉽게 3번이 정답이라는 것을 알 수 있다.

14 学校で　あさごはんを　食べます。

　　1　早　　　　　　　　2　昼　　　　　　　3　夕　　　　　　　4　朝

정답	4
해석	학교에서 아침밥을 먹습니다.
어휘	学校 학교　ごはん 밥　食べる 먹다　昼 낮
유형분석	명사 한자 쓰기 문제
해설	「あさ」의 한자표기는 「朝」이다.

15 父は　からだが　大きいです。

　　1　力　　　　　　　　2　身　　　　　　　3　体　　　　　　　4　心

정답	3
해석	아버지는 체격이 큽니다.
어휘	父 아버지　大きい 크다　力 힘　身 몸　心 마음
유형분석	명사 한자 쓰기 문제
해설	「からだ」는 '몸'을 가리키는 말로 한자표기는 「体」이다.

문제 3

 문맥에 맞는 적절한 어휘를 고르는 문제

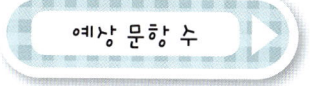 10문항   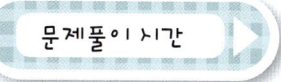 5분

 문제 3은 명사, 동사, 형용사, 부사에서 골고루 출제된다. 어휘의 의미에 관한 지식을 알아보는 문제이니까 선택지가 히라가나로 되어있는 경우가 많으므로 어휘를 대충 외울 것이 아니라 의미를 확실하게 기억해 두어야 한다.

어휘의 의미를
대충 넘기지 말자

もんだい3 （　　　）に　なにを　いれますか。1・2・3・4から　いちばん　いい
　　　　ものを　ひとつ　えらんで　ください。

16　山田さんは　今　病気で、病院に　（　　　　）います。
　　1　すんで　　　　　　　　　　　　　2　とまって
　　3　にゅういんして　　　　　　　　　4　たいいんして

17　日曜日は　（　　　　）　うちに　います。
　　1　だいぶ　　　　2　たいてい　　　　3　たとえば　　　　4　どうも

18　かばんの（　　　　）に　本が　入っています。
　　1　うら　　　　　2　なか　　　　　3　そと　　　　　4　うち

19　来月のよていは　この（　　　　）に　書いて　あります。
　　1　アクセサリー　2　アナウンサー　3　カーテン　　　4　カレンダー

20　トイレは　この（　　　　）を　のぼると　左に　ありますよ。
　　1　かいだん　　　2　かいがん　　　3　かいしゃ　　　4　かいぎ

21　先生の（　　　　）で　大学に　ごうかくできました。ありがとうございました。
　　1　おつり　　　　2　おたく　　　　3　おかげ　　　　4　おいわい

22　時間が　ないから　（　　　　）　行きましょう。
　　1　のぼって　　　2　およいで　　　3　あるいて　　　4　いそいで

23　本屋で　ざっしを　三（　　　　）　買いました。
　　1　さつ　　　　　2　ほん　　　　　3　まい　　　　　4　こ

24 テレビの（　　　　）で　見たんですが、中国で　大きいじしんが　あったそう
です。

1　新聞　　　　　　2　ニュース　　　3　てんきよほう　4　ドラマ

25 つぎの駅で　ＪＲから　地下鉄に（　　　　）。

1　のりかえます　2　とりかえます　3　かえます　　　4　降ります

문제 3 ( )에 무엇을 넣습니까? 1·2·3·4에서 가장 적당한 것을 하나 고르세요.

---

16 山田さんは 今 病気で 病院に ( )います。

1 すんで　　　　2 とまって　　　　3 にゅういんして　　4 たいいんして

정답　3

해석　야마다 씨는 지금 병으로 병원에 입원하고 있습니다.

어휘　病気 병　　病院 병원　　住む 살다　　泊まる 숙박하다　　退院する 퇴원하다

유형분석　적절한 어휘 찾기 문제

해설　「病気(병)」와「病院(병원)」이라는 말에서「入院する(입원하다)」가 가장 적절하다는 것을 알 수 있다.

---

17 日曜日は ( ) うちに います。

1 だいぶ　　　　2 たいてい　　　　3 たとえば　　　4 どうも

정답　2

해석　일요일은 대부분 집에 있습니다.

어휘　日曜日 일요일　　うち 집　　だいぶ 상당히　　たとえば 예를 들면　　どうも 대단히

유형분석　적절한 어휘 찾기 문제

해설　문맥상 가장 적절한 것은 2번「たいてい(대부분)」이다.

---

18 かばんの( )に 本が 入っています。

1 うら　　　　2 なか　　　　3 そと　　　　4 うち

정답　2

해석　가방 안에 책이 들어 있습니다.

어휘　かばん 가방　　本 책　　入る 들어가다(오다)　　裏 뒤　　外 밖

유형분석　적절한 어휘 찾기 문제

해설　어떠한 물건의 '안'을 가리키는 의미는 2번「なか」이다. 4번도 '내부, 안'이라는 의미를 갖기는 하나, 여러 물건들 '가운데'라는 의미로 사용한다.

19 来月のよていは　この（　　　　）に　書いて　あります。

    1　アクセサリー　　　　2　アナウンサー　　　　3　カーテン　　　　4　カレンダー

정답　4

해석　다음 달 예정은 이 달력에 쓰여 있습니다.

어휘　来月 다음 달　　予定 예정　　書く 쓰다　　アクセサリー 액세서리　　アナウンサー 아나운서

       カーテン 커튼

유형분석　적절한 어휘 찾기 문제

해설　문장 뒷부분「書いて　あります(쓰여 있습니다)」에서 4번「カレンダー(달력)」가 가장 적절하다는

      것을 알 수 있다.

20 トイレは　この（　　　　）を　のぼると　左に　ありますよ。

    1　かいだん　　　　2　かいがん　　　　3　かいしゃ　　　　4　かいぎ

정답　1

해석　화장실은 이 계단을 오르면 왼쪽에 있습니다.

어휘　トイレ 화장실　　上る 오르다　　左 왼쪽　　階段 계단　　海岸 해안　　会社 회사　　会議 회의

유형분석　적절한 어휘 찾기 문제

해설　「のぼる」는 '~에·을 오르다'라는 의미이므로 1번 '계단'이 정답이다.

21 先生の（　　　　）で　大学に　ごうかくできました。ありがとうございました。

    1　おつり　　　　2　おたく　　　　3　おかげ　　　　4　おいわい

정답　3

해석　선생님 덕분에 대학에 합격했습니다. 감사합니다.

어휘　先生 선생님　　大学 대학　　合格 합격　　おつり 잔돈　　お宅 댁(집의 높임말)　　お祝い 축하

유형분석　적절한 어휘 찾기 문제

해설　「おかげで」는 '덕분에'라는 의미로 플러스적인 요인을 나타낼 때 사용한다. 참고로 마이너스적인

      요인을 나타낼 때는「せいで(탓으로)」라는 표현을 사용한다.

22 時間が ないから （　　　） 行きましょう。

1　のぼって　　　　2　およいで　　　　3　あるいて　　　　4　いそいで

정답　4

해석　시간이 없으니까 서둘러 갑시다.

어휘　時間 시간　上る 오르다　泳ぐ 헤엄치다　歩く 걷다　急ぐ 서두르다

유형분석　적절한 어휘 찾기 문제

해설　'시간이 없으니까'에서 이유를 나타내고 있으므로, '서두르다'라는 표현이 가장 적절하다.

23 本屋で ざっしを 三（　　　） 買いました。

1　さつ　　　　2　ほん　　　　3　まい　　　　4　こ

정답　1

해석　서점에서 잡지를 3권 샀습니다.

어휘　本屋 서점　雑誌 잡지　買う 사다

유형분석　적절한 어휘 찾기 문제

해설　조수사(단위)가 포인트이다. 잡지 등과 같은 책 종류는 「冊(권)」이므로 1번이 정답이다. 2번은 가늘고 긴 것, 3번은 얇고 평평한 것, 4번은 일반적인 개수 등을 셀 때 각각 사용한다.

24 テレビの（　　　）で 見たんですが、中国で 大きいじしんが あったそうです。

1　新聞　　　　2　ニュース　　　　3　てんきよほう　　　　4　ドラマ

정답　2

해석　텔레비전 뉴스에서 봤습니다만, 중국에서 큰 지진이 있었다고 합니다.

어휘　テレビ 텔레비전　新聞 신문　ニュース 뉴스　天気予報 일기예보　地震 지진

유형분석　적절한 어휘 찾기 문제

해설　「テレビの（　）で見たんですが (텔레비전의 （　）에서 보았습니다)」라고 했으므로, 문맥상 적절한 말은 「ニュース(뉴스)」이다.

25 つぎの駅で　ＪＲから　地下鉄に　（　　　　　）。

　1　のりかえます　　　2　とりかえます　　　3　かえます　　　　4　降ります

정답　　1

해석　　다음 역에서 JR에서 지하철로 갈아탑니다.

어휘　　次 다음　　駅 역　　JR 일본철도(Japan Railway)　　地下鉄 지하철　　乗り換える 갈아타다
　　取り替える 교체하다　　かえる 교환하다, 바꾸다, 대신하다　　降りる 하차하다

유형분석　　적절한 어휘 찾기 문제

해설　　'역에서 지하철로 ~' 라고 했으므로 ~에 적절한 말은 '갈아타다'이다.

문제 4

 주어진 어휘와 비슷한 의미의 어휘를 찾는 문제

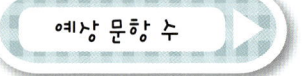 5문항   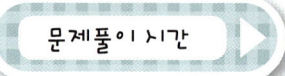 4분

 문제 3과 마찬가지로 어휘의 의미를 잘 알아야 쉽게 풀 수 있는 문제이다. 어휘의 한 가지 의미만 외우는 것이 아니라 다양한 의미와 비슷한 표현도 같이 기억하도록 해야 한다.

예를 들어 「絵がうまい。」의 「うまい」는 '맛있다' '잘 하다' 등의 의미가 있는데 여기서는 '잘 하다'의 의미로 쓰인다.

もんだい4 ＿＿＿の　ぶんと　だいたい　おなじ　いみの　ぶんが　あります。
　　　　　1・2・3・4から　いちばん　いい　ものを　ひとつ　えらんで　ください。

26 としょかんで　本を　借りるとき、何が　いりますか。
　　1　としょかんで　本を　借りるとき、何を　いれますか。
　　2　としょかんで　本を　借りるとき、どこから　はいりますか。
　　3　としょかんで　本を　借りるとき、何を　しますか。
　　4　としょかんで　本を　借りるとき、何が　ひつようですか。

27 さっき　山田さんが　来ました。
　　1　少し前に　山田さんが　来ました。
　　2　きのう　山田さんが　来ました。
　　3　先週　山田さんが　来ました。
　　4　去年　山田さんが　来ました。

28 友だちに　おいしいレストランを　しょうかいしました。
　　1　友だちに　おいしいレストランを　聞きました。
　　2　友だちと　おいしいレストランへ　行きました。
　　3　友だちに　おいしいレストランを　教えました。
　　4　友だちと　おいしいレストランで　食事しました。

29　休むなら　れんらくして　ください。
　　1　休むなら　電話を　かけて　ください。
　　2　休むなら　病院へ　行って　ください。
　　3　休むなら　家で　よく　ねて　ください。
　　4　休むなら　家で　ゆっくり　休んで　ください。

30　私は　山田さんに　あやまりました。
　　1　私は　山田さんに　「ありがとう」と　言いました。
　　2　私は　山田さんに　「ごめんなさい」と　言いました。
　　3　私は　山田さんに　「すごいですね」と　言いました。
　　4　私は　山田さんに　「やめてください」と　言いました。

문제 4 _____의 문장과 거의 같은 의미의 문장이 있습니다. 1·2·3·4에서 가장 적당한 것을 하나 고르세요.

---

26 としょかんで　本を　借りるとき、何が　いりますか。

1　としょかんで　本を　借りるとき、何を　いれますか。

2　としょかんで　本を　借りるとき、どこから　はいりますか。

3　としょかんで　本を　借りるとき、何を　しますか。

4　としょかんで　本を　借りるとき、何が　ひつようですか。

정답　4

해석　도서관에서 책을 빌릴 때, 무엇이 필요합니까?

어휘　図書館 도서관　借りる 빌리다　入れる 넣다　入る 들어가다　必要だ 필요하다

유형분석　비슷한 의미의 어휘 찾기 문제

해설　「要る」는 '필요하다'라는 동사이다. 따라서 같은 의미인 「必要だ(필요하다)」의 4번이 정답이다.

---

27 さっき　山田さんが　来ました。

1　少し前に　山田さんが　来ました。

2　きのう　山田さんが　来ました。

3　先週　山田さんが　来ました。

4　去年　山田さんが　来ました。

정답　1

해석　좀 전에 야마다 씨가 왔습니다.

어휘　昨日 어제　先週 지난 주　去年 작년

유형분석　비슷한 의미의 어휘 찾기 문제

해설　「さっき」는 '좀 전에'라는 의미로 명확하지 않은 시간적인 과거부분을 나타내며, (그리 길지 않은)시간 전에 라는 뉘앙스를 갖는다. 따라서 1번 「少し前に(조금 전에)」가 가장 적절하다. 참고로 좀 더 정중한 말투로 「先ほど」라고도 한다.

해설 및 정답

28 友だちに おいしいレストランを しょうかいしました。

  1 友だちに おいしいレストランを 聞きました。

  2 友だちと おいしいレストランへ 行きました。

  3 友だちに おいしいレストランを 教えました。

  4 友だちと おいしいレストランで 食事しました。

정답   3

해석   친구에게 맛있는 레스토랑을 소개했습니다.

어휘   おいしい 맛있다   紹介する 소개하다   レストラン 레스토랑   食事する 식사하다

유형분석   비슷한 의미의 어휘 찾기 문제

해설   「紹介する」는 '소개하다'라는 의미로, 소개를 했다는 것은 다른 사람에게 '알려주다, 가르쳐 주다'라는 의미이므로 3번이 적절하다.

29 休むなら れんらくして ください。

  1 休むなら 電話を かけて ください。

  2 休むなら 病院へ 行って ください。

  3 休むなら 家で よく ねて ください。

  4 休むなら 家で ゆっくり 休んで ください。

정답   1

해석   쉴 거라면 연락해 주세요.

어휘   休む 쉬다   連絡する 연락하다   病院 병원   ゆっくり 천천히, 편히

유형분석   비슷한 의미의 어휘 찾기 문제

해설   「連絡する(연락하다)」라는 말은 전화나 메일 등 어떠한 수단을 통해서든 알리다라는 말이므로 '전화를 걸다'가 가장 적절하다. 2번은 '병원에 가세요', 3번은 '잠을 자세요', 4번은 '편히 쉬세요'라는 말로 연락과는 무관하므로 정답이 될 수 없다.

30 私は　山田さんに　あやまりました。

1　私は　山田さんに　「ありがとう」と　言いました。

2　私は　山田さんに　「ごめんなさい」と　言いました。

3　私は　山田さんに　「すごいですね」と　言いました。

4　私は　山田さんに　「やめてください」と　言いました。

정답　2

해석　나는 야마다 씨에게 사과하였습니다.

어휘　謝る 사과하다　　すごい 대단하다　　止める 그만두다

유형분석　비슷한 의미의 어휘 찾기 문제

해설　「あやまる」는 '사과하다'라는 의미이므로 사과하고 있는 2번은 「ごめんなさい(죄송합니다)」이다.
1번은 '감사하다', 3번은 '대단하네요', 4번은 '그만 하세요'라는 말로 사과와는 무관한 내용이다.

문제 5

 제시된 어휘가 가지는 의미가 올바르게 쓰였는지를 묻는 문제

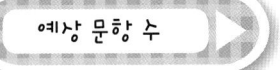 5문항    5분

 문제 5에서도 제시되는 문제의 어휘가 히라가나인 경우가 많다. 한자표기가 있으면 대충 짐작할 수 있는 단어라도 히라가나로 되어 있으면 더 어렵게 느껴질 수 있다. 기본적으로 어휘의 의미를 알아야 하고 그 어휘가 문장에서 어떻게 쓰이는지를 알아야 풀 수 있는 문제이므로 단순히 단어만 외울 것이 아니라 예문을 통째로 암기하는 식으로 공부해 두는 것이 문제 5에 대비하는 방법이다.

따지고
또 따져보자

もんだい5　つぎの　ことばの　つかいかたで　いちばん　いい　ものを　1・2・3・4
　　　　から　ひとつ　えらんで　ください。

31　おおい

　　1　おおい人が　駅に　います。

　　2　ここは　外国人が　おおいいます。

　　3　時間が　おおいですから、ゆっくり　行きましょう。

　　4　日本は　じしんが　おおいです。

32　じょうず

　　1　イさんは　勉強が　じょうずです。

　　2　イさんのじょうずは　テニスです。

　　3　イさんは　ダンスを　じょうずします。

　　4　イさんは　歌が　じょうずです。

33　あいだ

　　1　花屋は　デパートと　レストランのあいだに　ありますよ。

　　2　さいふは　ポケットのあいだに　入っています。

　　3　ひこうきが　空のあいだを　とんでいます。

　　4　この部屋のあいだに　つくえと　ベッドが　あります。

34 うんてんする

   1　私は　自転車を　<u>うんてんする</u>ことが　できません。

   2　パイロットは　ひこうきを　<u>うんてんする</u>しごとです。

   3　父は　車を　<u>うんてんする</u>のが　好きです。

   4　わたしは　毎日　部屋で　<u>うんてんして</u>います。

35 もうすぐ

   1　国へ　帰ったら　<u>もうすぐ</u>　メールを　送って　ください。

   2　今日から　7月です。<u>もうすぐ</u>　夏休みですね。

   3　駅を　出て、<u>もうすぐ</u>　右へ　まがると　左に　コンビニが　あります。

   4　弟は　朝起きて　<u>もうすぐ</u>　出かけました。

문제 5 다음 단어의 사용법으로서 가장 적당한 것을 1 · 2 · 3 · 4에서 하나 고르세요.

---

31 おおい

1 おおい人が　駅に　います。
2 ここは　外国人が　おおいいます。
3 時間が　おおいですから、ゆっくり　行きましょう。
4 日本は　じしんが　おおいです。

정답　　4

해석　　일본은 지진이 많습니다.

어휘　　駅 역　　外国人 외국인　　時間 시간　　ゆっくり 천천히　　地震 지진

유형분석　　제시된 어휘가 올바르게 쓰인 문장 찾기 문제

해설　　「おおい」는 '많다'라는 의미로 어떠한 수량이나 경우가 많을 때 사용한다. 1번과 2번은 사람이 '많다'라는 의미이므로 「大勢(많은 사람)」를 써야 하며, 3번 시간이 '많다'라는 말은 우리말 표현에는 있으나 일본어로는 「時間がある(시간이 있다)」라는 표현을 써야 한다. 4번은 지진이 '많다'라는 의미이지만, 지진이 일어나는 '경우'가 많다라는 의미로 표현이 가능하다.

---

32 じょうず

1 イさんは　勉強が　じょうずです。
2 イさんのじょうずは　テニスです。
3 イさんは　ダンスを　じょうずします。
4 イさんは　歌が　じょうずです。

정답　　4

해석　　이 씨는 노래를 잘합니다.

어휘　　上手だ 잘하다　　勉強 공부　　テニス 테니스　　ダンス 댄스　　歌 노래

유형분석　　제시된 어휘가 올바르게 쓰인 문장 찾기 문제

해설　　「上手だ(잘하다)」는 ナ형용사로 '기술적인 부분이 뛰어나다' 라는 의미이며 목적격 조사로 「が」를 동반하는 것이 특징이다. 따라서 잘하는 분야 뒤에 「が」를 쓴 것부터 읽는 것이 포인트. 1번은 공부는 기술적 요소를 담고 있지 않으므로 「できる」라는 표현으로 '잘한다'라는 의미를 나타내므로 4번이 정답이다. 2번은 「趣味 (취미)」, 3번은 ナ형용사는 「〜する」표현을 쓰지 않으므로 「練習(연습)」 등으로 대체가 가능하다.

---

33 あいだ

1 花屋は デパートと レストランのあいだに ありますよ。

2 さいふは ポケットのあいだに 入っています。

3 ひこうきが 空のあいだを とんでいます。

4 この部屋のあいだに つくえと ベッドが あります。

정답 1

해석 꽃집은 백화점과 레스토랑 사이에 있습니다.

어휘 花屋 꽃집   ポケット 주머니   入る 들어가다   飛行機 비행기   空 하늘   飛ぶ 날다
ベッド 침대

유형분석 제시된 어휘가 올바르게 쓰인 문장 찾기 문제

해설 「あいだ」는 '사이'라는 의미로 두 지점의 공간적, 시간적, 인간관계적인 부분을 나타낸다. 따라서 두 지점을 나타내는 말이 필요하므로 '백화점과 레스토랑'이라는 공간적 사이를 표현하는 1번이 정답이다.

---

34 うんてんする

1 私は 自転車を うんてんすることが できません。

2 パイロットは ひこうきを うんてんするしごとです。

3 父は 車を うんてんするのが 好きです。

4 わたしは 毎日 部屋で うんてんしています。

정답 3

해석 아버지는 차를 운전하는 것을 좋아합니다.

어휘 運転する 운전하다   自転車 자전거   パイロット 파일럿   飛行機 비행기   車 차
毎日 매일

유형분석 제시된 어휘가 올바르게 쓰인 문장 찾기 문제

해설 「運転する」는 '운전하다'라는 의미로 기계를 조작하는 경우에 사용하지만, 주로 '자동차'를 '운전한다'라고 하므로 목적어와의 의미적 호응을 고려하면 3번이 정답이라는 것을 알 수 있다.

35 もうすぐ

1 国へ 帰ったら もうすぐ メールを 送って ください。

2 今日から 7月です。もうすぐ 夏休みですね。

3 駅を 出て、もうすぐ 右へ まがると 左に コンビニが あります。

4 弟は 朝起きて もうすぐ 出かけました。

정답 2

해석 오늘부터 7월입니다. 이제 곧 여름방학이네요.

어휘 国 나라   帰る 돌아가다   メール 메일   送る 보내다   夏休み 여름방학   駅 역
コンビニ 편의점   弟 남동생   起きる 일어나다   出かける 외출하다

유형분석 제시된 어휘가 올바르게 쓰인 문장 찾기 문제

해설 「もうすぐ」는 '이제 곧'이라는 의미로, 어떠한 시기가 곧 다가오는 것을 뜻하므로 2번이 가장 적절하다.

Ⅱ. 언어지식 (문법) / 독해

시험과목	배점	시험시간
언어지식 (문법) 독해	언어지식 (문자·어휘·문법) ·독해 120점	60분

언어지식

 **문법**

문제 1

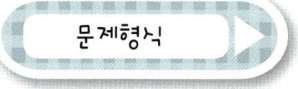 문장의 내용에 맞는 문형 및 문법항목을 넣는 문제

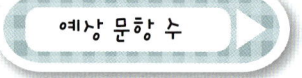 15문항　　　 6분

 문법 파트의 문제1에서는 기능어 그 자체를 다루는 문제보다 기능어에 접속되는 동사의 형태를 묻는 문제, 수수표현, 부사 등의 문제가 출제된다. 단순히 기능어만 달달 외울 것이 아니라 조사 두 가지를 조합한 것(ex までには) 등 기본적인 문법을 착실히 공부해 두는 것이 좋다.

기능어만이 문법이 아니다

もんだい1 （　　　）に　何を　入れますか。1・2・3・4から　いちばん　いい　ものを
　　　　　一つ　えらんで　ください。

1　A：ちょっと　暑いですね。まどを　（　　　　　）。
　　B：すみません、おねがいします。

　　1　開けて　ください　　　　　　　　　2　開けましょうか
　　3　開けました　　　　　　　　　　　　4　開けません

2　A：すみませんが、このじしょ、（　　　　　）。
　　B：いいですよ、どうぞ。

　　1　かりても　いいですか　　　　　　　2　かすのが　いいですか
　　3　かりますか　　　　　　　　　　　　4　かしますか

3　A：（　　　　　）ですね。お持ちしましょうか。
　　B：どうも　ありがとうございます。

　　1　重かった　　　　2　重いらしい　　　3　重いそう　　　　4　重そう

4　A：すみません。森さんは、まだ　いらっしゃいますか。
　　B：さっき（　　　　　）よ。

　　1　帰られました　　　　　　　　　　　2　帰れました
　　3　帰りませんでした　　　　　　　　　4　帰って　いません

5　A：もしもし。すみませんが、頭が　いたくて　ねつが　あるので　今日
　　　（　　　　　）。
　　B：わかりました。お大事に。

　　1　休んでも　いいですよ　　　　　　　2　休んで　いただけませんか
　　3　休ませても　いいですよ　　　　　　4　休ませて　いただけませんか

6　A：もしもし、田中さんですか。

　　B：はい、田中です。今　かいぎ中なので、かいぎが　（　　　　　）　こちらから
　　　　お電話します。

　　1　終わったら　　　　　　　　　　　2　終わると

　　3　終わらなかったら　　　　　　　　4　終わらないと

7　A：はさみ、どこですか？　ないんですけど。

　　B：さっき　かたづけたから　引き出しの中に　（　　　　　）よ。

　　1　あるようです　　　　　　　　　　2　ありそうです

　　3　あるはずです　　　　　　　　　　4　あるつもりです

8　A：森さん、すみません。先週　借りた本を　（　　　　　）のを　わすれました。

　　B：じゃあ、あしたでも　いいですよ。

　　1　持ってきた　　　　　　　　　　　2　持ってくる

　　3　持ってこなかった　　　　　　　　4　持ってこない

9　A：あれ、かさがない。

　　B：だれかに　（　　　　　）んじゃないですか。

　　1　まちがえられた　　　　　　　　　2　まちがえた

　　3　まちがえられなかった　　　　　　4　まちがえなかった

10　台所で　大きい音が　（　　　　　）ね。何か　おちたんでしょうか。

　　1　ありました　　　　　　　　　　　2　聞きました

　　3　出ました　　　　　　　　　　　　4　しました

11　A：どうしたんですか。

　　B：ゆうべ　勉強　（　　　　　）テストが　あまり　できなかったんです。

　　1　したのに　　　　　2　したから　　　3　して　　　　　4　しなくても

12　A：そのかばん、いいですね。どこで　買ったんですか。

　　B：ああ、これは　たんじょうびに　妹に　（　　　　　）んです。

　　1　あげた　　　　　　2　くれた　　　　　3　もらった　　4　やった

13　A：リーさんは、一か月に　何回ぐらい　家族に　電話しますか。

　　B：家族が　しんぱい（　　　　　）　ほとんど　毎日　電話しています。

　　1　しないように　　　　　　　　　　2　するように

　　3　しないあいだに　　　　　　　　　4　しないために

14　A：明日は　１１時に　出発すれば　いいですか。

　　B：１時間以上　かかりますから、１０時半に　（　　　　　）　間に　合わないと
　　　思いますよ。

　　1　出れば　　　　　　2　出なければ　　　3　出たら　　　4　出なくても

15　A：チンさん、いつ　国へ　帰るんですか。

　　B：来週　（　　　　）と　思っています。

　　1　帰れ　　　　　　　2　帰る　　　　　　3　帰ります　　4　帰ろう

해설 및 정답

문제 1 (   )에 무엇을 넣습니까? 1 · 2 · 3 · 4에서 가장 적당한 것을 하나 고르세요.

> 1 A：ちょっと　暑いですね。まどを　（　　　　）。
>
> B：すみません、おねがいします。
>
> 1　開けて　ください　　2　開けましょうか　　3　開けました　　　4　開けません

정답　2

해석　A 좀 덥네요. 창문을 열까요?

　　　　　B 감사합니다. 부탁합니다.

어휘　暑い 덥다　　窓 창문　　開ける 열다

유형분석　적절한 기능어 찾기 문제

해설　B의 대답으로 보아 아직 열지 않은 상태로 이제부터 창문을 열 것이므로 3번과 4번은 정답이 아니며, '부탁합니다'라는 표현에서 「〜てください (〜해주세요)」요청표현이 아닌 권유 표현이 적절하다는 것을 알 수 있다. 따라서 2번이 정답이다. 「〜ましょうか」는 '〜할까요?'라는 의미로 자신의 의중과 함께 상대방의 동의를 얻고자 할 때 사용한다.

> 2 A：すみませんが、このじしょ、（　　　　）。
>
> B：いいですよ、どうぞ。
>
> 1　かりても　いいですか　　　　　　　2　かすのが　いいですか
>
> 3　かりますか　　　　　　　　　　　　4　かしますか

정답　1

해석　A 죄송합니다만, 이 사전 빌려도 될까요?

　　　　　B 괜찮아요. 그러세요.

어휘　辞書 사전　　借りる 빌리다　　貸す 빌려주다

유형분석　적절한 기능어 찾기 문제

해설　「いいですよ。どうぞ。(괜찮아요. 그러세요.)」라는 대답에서 허락을 구하는 표현이 와야 한다. 따라서 「〜てもいいですか (〜해도 괜찮습니까?)」표현이 가장 적절하며, 지금은 빌려야 하는 상황이므로 1번이 정답이다.

3 A：(　　　　　)ですね。お持ちしましょうか。

　　B：どうも　ありがとうございます。

　　1　重かった　　　　2　重いらしい　　　3　重いそう　　　　4　重そう

정답　　4

해석　　A 무거워 보이네요. 들어 드릴까요?

　　　　　B 대단히 감사합니다.

어휘　　持つ 들다　　重い 무겁다

유형분석　적절한 기능어 찾기 문제

해설　　A가 '들어드릴까요?'라고 했으므로 여기서는 B가 무언가 들고 있는 상황이다. 따라서 '무거워 보인다'라는 양태 표현이 가장 적절하므로, 「重い(무겁다)」의 양태표현「重そう(무거워 보이다)」의 4번이 정답이다. 「～らしい」도 양태의 의미를 나타내기는 하나, 들은 정보에 의한 것만 나타내므로 지금의 상황에는 적절치 못하다.

4 A：すみません。森さんは、まだ　いらっしゃいますか。

　　B：さっき(　　　　)よ。

　　1　帰られました　　　　　　　　　2　帰れました

　　3　帰りませんでした　　　　　　　4　帰って　いません

정답　　1

해석　　A 실례합니다. 모리 씨께서는 아직 계십니까?

　　　　　B 좀 전에 집에 가셨습니다.

어휘　　まだ 아직　　いらっしゃる 「いる(있다)」의 존경어

유형분석　적절한 기능어 찾기 문제

해설　　「さっき」는 '좀 전에'라는 표현으로 뒤 쪽에 이미 이루어진 행위가 와야 하므로 과거 표현을 써야 하며, 「帰る (돌아가다)」의 존경어는 1번이다. 수동표현은 존경어표현을 대신하기도 하므로 암기가 필요하다.

---

5 A：もしもし。すみませんが、頭が　いたくて　ねつが　あるので　今日　（　　　　）。

B：わかりました。お大事に。

1　休んでも　いいですよ　　　　　　　　2　休んで　いただけませんか

3　休ませても　いいですよ　　　　　　　4　休ませて　いただけませんか

정답　4

해석　A 여보세요. 죄송하지만, 머리가 아프고 열이 있어서 오늘 쉴 수 있을까요?

B 알겠습니다. 몸 조리 잘 하세요.

어휘　頭 머리　痛い 아프다　熱 열　休む 쉬다

유형분석　적절한 기능어 찾기 문제

해설　'머리가 아프고, 열이 있다'라는 말과 B의 대답 '몸조리 잘하세요'라는 말에서 '쉬고 싶다'고 요청하는 표현이 적절하다는 것을 알 수 있다. 자신의 행위의 허락을 낮추어 말하는 표현은 4번「〜させていただけませんか」이다. 하나의 말하는 형식으로서 암기하는 것을 권하며, 「いただく」의 가능형 표현을 쓴다는 것에 주의가 필요하다. 1번은 상대에게 쉬어도 괜찮다 라는 표현이며, 2번은 상대가 쉴 것을 요청하는 표현이며, 3번은 상대가 다른 사람을 쉬게 해도 괜찮다는 말이 된다.

---

6 A：もしもし、田中さんですか。

B：はい、田中です。今　かいぎ中なので、かいぎが　（　　　　）　こちらから　お電話します。

1　終わったら　　　2　終わると　　　3　終わらなかったら　　4　終わらないと

정답　1

해석　A 여보세요, 다나카 씨입니까?

B 네, 다나카입니다. 지금 회의 중이어서, 회의가 끝나면 제가 전화하겠습니다.

어휘　会議 회의　終わる 끝나다

유형분석　적절한 기능어 찾기 문제

해설　회의 중이므로 '회의가 끝나면' 전화를 하겠다는 표현이므로 부정표현은 정답이 아니다. 따라서 1, 2 번의 가정법의 구분이며, 순차적 행위 즉, 어떤 행위가 끝나고 난 다음 이어지는 행위를 나타내는 가정법은 「〜たら」를 쓴다. 따라서 1번이 정답이다. 가정법 「と」는 기정사실과 같이 항상 일어나는 일에 주로 사용한다.

7　A：はさみ、どこですか？　ないんですけど。

　　B：さっき　かたづけたから　引き出しの中に　（　　　　　）よ。

　　1　あるようです　　　　2　ありそうです　　　3　あるはずです　　　4　あるつもりです

| 정답 | 3 |

해석　A 가위, 어디에 있습니까? 없는데요.

　　　　B 좀 전에 정리했으니까, 서랍 안에 있을 거예요.

어휘　はさみ 가위　　片付ける 정리하다　　引き出し 서랍

유형분석　적절한 기능어 찾기 문제

해설　1번과 2번은 양태 표현으로 '~같다'라는 표현이며 자신의 한 행위에 대하여 양태표현을 하는 것은 부적절하다. 따라서 말하는 사람이 정리하였으므로 서랍 안에 들어 있을 거라 확신하는 표현 「〜はずだ (~터이다, ~것이다)」가 가장 적절하다.

8　A：森さん、すみません。先週　借りた本を　（　　　　　）のを　わすれました。

　　B：じゃあ、あしたでも　いいですよ。

　　1　持ってきた　　　　2　持ってくる　　　　3　持ってこなかった　　4　持ってこない

| 정답 | 2 |

해석　A 모리 씨, 죄송합니다. 지난주에 빌린 책을 가지고 오는 것을 깜빡했습니다.

　　　　B 그럼, 내일이라도 괜찮아요.

어휘　先週 지난주　　借りる 빌리다　　忘れる 잊어버리다　　明日 내일　　持ってくる 가지고오다

유형분석　적절한 기능어 찾기 문제

해설　대화 구성상 '가지고 오는 것'을 잊어버렸다고 해야 하므로 3, 4번은 정답이 아니며, 이루어지지 않는 일을 이야기하고 있으므로 과거 표현은 부적절하다. 따라서 기본형 표현이 사용된 2번이 정답이다.

9 A：あれ、かさがない。

 B：だれかに　（　　　　　）んじゃないですか。

1　まちがえられた　　　　　　　　　　2　まちがえた

3　まちがえられなかった　　　　　　　4　まちがえなかった

정답　1

해석　A 어, 우산이 없어.

B 누군가가 잘못 가지고 간 거 아닐까요?

어휘　傘 우산　　だれか 누군가　　間違える 잘못하다

유형분석　적절한 기능어 찾기 문제

해설　「間違える」는 실수하다, 잘못하다 라는 의미를 갖는다. 따라서 앞 조사 표현에서 「だれかに」'누
군가에게'라고 말하고 있으므로 '당하다'의 수동표현이 적절하므로 1번이 정답이다.

10 台所で　大きい音が　（　　　　　）ね。何か　おちたんでしょうか。

1　ありました　　　　2　聞きました　　　　3　出ました　　　　4　しました

정답　4

해석　부엌에서 큰 소리가 났습니다. 뭔가 떨어졌나요?

어휘　台所 부엌　　大きい 크다　　音 소리　　落ちる 떨어지다　　聞く 듣다　　出る 나오다

유형분석　적절한 기능어 찾기 문제

해설　'소리가 나다'라는 표현은 「音がする」라고 한다. 참고로 「する」는 「音がする (소리가 나다)」,
「故障する (고장이 나다)」, 「においがする (냄새가 나다)」 등과 같이 자동사적인 표현에도 사용
하므로 기억해두자.

11 A：どうしたんですか。

 B：ゆうべ　勉強(　　　　　) テストが　あまり　できなかったんです。

1　したのに　　　　2　したから　　　　3　して　　　　4　しなくても

정답　1

해석　A 왜 그러세요?

B 어제 저녁에 공부했는데, 시험을 잘 못 봤어요.

어휘	夕べ 어제 저녁　　勉強する 공부하다　　テスト 시험　　あまり 그다지

유형분석	적절한 기능어 찾기 문제

해설	「~のに」는 '~했는데(도)'라는 표현으로 역접을 나타내는 표현이다. 뒤쪽에 '못 봤다'표현과의 의미적 호응관계상 '공부를 했지만'이라는 표현이 필요하므로 1번이 정답이다.

---

12 A：そのかばん、いいですね。どこで　買ったんですか。

B：ああ、これは　たんじょうびに　妹に　（　　　）んです。

1　あげた　　　　　2　くれた　　　　　3　もらった　　　　4　やった

정답	3

해석	A 그 가방, 좋네요. 어디서 샀어요? B 아~, 이건 생일에 여동생에게 (선물)받은 것입니다.

어휘	買う 사다　　誕生日 생일　　妹 여동생

유형분석	적절한 기능어 찾기 문제

해설	A의 질문에서 B가 가방을 소유하고 있다는 것을 알 수 있다. 따라서 B에게 가방이 있는 장면이므로 '여동생이 B에게 주었다'라는 것을 알 수 있다. 2번은 '여동생이'가 되어야 하므로 주격조사 「が」가 와야 한다. 3번이 정답이다. 참고로 「~が~くれる」「~に~もらう」의 형태로 기억해두자.

---

13 A：リーさんは、一か月に　何回ぐらい　家族に　電話しますか。

B：家族が　しんぱい（　　　）　ほとんど　毎日　電話しています。

1　しないように　　2　するように　　　3　しないあいだに　　4　しないために

정답	1

해석	A 이 씨는 한 달에 몇 번 정도 가족에게 전화합니까? B 가족이 걱정하지 않도록 거의 매일 전화하고 있습니다.

어휘	家族 가족　　心配する 걱정하다　　ほとんど 거의

유형분석	적절한 기능어 찾기 문제

해설	'매일 전화한다'에서 '가족이 걱정하지 않도록'이라는 표현이 적절하다는 것을 알 수 있다. 「~ように」'~하도록', '~하게'라는 목적의 의미를 나타낸다. 참고로 「~ために (~하기 위해서)」도 목적의 의미를 나타내기는 하나 'A하기 위해서 B하다'에서 A와 B의 행위자가 같아야 한다는 제약이 있다. 여기서는 걱정하는 사람과 전화를 하는 사람이 다르므로 사용이 불가하다.

---

14 A：明日は　１１時に　出発すれば　いいですか。

B：１時間以上　かかりますから、１０時半に　（　　　　）　間に　合わないと　思いますよ。

1　出れば　　　　　2　出なければ　　　　3　出たら　　　　　4　出なくても

정답 2

해석 A 내일은 11시에 출발하면 됩니까?

B 1시간이상 걸리니까, 10시 반에 나가지 않으면 시간에 맞출 수 없다고 생각합니다.

어휘 出発する 출발하다　　以上 이상　　かかる 걸리다　　間に合う (정해진 시간에)맞다

유형분석 적절한 기능어 찾기 문제

해설 뒤쪽에 '시간에 맞출 수 없다' 라는 표현에서 '10시 반에 나가지 않는다면'이라는 부정의 조건이 필요하다는 것을 알 수 있다. 따라서 2번이 정답이다.

---

15 A：チンさん、いつ　国へ　帰るんですか。

B：来週　（　　　　）と　思っています。

1　帰れ　　　　　2　帰る　　　　　3　帰ります　　　　4　帰ろう

정답 4

해석 A 진 씨, 언제 고국으로 돌아갑니까?

B 다음 주에 돌아가려고 생각하고 있습니다.

어휘 いつ 언제　　国 나라　　帰る 돌아가다　　来週 다음 주

유형분석 적절한 기능어 찾기 문제

해설 '~하려고 하다'라는 표현은 [의지형 +と思う]이다. 따라서 4번이 정답이다.

문제 2

 나열된 단어를 의미에 맞게 조합할 수 있는가를 묻는 문제

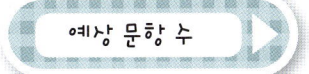 5문항 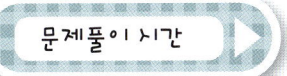 5분

 문제 2는 회화형식으로 된 문장의 문제가 많이 출제된다. 기능어 하나만 안다고 해서 문장을 올바르게 나열할 수 있는 것이 아니기 때문에 문법에 맞게 순서대로 나열할 수 있어야 한다.

문제 2도 기본문법을 잘 숙지하고 있어야 쉽게 풀 수가 있다. 선택지의 4개의 단어로만 먼저 나열해 보는 것이 문제 푸는 요령의 하나이다.

마지막 밑줄을 공격하라

もんだい2 ___★___ に 入る ものは どれですか。1・2・3・4から いちばん い
い ものを 一つ えらんで ください。

問題例（もんだいれい）

ひきだしの _____ _____ ___★___ _____ あります。

1 が   2 に   3 中   4 めがね

答え方（こたえかた）

1. 正しい（ただしい） 文（ぶん）を 作（つく）ります。

ひきだしの _____ _____ ___★___ _____ あります。

3 中   2 に   4 めがね   1 が

2. ___★___ に 入（はい）る 番号（ばんごう）を 黒（くろ）く 塗（ぬ）ります。

解答用紙（かいとうようし）　(例)（れい） ① ② ③ ●

---

16 私は、かんたんな 日本料理の _____ ___★___ _____ _____ 買いました。

1 書いて   2 本を   3 ある   4 作り方が

17 今日は _____ ___★___ _____ _____ ので、とても 忙しかったです。

1 来たし   2 あった   3 おきゃくんも   4 かいぎも

18 キムさんは 日本で _____ _____ ___★___ _____。

1 さがして   2 仕事を   3 らしい   4 いる

19 A：今日も 暑いですね。

B：ええ、でも、_____ ___★___ _____ _____ ね。

1 ないです   2 ほど   3 暑くは   4 きのう

20 A：ちょっと かぜを ひいて ねつが あるんですが。

B：じゃあ、今日は _____ _____ ___★___ _____ ですね。

1 いい   2 むりを   3 ほうが   4 しない

문제 2 ___★___ 에 들어갈 것은 어떤 것입니까? 1·2·3·4에서 가장 적당한 것을 하나 고르세요.

---

16 私は、かんたんな　日本料理の _____ __★__ _____ _____ 買いました。

　　1　書いて　　　　　2　本を　　　　　　3　ある　　　　　4　作り方が

정답　　1

올바른 문장　私は、かんたんな日本料理の作り方が書いてある本を買いました。

해석　저는 간단한 일본요리의 만드는 법이 쓰여져 있는 책을 샀습니다.

어휘　簡単だ 간단하다　　料理 요리　　作り方 만드는 법　　書く 쓰다　　本 책

유형분석　의미에 맞게 조합하는 문제

해설　선택지에서 「〜が + 타동사 + てある」 '~이 ~되어 있다'라는 상태를 나타내는 표현을 찾는 것이 포인트이다. 또한 3번은 동사의 기본형 형태로 명사를 수식하므로 2번과 접속하며, 「買う (사다)」는 목적격 조사로 「を」를 취하므로 2번은 뒤쪽에 위치해야 한다. 정리하면 4 + 1 + 3 + 2가 되므로 1번이 정답이다.

---

17 今日は _____ __★__ _____ _____ ので、とても　忙しかったです。

　　1　来たし　　　　　2　あった　　　　　3　おきゃくさんも　　4　かいぎも

정답　　1

올바른 문장　今日はおきゃくさんも来たしかいぎもあったので、とても忙しかったです。

해석　오늘은 손님도 왔고, 회의도 있어서 매우 바빴습니다.

어휘　お客さん 손님　　会議 회의　　忙しい 바쁘다

유형분석　의미에 맞게 조합하는 문제

해설　동사와 명사와의 의미상 관계를 보면 '손님'은 '오다', '회의'는 '있다'의 의미적 호응이 적절하며, 「종지형 + し」는 이유를 열거할 때 사용하는 '~하고'라는 의미를 가지므로 앞쪽에 와야 하며 「〜ので」는 종지형 형태와 접속하므로 2번은 마지막 밑줄이어야 한다. 정리하면 3 + 1 + 4 + 2가 되므로 1번이 정답이다.

---

18 キムさんは　日本で _____ _____ __★__ _____。

　　1　さがして　　　　2　仕事を　　　　　3　らしい　　　　4　いる

정답　　4

올바른 문장　キムさんは日本で仕事をさがしているらしい。

해석　　　　김 씨는 일본에서 일자리를 찾고 있는 것 같다.

어휘　　　　仕事 일　　探す 찾다

유형분석　　의미에 맞게 조합하는 문제

해설　　　　선택지에서 종지형 형태로 마침표를 찍을 수 있는 것은 3번과 4번이며, 「らしい」와 접속이 가능한 것은 4번 밖에 없으므로 4 + 3의 형태로 마지막에 온다는 것을 알 수 있다. 따라서 4번이 정답이며, 1번은 타동사로 목적격 조사를 필요로 하므로 2번과 접속하므로 정리하면 2 + 1 + 4 + 3이다.

19　A：今日も　暑いですね。

　　B：ええ、でも、＿＿＿＿＿　★　＿＿＿＿＿　＿＿＿＿＿　ね。

　　1　ないです　　　　2　ほど　　　　　　3　暑くは　　　　4　きのう

정답　　　　2

올바른 문장　ええ、でも、昨日ほど暑くはないですね。

해석　　　　A 오늘도 덥네요. ／ B 네, 그래도 어제만큼 덥지는 않네요.

어휘　　　　暑い 덥다　　昨日 어제

유형분석　　의미에 맞게 조합하는 문제

해설　　　　「~ほど~ない」 표현을 찾는 것이 포인트이다. 3번은 형용사의 부정표현으로 1과 접속하며 1번은 종지형으로 마지막 부분이 적절하다는 것을 알 수 있다. 2번과 접속이 가능한 것은 명사인 4번이며 정리하면 4 + 2 + 3 + 1로 2번이 정답이다.

20　A：ちょっと　かぜを　ひいて　ねつが　あるんですが。

　　B：じゃあ、今日は　＿＿＿＿＿　＿＿＿＿＿　★　＿＿＿＿＿　ですね。

　　1　いい　　　　　　2　むりを　　　　　3　ほうが　　　　4　しない

정답　　　　3

올바른 문장　じゃあ、今日はむりをしないほうがいいですね。

해석　　　　A 좀, 감기에 걸려서 열이 있습니다만. ／ B 그럼, 오늘은 무리하지 않는 편이 좋겠네요.

어휘　　　　風邪をひく 감기에 걸리다　　熱 열　　無理 무리

유형분석　　의미에 맞게 조합하는 문제

해설　　　　「~ほうがいい(~하는 편이 낫다)」 표현을 찾는 것이 포인트이다. 그리고 2번은 목적격 조사 「を」를 포함하고 있으므로 동사와 의미적으로 호응한다는 것을 알 수 있다. 따라서 2 + 4 와 3 + 1의 형태를 유추할 수 있으며, 3번 앞에 접속 가능한 것은 4번이므로 2 + 4 + 3 + 1이 완성되므로 3번이 정답이다.

문제 3

 글의 흐름에 맞는 문법 찾아내기 문제

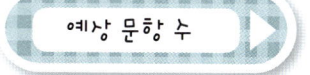 5문항    7분

 문제 3은 글의 흐름에 맞는 적당한 말을 넣는 문제이다. 그러므로 글 전체를 처음부터 차근차근 읽어 가면서 빈 칸을 채워나가면 된다. 문제 3은 단락과 단락을 잇는 '접속사'나 '문말표현', 문맥상 적합한 '지시어'를 찾는 문제가 출제된다.

급할수록 돌아가라

もんだい3 [21] から [25] に 何を 入れますか。文章の 意味を 考えて、1・2
・3・4から いちばん いい ものを 一つ えらんで ください。

　日本語が なかなか 上手に [21] 、困っている人が 多い [22] 聞
きました。でも、心配 [23] 。勉強を 始めて 半年以上 すぎて、少し
長い文章でも、[24] 。ちゃんと 上手に なって いますよ。

　みなさんは 文章を 読みながら、言葉や 文法を 勉強しますね。それ
も、もちろん 大切ですが、その文章には どんなことが [25] 自分の言葉
で 説明する練習も 必要です。そして、その文章を 読んで 思ったことや
意見も、話したり 書いたり してみて ください。そうやって 練習すれ
ば、もっと 上手に なりますよ。

---

[21]　1　なって　　　　　　　　　　2　ならなくて
　　　3　なれば　　　　　　　　　　4　ならなかったら

[22]　1　を　　　　　　2　が　　　　　　3　と　　　　　　4　に

[23]　1　しなければ　いけません　　　2　しなくては　いけません
　　　3　しなくても　いいです　　　　4　しても　いいです

[24]　1　読めるように　なりませんね　2　読んで　ありませんね
　　　3　読めるように　なりましたね　4　読んで　ありますね

[25]　1　書いて　あるのを　　　　　　2　書いて　あるのが
　　　3　書いて　あるのは　　　　　　4　書いて　あるのか

60

문제 3 ⌊ 21 ⌋에서 ⌊ 25 ⌋에 무엇을 넣습니까? 글의 의미를 생각해서 1·2·3·4에서 가장 적당한 것을 하나 고르세요.

日本語が　なかなか　上手に　⌊ 21 ⌋、困っている人が　多い　⌊ 22 ⌋　聞きました。でも、心配⌊ 23 ⌋。勉強を　始めて　半年以上　すぎて、少し　長い文章でも、⌊ 24 ⌋。ちゃんと　上手に　なって　いますよ。

　みなさんは　文章を　読みながら、言葉や　文法を　勉強しますね。それも、もちろん　大切ですが、その文章には　どんなことが　⌊ 25 ⌋　自分の言葉で　説明する練習も　必要です。そして、その文章を　読んで　思ったことや　意見も、話したり　書いたり　してみて　ください。そうやって　練習すれば、もっと　上手に　なりますよ。

본문해석

　일본어가 좀처럼 늘지 21않아 곤란해 하는 사람이 많다 22고 들었습니다. 하지만, 걱정 23하지 않아도 됩니다. 공부를 시작해서 반년 이상 지나 조금 긴 글이라도 24읽을 수 있게 되었습니다. 확실히 실력이 늘었습니다. 여러분은 글을 읽으면서, 말과 문법을 공부하지요. 그것도 물론 중요합니다만, 그 글에는 어떤 것이 25쓰여 있는지 자신의 말로 설명하는 연습도 필요합니다. 그리고 그 글을 읽고 생각한 것과 의견도, 이야기 하거나 쓰거나 해 보세요. 그렇게 해서 연습하면, 좀 더 잘 할 수 있게 될 겁니다.

어휘

- なかなか 좀처럼
- 上手だ 잘하다
- 困る 곤란하다
- 心配する 걱정하다
- 始める 시작하다
- 半年 반년, 6개월
- 以上 이상
- 長い 길다
- 文章 글
- ちゃんと 잘, 제대로
- 言葉 말
- 文法 문법
- 説明する 설명하다
- 練習 연습
- 必要だ 필요하다
- 意見 의견

21 1 なって   2 ならなくて

    3 なれば   4 ならなかったら

정답   2

유형분석   글의 흐름에 맞는 문법 찾기 문제

해설   부사 표현 「なかなか」는 뒤 쪽에 부정 표현을 동반하여 '좀처럼 ~하지 않는다'라는 의미이다. 따라서 2번과 4번의 비교이며, 여기서는 '~하지 않아서'라는 이유표현이 적절하므로 2번이 적절하다.

22 1 を   2 が   3 と   4 に

정답   3

유형분석   글의 흐름에 맞는 문법 찾기 문제

해설   뒤에 「聞きました (들었습니다)」의 동사와 의미적 호응관계로 적절한 것은 '~라고'라는 의미로 인용의 역할을 하는 조사 「と」이다. 따라서 3번이 정답이다.

23 1 しなければ いけません   2 しなくては いけません

    3 しなくても いいです   4 しても いいです

정답   3

유형분석   글의 흐름에 맞는 문법 찾기 문제

해설   부정적 의미를 갖고 있는 앞 문장과 「でも (하지만)」의 역접 표현으로 연결되어 있으므로, 「でも」의 뒤쪽 문장은 긍정적인 문장이 와야 한다. 즉, '걱정하지 않는다'라는 의미의 표현이 적절하다는 것을 알 수 있다. 따라서 3번이 정답이다. 「~なくてもいいです」는 '~하지 않아도 괜찮습니다'라는 의미를 나타낸다. 참고로 4번은 '~해도 괜찮다'라는 의미이다.

24 1 読めるように　なりませんね　　　　2 読んで　ありませんね

3 読めるように　なりましたね　　　　4 読んで　ありますね

정답　3

유형분석　글의 흐름에 맞는 문법 찾기 문제

해설　이어지는 문장 「上手になっていますよ (실력이 늘었습니다)」에서 '읽을 수 있게 되었다'라는 표현이 적절하다는 것을 유추하는 것이 포인트이다. 「～ようになる」는 '~하게 되다'라는 의미로 능력이나 습관 등의 변화를 나타내는 기능을 갖는다. 여기서는 '읽을 수 있게 되었다'라는 능력의 변화를 나타내고 있으며 정답은 3번이다.

25 1 書いて　あるのを　　　　　　　　2 書いて　あるのが

3 書いて　あるのは　　　　　　　　4 書いて　あるのか

정답　4

유형분석　글의 흐름에 맞는 문법 찾기 문제

해설　「書いてある」는 '쓰여 있다'라는 의미이며 지금은 '것'이라는 의미의 「の」와 함께 '쓰여 있는 것'이라는 의미가 된다. 앞에 쓰인 의문사 「どんな (어떤)」는 불확실함을 나타내는 「か (~인지)」를 동반하므로 4번이 정답이다.

 독해

문제 4

학습 · 생활 · 업무와 관련된 화제 · 장면을 다룬 비교적 쉬운 난이도의 100~200자 정도의 글을 읽고, 내용에 대한 이해를 묻는 문제

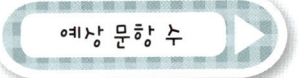

4문항
(한 지문당 1문항)

10분

주어진 시간 안에 철저히 풀기

① 문제 4에서는, 주로 글 전체의 내용을 이해하고 있는지를 묻는다. '본문의 내용과 맞는 것은 무엇인가'와 같은 단순한 질문은 거의 없으며, 실제 문서 내용을 이해하고 그에 맞게 행동할 능력이 있는가를 묻는 문제가 많이 출제된다. 예를 들면 「何をしなければなりませんか。(무엇을 해야 합니까?)」「どうしたらいいですか。(어떻게 하면 됩니까?)」와 같은 형식이다. 또, 「〜でないものは何ですか。(~이 아닌 것은 무엇입니까)」와 같은 부정적 질문도 출제될 가능성이 있다.

② 출제되는 글은 편지 · 메모 · 메일 · 안내문이 많으며 짧은 설명문도 출제된다.

　1) 편지 · 메모 · 메일 등은 ①에서 언급한 바와 같이 글을 읽고 상황에 맞는 행동이 가능한가를 묻는 패턴이 많다. 본문에 등장하는 정답 이외의 정보에 현혹되지 않고, 정답과 상통하는 정보를 확실히 구분하는 능력이 필요하다.

2) 안내문은 선택지에 쓰여있는 정보가 맞는지 아닌지를 찾아내는 능력을 묻는다. 어디를 읽으면 되는지 알기 어려운 글도 있지만 선택지에 있는 단어가 본문 어디에 있는지 찾아내 표시를 하고, 그 앞뒤 문장을 주의 깊게 읽는다면 쉽게 답을 찾아낼 수 있을 것이다.

③ 독해문제에서는 시간 배분도 중요하다. 문제4와 같은 단문 문제에 필요 이상의 시간을 소비해서는 안 된다. 다만, 점수를 얻기 쉬운 간단한 문제를 놓치지 않도록 차분히 문제를 풀도록 하자.

もんだい4　つぎの文章を読んで、質問に答えてください。答えは、1・2・3・4から
　　　　　いちばんいいものを一つえらんでください。

（1）

　　今年の夏はとても暑いです。世界のいろいろなところで、暑くて、病気になっ
たり、死んだりした人がたくさんいます。みなさんも注意してください。暑いと
きは水をたくさん飲んでください。そして、疲れる前によく休んでください。部
屋が暑いときは、エアコンを使ってください。

26　この文章を書いた人が、いちばん言いたいことは何ですか。
　1　今年の夏はとても暑い。
　2　暑いのは日本だけではない。
　3　暑くて病気になった人がたくさんいる。
　4　暑いときは体に気をつけたほうがいい。

문제 4 다음 글을 읽고 질문에 답해 주세요. 답은 1·2·3·4에서 가장 적당한 것을 하나 고르세요.

（1）

> 今年の夏はとても暑いです。世界のいろいろなところで、暑くて、病気になったり、死んだりした人がたくさんいます。みなさんも注意してください。暑いときは水をたくさん飲んでください。そして、疲れる前によく休んでください。部屋が暑いときは、エアコンを使ってください。

본문해석

올 여름은 매우 덥습니다. 세계 여러 곳에서 더워서 병에 걸리거나, 죽거나 하는 사람이 많이 있습니다. 여러분도 주의해 주세요. 더울 때는 물을 많이 마시세요. 그리고 피곤해지기 전에 푹 쉬어 주세요. 방이 더울 때는 에어컨을 사용하세요.

어휘

- 夏 여름
- 暑い 덥다
- 世界 세계
- いろいろ 여러
- 病気 병
- 死ぬ 죽다
- 注意 주의
- 疲れる 피곤하다

26 この文章を書いた人が、いちばん言いたいことは何ですか。

1 今年の夏はとても暑い。
2 暑いのは日本だけではない。
3 暑くて病気になった人がたくさんいる。
4 暑いときは体に気をつけたほうがいい。

해석 이 글을 쓴 사람이 가장 말하고 싶어하는 것은 무엇입니까?

1 올해의 여름은 매우 덥다.

2 더운 것은 일본만이 아니다.

3 더워서 병이 난 사람이 많이 있다.

4 더울 때는 몸 조심하는 것이 좋다.

정답 4

유형분석 지시 내용 파악 문제

해설 전체적으로 주의를 호소하는 문장이다. 주의점으로 '물을 마실 것', '쉴 것', '에어컨을 사용할 것' 등 더위에 대비하는 것을 서술하였으므로 '주의'를 호소하는 문장이라는 것을 알 수 있다. 따라서 4번 문장 '더울 때는 몸(건강)에 주의하는 것이 좋다'라는 표현이 가장 적절하겠다.

（2）

> 私は今、(注)寮に住んでいます。初めは寮が好きではありませんでした。アパートのほうがいいと思いました。でも、寮にはいろいろな国の人がいて、いつもいっしょにごはんを食べたり、テレビを見たりします。今は友だちがたくさんできて、勉強もいっしょにしています。友だちががんばって勉強していると、私もがんばろうと思います。寮に住んで、本当によかったです。
>
> (注)寮：学生たちがいっしょに生活するところ

27 この文章を書いた人が、寮についていちばん言いたいことは何ですか。

1 寮よりアパートのほうがいい。

2 寮にはいろいろな国の人がいる。

3 寮の人といっしょにごはんを食べている。

4 寮の生活はとてもいい。

（2）

> 私は今、寮に住んでいます。初めは寮が好きではありませんでした。アパートのほうがいいと思いました。でも、寮にはいろいろな国の人がいて、いつもいっしょにごはんを食べたり、テレビを見たりします。今は友だちがたくさんできて、勉強もいっしょにしています。友だちががんばって勉強していると、私もがんばろうと思います。寮に住んで、本当によかったです。
>
> (注) 寮：学生たちがいっしょに生活するところ

본문해석

저는 지금 기숙사에 살고 있습니다. 처음에는 기숙사를 좋아하지 않았습니다. 아파트가 좋다고 생각했습니다. 하지만, 기숙사에는 여러 나라의 사람들이 있어서 언제나 함께 밥을 먹거나, 텔레비전을 보거나 합니다. 지금은 친구가 많이 생겨서 공부도 같이 하고 있습니다. 친구들이 열심히 공부하고 있으면, 저도 열심히 해야겠다는 마음이 듭니다. 기숙사에서 살아서 정말 좋습니다.

(주) 寮 : 학생들이 같이 생활하는 곳

어휘

- 寮 기숙사
- 住む 살다, 거주하다
- 初め 처음
- 好きだ 좋아하다
- 頑張る 열심히 하다

---

27 この文章を書いた人が、寮についていちばん言いたいことは何ですか。
1 寮よりアパートのほうがいい。
2 寮にはいろいろな国の人がいる。
3 寮の人といっしょにごはんを食べている。
4 寮の生活はとてもいい。

해석
이 글을 쓴 사람이 기숙사에 관해서 가장 말하고 싶어하는 것은 무엇입니까?
1 기숙사보다 아파트가 좋다.
2 기숙사에는 여러 나라의 사람들이 있다.
3 기숙사의 사람들과 함께 밥을 먹고 있다.
4 기숙사 생활은 매우 좋다.

정답 4

유형분석 내용 이해 문제

해설 필자의 감정을 강조하는 표현을 찾는 것이 포인트. 마지막 문장 '기숙사에 살아서 정말 좋습니다'라는 표현에서 '정말'이라는 표현은 필자의 감정, 생각 등을 강조하는 표현으로 볼 수 있다. 따라서 4번 '기숙사의 생활은 매우 좋다'가 가장 적절하다.

（3）

ＤＶＤの借り方

ＤＶＤを借りる方はＤＶＤといっしょにカードを受付にお出しください。

カードを忘れた方は受付で電話番号と名前をおっしゃってください。

初めての方は受付にいらっしゃってください。すぐ、カードをお作りします。

1回1枚300円で2週間まで借りられます。

ＤＶＤはいつでもお返しいただけます。店が開いていないときは店の前の箱にお

入れください。

28 下の人の中でＤＶＤを借りられないのはどの人ですか。

1　Ａさん　「1週間で返しますから、150円で借りられますか。」

2　Ｂさん　「今日カードを持って来ませんでしたが、借りられますか。カードは
　　　　　　うちにあります。」

3　Ｃさん　「今日初めて来ました。カードを作れば、借りられますか。」

4　Ｄさん　「昼間返しに来ることができませんが、借りられますか。」

（3）

ＤＶＤの借り方

DVDを借りる方はDVDといっしょにカードを受付にお出しください。

カードを忘れた方は受付で電話番号と名前をおっしゃってください。

初めての方は受付にいらっしゃってください。すぐ、カードをお作りします。

1回1枚300円で2週間まで借りられます。

DVDはいつでもお返しいただけます。店が開いていないときは店の前の箱にお入れください。

번역

DVD 빌리는 방법

DVD를 빌리는 분께서는 DVD와 함께 카드를 접수처에 제시해주세요.

카드를 잊어버리신 분은 접수처에서 전화번호와 이름을 말씀해주세요.

처음이신 분은 접수처로 오시기 바랍니다. 바로 카드를 만들어 드립니다.

1회 1장 300엔으로 2주일까지 빌릴 수 있습니다.

DVD는 언제라도 반납하실 수 있습니다. 가게가 열려 있지 않을 때는 가게 앞 상자에 넣어주세요.

어휘

- 借りる 빌리다
- 受付 접수카운터
- 忘れる 잊어버리다
- 名前 이름
- おっしゃる 말씀하시다
- 初めて 처음
- 返す 돌려주다
- 箱 상자, 박스

---

28 下の人の中でＤＶＤを借りられないのはどの人ですか。

1　Aさん　「1週間で返しますから、150円で借りられますか。」

2　Bさん　「今日カードを持って来ませんでしたが、借りられますか。カードはうちにあります。」

3　Cさん　「今日初めて来ました。カードを作れば、借りられますか。」

4　Dさん　「昼間返しに来ることができませんが、借りられますか。」

해석

다음 사람 중에 DVD를 빌릴 수 없는 사람은 어떤 사람입니까?

1　A씨 '일주일 안에 돌려드릴 테니, 150엔으로 빌릴 수 있습니까?'

2　B씨 '오늘 카드를 가지고 오지 않았지만, 빌릴 수 있습니까? 카드는 집에 있습니다.'

3 C씨 '오늘 처음 왔습니다. 카드를 만들면 빌릴 수 있습니까?'
4 D씨 '낮에 돌려 주러 올 수 없지만, 빌릴 수 있습니까?'

정답 1

유형분석 내용 이해 문제

해설 위 문제는 글에서 전달하고자 하는 정보를 정확히 이해하는가를 묻는 문제이다. 1번은 '2주일에 300엔'이라는 조건에서 벗어나서 빌릴 수 없으므로 정답이다. 본문에서 카드를 소지 하지 않아도 '처음 온 사람은 바로 만들 수 있고', 기존 고객은 '전화 번호와 이름'을 말해 달라고 하였으므로 2번과 3번은 빌릴 수 있으며, 4번은 반납 상자에 넣으면 되므로 빌릴 수 있는 사람이다.

（4）

テニス教室のご案内

いっしょにテニスをしませんか？

時　間　：毎週日曜日の午前9時から11時まで
場　所　：公園^{こうえん}のテニスコート

いっしょにテニスをしたい人は、練習^{れんしゅう}時間にテニスコートに来てください。
何月からでも始められますが、途中^{とちゅう}からは入れません。必^{かなら}ず、その月の初^{はじ}めの日
曜日から練習^{れんしゅう}に来てください。

注　意　この教室はテニスを始めたばかりの人のための教室ですから、練習^{れんしゅう}で
きるのは3か月までです。

29　今日は1月18日です。できるだけ早くこの教室に入りたい人は、何月から入れますか。
　　1　1月　　　　　　　2　2月　　　　　　　3　3月　　　　　　　4　4月

（4）

> テニス教室のご案内
>
> いっしょにテニスをしませんか？
>
> 時　　間　：毎週日曜日の午前9時から11時まで
> 場　　所　：公園のテニスコート
>
> いっしょにテニスをしたい人は、練習時間にテニスコートに来てください。
> 何月からでも始められますが、途中からは入れません。必ず、その月の初めの日曜日から練習に来てください。
>
> 注　意　この教室はテニスを始めたばかりの人のための教室ですから、練習できるのは3か月までです。

본문해석

테니스 교실 안내

함께 테니스를 하지 않겠습니까?

시간 : 매주 월요일 오전 9시부터 11시까지

장소 : 공원 테니스 코트

함께 테니스를 하고 싶은 분께서는 연습시간에 테니스 코트로 오세요.

몇 월부터라도 시작할 수 있습니다만, 도중에는 들어올 수 없습니다. 반드시 그 달의 첫 일요일부터 연습하러 오세요.

주의 이 교실은 테니스를 막 시작한 사람들을 위한 교실이므로, 연습할 수 있는 것은 3개월까지입니다.

어휘

- 案内 안내
- 午前 오전
- 練習 연습
- 時間 시간
- 場所 장소
- 途中 도중
- 毎週 매주
- 公園 공원
- 教室 교실

 독해

29 今日は1月18日です。できるだけ早くこの教室に入りたい人は、何月から入れますか。
1　1月　　　　　　　　　2　2月　　　　　　　　3　3月　　　　　　　　4　4月

해석　　오늘은 1월 18일입니다. 될 수 있는 한 빨리 이 교실에 들어가고 싶은 사람은 몇 월부터 들어 갈 수 있습니까?

1　1월　　　　　　　　2　2월　　　　　　　　3　3월　　　　　　　　4　4월

정답　　2

유형분석　　내용 이해 문제

해설　　도중에는 들어 올 수 없다, 반드시 그 달의 첫 일요일 연습하러 오세요'에서 오늘 1월 18일이므로 1월에는 참
가할 수 없다는 것을 알 수 있다.　가장 빠른 것은 2월이 된다.

문제 5

일상적인 화제 · 장면을 다룬 비교적 쉬운 난이도의 450자 정도의 글을 읽고 내용을 이해하였는가를 묻는 문제

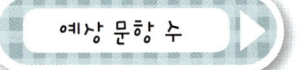 4문항

 10분

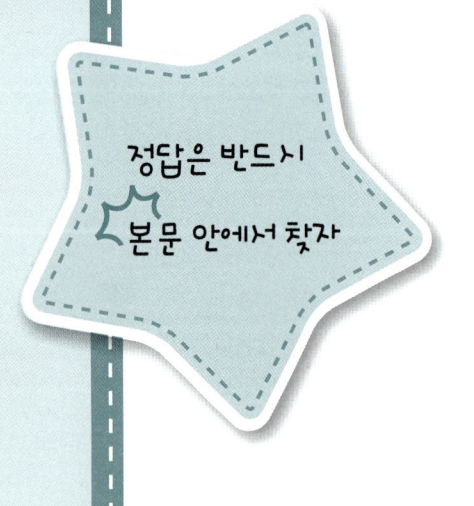

① 문제 5는 다소 긴 글이다. 긴 글에 익숙하지 않다면 끝까지 읽는 것만으로도 피곤해질 것이다. 평소부터 긴 글을 자주 접해보는 것이 좋다.

② 이 문제에서는 1~2개 단락을 읽으면 풀 수 있는 문제가 대부분이며 한 문제 정도는 전체 내용을 이해했는가를 묻는 문제가 출제된다. 밑줄의 내용을 묻는 문제는 밑줄이 있는 단락 안에 답이 있는 경우가 많으므로 그 부분을 주의 깊게 읽는 것이 좋다. 밑줄 문제 이외에는, 본문의 어느 단락을 읽으면 답을 이끌어낼 수 있는가가 중요하다. 이것을 빨리 파악하기 위해서는 단락별로 대략적인 내용을 메모해두는 것이 좋다.

③ 선택지는 모두 상식적인 내용으로 본문의 표현을 가져오는 경우가 많으므로 얼핏 보면 모두 정답인 것처럼 보인다. 대부분 본문의 표현을 그대로 가져오는 것이 아니라 같은 의미의 다른 표현을 사용하는 경우가 많다. 만약 선택지와 동일한 내용의 표현이 본문에 없을 경우는 위와 같은 것일 가능성이 높으므로 그것이 본문의 어느 부분에 해당하는지

찾아두도록 하자. 그리고 마지막으로 그것이 정말 같은 의미인지와 정답이 맞는지를 한 번 더 확인하도록 하자.

④ 이 문제는 시간 배분에 주의해야 한다. 당황하여 적당히 마킹하는 일이 없도록 여유를 가지고 임해야 한다. 만약 자신이 없다면, 문제 6 정보검색을 먼저 풀고, 남은 시간에 문제 5를 푸는 것도 하나의 방법이다.

실전문제

もんだい5　つぎの文章を読んで、質問に答えください。答えは、1・2・3・4から
　　　　　いちばんいいものを一つえらんでください。

　　私は大学で、教えています。今日は私のクラスの留学生のことを話します。

　　ある日、電車が遅れて、2人の学生が1時間目の授業に間に合いませんでした。
Aさんは静かに教室に入って、何も言わないで自分の席に座りました。Bさんは
その時間は外で待っていて、休み時間になってから教室に入りました。

　　私は2人について考えました。

　「Aさんは失礼だ。遅れたのに謝らないで、席に座った。Bさんは真面目じゃ
ない。学校へ来たのに教室に入らないで外で遊んでいた。」

　　でも、いつもいい学生なのに、どうしてそうしたのか分かりませんでした。私
は2人に聞きました。2人は悪いことをしたとは思っていませんでした。2人は
「先生にそのまま授業を続けてほしかったからです」と言いました。

　　私は2人に「遅れたときでも急いで教室に入ってください。そして、先生にり
ゆうを話して、『すみません』と言ってから座ってください。」と言いました。

　　このことがあってから、私は悪い人だと思う前に、まずその人の話を聞くこと
にしました。

80

30 Aさんはいつ教室に入りましたか。

1　1時間目が始まる前

2　1時間目が始まってから

3　1時間目が終わった後

4　この日は教室に入らなかった

31 この文章を書いた人は、どうしてAさんは失礼だと思ったのですか。

1　Aさんが遅く学校へ来たから。

2　Aさんが授業に間に合わなかったから。

3　Aさんが謝らなかったから。

4　Aさんは失礼な人だから。

32 Bさんはどうして休み時間まで教室に入らなかったのですか。

1　どうしたらいいか分からなかったから。

2　遅く来るのは悪いことだと思っていなかったから。

3　先生の授業を途中で止めたくなかったから。

4　外で遊んでいたいと思ったから。

33 この文章を書いた人は、授業に遅れたらどうするべきだと思っていますか。

1　静かに教室に入って、席に座る。

2　その時間が終わってから、教室に入る。

3　すぐ教室に入って、先生に謝る。

4　休み時間まで待って、先生にりゆうを話す。

문제 5 다음 글을 읽고 질문에 답해 주세요. 답은 1·2·3·4 에서 가장 적당한 것을 하나 고르세요.

私は大学で、教えています。今日は私のクラスの留学生のことを話します。

ある日、電車が遅れて、2人の学生が1時間目の授業に間に合いませんでした。Aさんは静かに教室に入って、何も言わないで自分の席に座りました。Bさんはその時間は外で待っていて、休み時間になってから教室に入りました。

私は2人について考えました。

「Aさんは失礼だ。遅れたのに謝らないで、席に座った。Bさんは真面目じゃない。学校へ来たのに教室に入らないで外で遊んでいた。」

でも、いつもいい学生なのに、どうしてそうしたのか分かりませんでした。私は2人に聞きました。2人は悪いことをしたとは思っていませんでした。2人は「先生にそのまま授業を続けてほしかったからです」と言いました。

私は2人に「遅れたときでも急いで教室に入ってください。そして、先生にりゆうを話して、『すみません』と言ってから座ってください。」と言いました。

このことがあってから、私は悪い人だと思う前に、まずその人の話を聞くことにしました。

본문해석

저는 대학에서 가르치고 있습니다. 오늘은 저의 반의 유학생에 대해 이야기를 하겠습니다.

어느 날 전철이 늦어져, 2명의 학생이 첫째 시간 수업에 늦었습니다. A씨는 조용히 교실에 들어와 아무 말도 하지 않고 자기 자리에 앉았습니다. B씨는 그 시간은 밖에서 기다리다가 쉬는 시간이 되고 나서 교실에 들어왔습니다.

저는 두 사람에 대해서 생각했습니다.

'A씨는 무례하다. 늦었는데 사과도 안 하고 자리에 앉았다. B씨는 성실하지 못하다. 학교에 왔는데 교실에 들어 오지 않고 밖에서 놀고 있었다'

하지만, 늘 착한 학생인데 왜 그랬는지 이해할 수 없었습니다. 저는 두 사람에게 물었습니다. 두 사람은 나쁜 짓을 했다고는 생각하고 있지 않았습니다. 두 사람은 '선생님이 그대로 수업을 계속하길 바랐기 때문입니다'라고 말했습니다.

저는 두 사람에게 '늦었을 때도 서둘러서 교실에 들어오세요. 그리고 선생님에게 이유를 말하고 '죄송합니다'라고 말하고 나서 앉으세요.'라고 말했습니다.

그 일이 있고 나서, 저는 나쁜 사람이라고 생각하기 전에 우선 그 사람의 이야기를 듣기로 했습니다.

- 大学 대학
- 電車 전철
- 教室 교실
- 休み時間 쉬는 시간
- 理由 이유

- 教える 가르치다
- 遅れる 늦어지다
- 席 자리
- 謝る 사과하다

- 留学生 유학생
- 授業 수업
- 座る 앉다
- 続ける 계속하다

---

30 Aさんはいつ教室に入りましたか。

1 1時間目が始まる前
2 1時間目が始まってから
3 1時間目が終わった後
4 この日は教室に入らなかった

해석   A씨는 언제 교실에 들어왔습니까?

1 1교시가 시작되기 전
2 1교시가 시작되고 나서
3 1교시가 끝난 후
4 이 날은 교실에 들어오지 않았다

정답   2

유형분석   내용 이해 문제

해설   '두 학생이 첫째 시간수업에 늦었습니다'라고 했으므로 A학생도 수업에 늦었으며, 'A씨는 조용히 들어와 앉았다'라는 표현에서 수업 중에 들어왔다라는 것을 알 수 있다. 따라서 '첫째 시간이 시작되고 나서' 2번이 정답이다.

---

31 この文章を書いた人は、どうしてAさんは失礼だと思ったのですか。

1 Aさんが遅く学校へ来たから。
2 Aさんが授業に間に合わなかったから。
3 Aさんが謝らなかったから。
4 Aさんは失礼な人だから。

해석   이 글을 쓴 사람은, 어째서 A씨는 무례하다라고 생각한 것입니까?

     1   A씨가 늦게 학교에 왔기 때문에.

     2   A씨가 수업시간에 늦었기 때문에.

     3   A씨가 사과하지 않았기 때문에.

     4   A씨는 실례를 범하는 사람이기 때문에.

정답   3

유형분석   지시 내용 파악 문제

해설   이어지는 문장 '늦었는데 사과하지 않고 자리에 앉았다'라는 표현에서 사과를 하지 않은 것이 무례하다고 생각한 이유가 된다는 것을 알 수 있다. 따라서 3번이 정답이다.

---

32   Bさんはどうして休み時間まで教室に入らなかったのですか。

1   どうしたらいいか分からなかったから。

2   遅く来るのは悪いことだと思っていなかったから。

3   先生の授業を途中で止めたくなかったから。

4   外で遊んでいたいと思ったから。

해석   B씨는 어째서 쉬는 시간까지 교실에 들어가지 않았던 것입니까?

     1   어떻게 하면 좋을지 몰랐기 때문에.

     2   늦게 온 것은 나쁜 것이라고 생각하지 않았기 때문에.

     3   선생님의 수업을 도중에 멈추게 하고 싶지 않았기 때문에.

     4   밖에서 놀고 싶다고 생각했기 때문에.

정답   3

유형분석   지시 내용 파악 문제

해설   '두 사람은 "선생님이 그대로 수업을 계속 하길 바랐기 때문이다"라고 말했다'라는 표현에서 자신이 수업의 흐름을 끊고 싶지 않았기 때문이다 라는 것을 유추할 수 있다. 따라서 3번이 정답이다.

33 この文章を書いた人は、授業に遅れたらどうするべきだと思っていますか。

1 静かに教室に入って、席に座る。

2 その時間が終わってから、教室に入る。

3 すぐ教室に入って、先生に謝る。

4 休み時間まで待って、先生にりゆうを話す。

해석 이 글을 쓴 사람은 수업에 늦으면 어떻게 해야 한다고 생각하고 있습니까?

1 조용히 교실에 들어와서 자리에 앉는다.

2 그 시간이 끝나면 교실에 들어온다.

3 바로 교실에 들어와서 선생님에게 사과한다.

4 쉬는 시간까지 기다렸다가 선생님에게 이유를 설명한다.

정답 3

유형분석 내용 이해 문제

해설 늦어도 교실에 들어와 죄송하다고 사과하고, 늦은 이유를 선생님께 말하고 자리에 앉아라'라는 말에서 3번이 정답이라는 것을 알 수 있다.

문제 6

 문제형식

안내문이나 공지 등을 다룬 400자 정도의 정보 소재 안에서 필요한 정보를 찾아낼 수 있는가를 묻는 문제

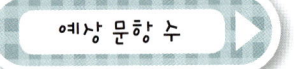 예상 문항 수

2문항

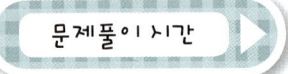 문제풀이 시간

7분

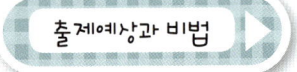 출제예상과 비법

① 신JLPT에 새롭게 출제된 형식의 문제이다. 일본에서 생활할 경우, 일상생활 속에서 접하게 되는 정보 소재를 이용하여 자신에게 필요한 정보를 재빨리 찾아낼 수 있는가를 체크하는 문제이다. 한국 학습자는 평소부터 이러한 형식의 문장을 읽는 연습을 반복하여 문장에 익숙해지도록 하자.

② 문제 6에서는 자신의 조건과 정보 소재를 대조해가며 답을 찾는 문제 (예를 들어, 나이 · 성별 · 학년 등)나 필요한 정보가 정보 소재 중 어디에 있는가를 찾는 문제 (예를 들어, 신청에 관한 질문이라면 신청 방법이 적힌 부분을 찾는 문제 등)이 출제된다.

함정에 주의!

③ 자신의 조건과 정보 소재를 대조해가며 답을 찾는 문제의 경우, 질문을 읽고 체크해야 하는 조건□항목이 어디인가를 정확이 파악하여 정보 소재 안에서 토대가 되는 기본 조건을 정한 후에, 하나씩 체크해나가면 정답을 찾을 수 있다.

④ 필요한 정보가 정보 소재 중 어디에 있는가를 찾는 문제의 경우, 우선 질문과 선택지를 읽고 필요한 정보는 무엇인가를 파악하는 것이 중요하다. 그리고 그것이 정보 소재의 어느 부분에 있는가를 찾는 것이 좋다.

⑤ 「注・ただし・＊・〜別途・〜のみ・〜以外」등의 예외에 주의해야 한다.

もんだい6　右のページの A「水泳教室のお知らせ」と B「レベル」を見て、質問に答えてください。答えは、1・2・3・4からいちばんいいものを一つえらんでください。

[34]　日曜日の午前のクラスに入りたい人は、いつどこへ行けばいいですか。

1　7月1日から15日までに東プール

2　7月1日から15日までに西プール

3　7月5日か12日に東プール

4　7月5日か12日に西プール

[35]　ぜんぜん泳げない人はいつ習うことができますか。

1　西プールなら午前も午後もクラスがある。

2　火曜、土曜、日曜にクラスがあるが、午後のクラスしかない。

3　東プールでも、西プールでも午前ならクラスがある。

4　火曜、土曜、日曜のクラスで1週間に3回、習うことができる。

A

夏休み水泳教室のお知らせ

　8月1日から29日まで、市の東プールと西プールで小学生のための水泳教室を開きます。入りたい人は7月1日から7月15日まで、習いたいクラスのあるプールで受け付けます。大山市の小学生なら、誰でも入れますが、入れるクラスは1つだけです。2つのクラスに申し込むことはできません。下の表を見て、入りたいクラスに申し込んでください。Dレベルの人は、テストがあります。7月5日か12日の午後3時から、西プールでテストを受けてください。

場所	曜日・時間	クラスレベル
東プール	火・午前	A・B
東プール	木・午後	C
西プール	土・午前	A
西プール	土・午後	B・C
西プール	日・午前	A・B
西プール	日・午後	C・D

午前クラスは10：00〜10：50、午後クラスは3：00〜3：50

B

それぞれのクラスのレベルは下の表のとおりです。

A	ぜんぜん泳げない人
B	10mぐらい泳げる人
C	25mぐらい泳げる人
D	25m以上泳げて、速く泳げるようになりたい人

문제 6 오른쪽 페이지의 A '수영교실의 안내'와 B '레벨'을 보고, 질문에 답해 주세요. 답은1・2・3・4에서 가장
적당한 것을 하나 고르세요.

A

夏休み水泳教室のお知らせ

　8月1日から29日まで、市の東プールと西プールで小学生のための水泳教室を開きます。
入りたい人は7月1日から7月15日まで、習いたいクラスのあるプールで受け付けます。
大山市の小学生なら、誰でも入れますが、入れるクラスは1つだけです。2つのクラスに申し込むこと
はできません。下の表を見て、入りたいクラスに申し込んでください。Dレベルの人は、テストがあ
ります。7月5日か12日の午後3時から、西プールでテストを受けてください。

場所	曜日・時間	クラスレベル
東プール	火・午前	A・B
東プール	木・午後	C
西プール	土・午前	A
西プール	土・午後	B・C
西プール	日・午前	A・B
西プール	日・午後	C・D

午前クラスは10：00～10：50、午後クラスは3：00～3：50

B
　それぞれのクラスのレベルは下の表のとおりです。

A	ぜんぜん泳げない人
B	10mぐらい泳げる人
C	25mぐらい泳げる人
D	25m以上泳げて、速く泳げるようになりたい人

본문해석

A

```
┌─────────────────────────────────┐
│     여름방학 수영교실 알림        │
└─────────────────────────────────┘
```

8월 1일부터 29일까지 시의 히가시 수영장과 니시 수영장에서 초등학생을 위한 수영교실을 엽니다.
들어가고 싶은 사람은 7월1일부터 7월 15일까지 배우고 싶은 클래스가 있는 수영장에서 접수합니다.
오오야마시의 초등학생이라면 누구든지 들어갈 수 있습니다만, 들어갈 수 있는 클래스는 하나뿐입니다. 두 개의 클래스에
신청할 수 없습니다. 아래 표를 보고 들어가고 싶은 클래스에 신청해주세요. D레벨인 사람은 테스트가 있습니다. 7월 5일
이나 12일 오후 3시부터 니시 수영장에서 테스트를 받으세요.

장소	요일 • 시간	클래스 레벨
히가시 수영장	화 • 오전	A • B
히가시 수영장	목 • 오후	C
니시 수영장	토 • 오전	A
니시 수영장	토 • 오후	B • C
니시 수영장	일 • 오전	A • B
니시 수영장	일 • 오후	C • D

오전 클래스는 10 : 00 ~ 10 : 50, 오후 클래스는 3 : 00 ~ 3 : 50

B

각각의 클래스의 레벨은 다음 표와 같습니다.

A	전혀 수영을 못 하는 사람
B	10m정도 수영할 수 있는 사람
C	25m정도 수영할 수 있는 사람
D	25m이상 갈 수 있으며, 빨리 수영할 수 있게 되고 싶은 사람

어휘

- 夏休み 여름방학
- 入る 들어가다
- 申し込む 신청하다
- 泳ぐ 헤엄치다
- 水泳教室 수영교실
- 受け付ける 접수하다
- 全然 전혀
- 開く 열다
- 表 표
- 以上 이상

---

[34] 日曜日の午前のクラスに入りたい人は、いつどこへ行けばいいですか。

1　7月1日から15日までに東プール
2　7月1日から15日までに西プール
3　7月5日か12日に東プール
4　7月5日か12日に西プール

해석　일요일 오전 클래스에 들어가고 싶은 사람은 언제 어디에 가면 됩니까?

1　7월 1일부터 15일까지 히가시 수영장
2　7월 1일부터 15일까지 니시 수영장
3　7월 5일이나 12일에 히가시 수영장
4　7월 5일이나 12일에 니시 수영장

정답　2

유형분석　지시 내용 파악 문제

해설　A표를 보면 A, B클래스에 대한 것이며 레벨 테스트를 받을 필요는 없으므로, 7월 1일부터 7월 15일까지 수영장에 가면 된다는 것을 알 수 있다. 따라서 2번이 정답이다.

---

[35] ぜんぜん泳げない人はいつ習うことができますか。

1　西プールなら午前も午後もクラスがある。
2　火曜、土曜、日曜にクラスがあるが、午後のクラスしかない。
3　東プールでも、西プールでも午前ならクラスがある。
4　火曜、土曜、日曜のクラスで1週間に3回、習うことができる。

해석　전혀 수영을 못하는 사람은 언제 배울 수가 있습니까?

1　니시 수영장이라면 오전도 오후도 클래스가 있다.
2　화요일, 토요일, 일요일에 클래스가 있지만, 오후 클래스 밖에 없다.
3　히가시 수영장에서도 니시 수영장에서도 오전이라면 클래스가 있다.
4　화요일, 토요일, 일요일 클래스에서 일주일에 3회 배울 수 있다.

정답　3

유형분석　내용 이해 문제

해설　'전혀 수영을 못 하는 사람'은 클래스에서 A클래스라는 것을 B표에서 확인, A표에서 A클래스의 수강요일과 시간을 확인한다. 1번은 오후에는 클래스가 없으므로 제외, 2번은 반대로 오전 클래스 밖에 없으므로 제외, 4번은 본문에서 들어갈 수 있는 클래스는 하나뿐이라고 제한하고 있으므로 정답이 될 수 없다. 따라서 3번이 정답이다.

MEMO

Ⅲ. 청해

시험과목	배점	시험시간
청해	60점	35분

∩ 청해

문제 1

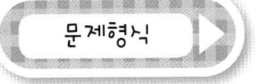 과제 해결에 필요한 정보를 듣고 나서 무엇을
해야하는지 찾아내기

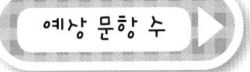 6문항      약 9분
(한 문항당 1분 30초)

 선택지가 그림으로 제시되는 문제와 문자로 제시되는 문제가
반반씩 출제된다.

질문은 대화가 시작되기 전 한 번, 대화가 끝난 후 한 번, 총
두 번 들려준다. 내용을 듣고 과제해결에 필요한 정보를 알아
듣고 그 다음에 무엇을 해야 하는가를 묻는 문제이다. 대화내
용을 듣기 전에 과제를 수행할 사람이 여자인지 남자인지, 무
엇을 해야 하는지 등의 질문 내용을 정확하게 파악해 두어야
한다.

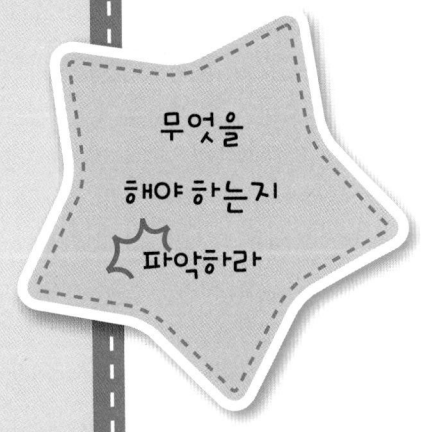

무엇을
해야 하는지
파악하라

실전문제

🎧 청해

<ruby>問<rt>もん</rt>題<rt>だい</rt></ruby>1 💿 1-01

もんだい1では、まず しつもんを <ruby>聞<rt>き</rt></ruby>いて ください。それから <ruby>話<rt>はなし</rt></ruby>を <ruby>聞<rt>き</rt></ruby>いて、もんだいようしの 1から4の <ruby>中<rt>なか</rt></ruby>から、いちばん いいものを <ruby>一<rt>ひと</rt></ruby>つ えらんで ください。

1ばん 💿 1-02

1 <ruby>工場<rt>こうじょう</rt></ruby>の <ruby>見学<rt>けんがく</rt></ruby>

2 かいぎ

3 おきゃくさまの あんない

4 <ruby>明日<rt>あした</rt></ruby>の じゅんび

2ばん 💿 1-03

1

2

3

4

미리보는 실전문제

3ばん 1-04

1　チケットを　よやくする

2　りょこうの　よていを　きめる

3　きぼうの　じかんを　れんらくする

4　1か月前(げつまえ)に　よやくを　とる

4ばん 1-05

1　うけつけに　行(い)く

2　「初(はじ)めまして」と　あいさつを　する

3　かみに　名前(なまえ)などを　書(か)く

4　座(すわ)って　待(ま)つ

5ばん  1-06

1 読む 勉強

2 書く 勉強

3 聞く 勉強

4 話す 勉強

6ばん 1-07

1

2

3

4

7ばん 🔘1-08

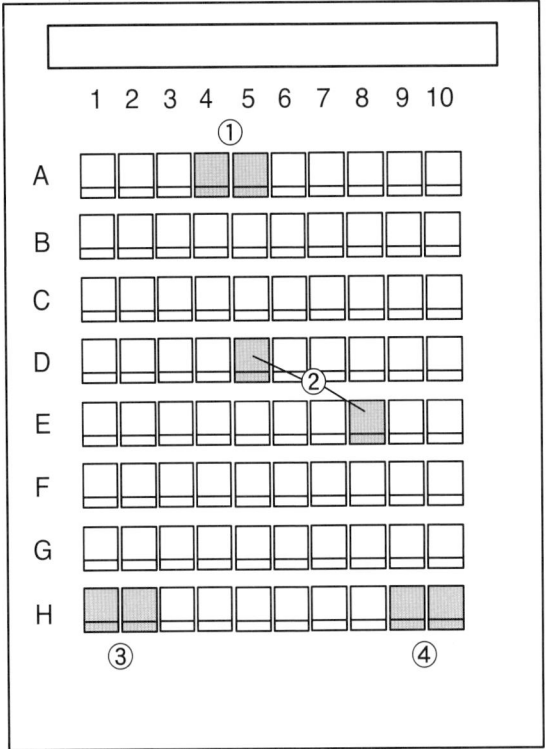

* ▨ のせきは空(あ)いています。

8ばん 🔘1-09

1 すずきさんに 「電話(でんわ)してください」と つたえる

2 すずきさんと いっしょに でかける

3 すずきさんからの 電話(でんわ)を 待(ま)つ

4 すずきさんに あとで 電話(でんわ)を かける

문제 1

문제 1에서는 먼저 질문을 들어 주세요. 그리고 이야기를 듣고 문제지의 1~4 중에서 가장 적당한 것을 하나 고르세요.

1ばん 1-02

男の人が会議で今日の予定について話しています。今日は、最初に何をしますか。

男：おはようございます。今日は午前中に工場を見学して、午後会議の予定でしたが、予定を変えます。午後はお客様がいらっしゃるので、工場へ見学に行く前に、会議をしてしまいましょう。
女：じゃ、あしたの準備はいつしますか。
男：それは、お客様がお帰りになってからしましょう。

今日は、最初に何をしますか。

스크립트 해석

남자가 회의에서 오늘의 일정에 관하여 이야기하고 있습니다. 오늘은 처음에 무엇을 합니까?

남 : 안녕하세요. 오늘은 오전 중에 공장을 견학하고, 오후에 회의를 할 예정이었습니다만, 예정을 바꾸겠습니다. 오후에는 손님이 오시기 때문에 공장에 견학하러 가기 전에, 회의를 끝냅시다.
여 : 그럼, 내일 준비는 언제 합니까?
남 : 그것은, 손님이 가신 후에 합시다.

오늘은 처음에 무엇을 합니까?
1 공장 견학
2 회의
3 손님 안내
4 내일의 준비

어휘					
会議 회의	予定 예정	午前中 오전 중	工場 공장	見学 견학	変える 바꾸다, 변경하다
準備 준비					

정답　2

유형분석　과제이해

해설　첫 대화에서 오전에 '공장견학' 오후에 '회의'의 일정이었으나, 예정변경과 함께 '공장에 가기 전에 회의를 끝냅시다'라는 남자의 말에서 '회의'가 오늘의 첫 일정이라는 것을 알 수 있다. 역접표현이 등장하면 그 이후가 중요해진다는 것을 명심하자.

해설 및 정답

2ばん　🔘1-03

^{おとこ}男の^{ひと}人と^{おんな}女の^{ひと}人が^{はな}話しています。^{おんな}女の^{ひと}人は^ね寝る^{まえ}前に^{なに}何をすることにしましたか。

女：あ～～あ…。

男：どうしたの？

女：^{よる}夜、^ね寝られないの。

男：^{ぼく}僕は^{むずか}難しい^{ほん}本を^よ読めば、^{かんたん}簡単に^ね寝られるよ。

女：う～ん。^{ほん}本は、いっしょうけんめい^よ読んじゃうから…。

男：じゃ、^{あたた}温かい^{ぎゅうにゅう}牛乳を^の飲んだり、お^{ふろ}風呂にゆっくり^{はい}入ったりしてみたら？

女：それはいつもしてるけど…。

男：それじゃ、^{ばん}晩ご^{はん}飯^た食べてから^{さんぽ}散歩したら？　^{うんどう}運動すれば^{つか}疲れて^{ねむ}眠くなるよ。

女：うん、そうね。やってみる。

^{おんな}女の^{ひと}人は^ね寝る^{まえ}前に^{なに}何をすることにしましたか。

스크립트 해석

남자와 여자가 이야기하고 있습니다. 여자는 자기 전에 무엇을 하기로 하였습니까?

여 : 아~~아….

남 : 왜 그래?

여 : 밤에 잠이 오지 않아.

남 : 나는 어려운 책을 읽으면 금방 잘 수 있어.

여 : 음~~. 책은 열심히 읽게 돼서….

남 : 그럼, 따뜻한 우유를 마시거나 목욕을 해보는 건 어때?

여 : 그건 언제나 하고 있는데.

남 : 그럼, 저녁 밥 먹고 나서, 산책하던가. 운동하면 피곤해서 졸리게 돼.

여 : 응, 그렇겠네. 해 봐야지.

여자는 자기 전에 무엇을 하기로 하였습니까?

어휘	^ね寝る 자다	^{かんたん}簡単に 간단하게	^{あたた}温かい 따뜻하다	^{さんぽ}散歩する 산책하다	^{うんどう}運動する 운동하다
	^{ねむ}眠い 졸리다				

정답	4

유형분석	과제이해

해설 　잠이 잘 드는 방법 '책 읽기' '우유 마시기' '목욕하기' '산책' 등의 남자의 권유에 각각 여자의 대답을 주의하면 서 듣는다. '산책'을 권유한 후에 여자의 '그렇겠네, 해봐야지'라는 말에서 4번이 정답이라는 것을 알 수 있다.

3ばん 1-04

男の人が旅行会社の女の人と話しています。男の人は初めに何をしなければなりませんか。

男：すみません。5月3日の新幹線のチケットを予約したいんですが…。

女：はい、何時の新幹線ですか。

男：まだ予定が決まっていないんです。

女：それでは、時間が決まったら、ご連絡ください。チケットは1か月前から予約が取れますから、その 前にお願いできますか。

男：はい、じゃ、予定が決まったら連絡します。

男の人は初めに何をしなければなりませんか。

스크립트 해석

남자가 여행회사의 여자와 이야기하고 있습니다. 남자는 처음에 무엇을 해야만 합니까?

남 : 저~, 5월 3일 신칸센 티켓을 예약하고 싶은데요.

여 : 네, 몇 시 신칸센이세요?

남 : 아직 예정이 정해지지 않았어요.

여 : 그럼, 시간이 정해지시면 연락주세요. 티켓은 한 달 전부터 예약을 하실 수 있으니, 그전에 부탁합니다.

남 : 네, 그럼 예정이 정해지면 연락하겠습니다.

남자는 처음에 무엇을 해야 합니까?

1 티켓을 예약한다

2 여행 예정을 정한다

3 희망하는 시간을 연락한다

4 한 달 전에 예약한다

어휘 　決まる 정해지다 　　連絡する 연락하다 　　予約を取る 예약을 하다

정답 　2

유형분석 　과제 이해

해설 　남자의 '예정이 정해지지 않았어요.'라는 말에 여자가 '그럼 시간이 정해지면 연락주세요.'라고 했고 남자가 그렇게 하겠다고 했으므로 2번이 정답이다.

4ばん 💿 1-05

男の人が病院の受付で女の人と話しています。男の人はトイレに行った後で初めに何をしますか。

男：すみません。初めてなんですが…。

女：それでは、この紙に名前や今痛いところなどを書いて、そちらに座ってお待ちください。

男：あのう…。先にトイレに行ってきてもいいですか。

女：はい。じゃ、トイレから帰ったら、紙を渡しますから、こちらに来てください。

男：はい、わかりました。

男の人はトイレに行った後で初めに何をしますか。

스크립트 해석

남자가 병원의 접수처에서 여자와 이야기하고 있습니다. 남자는 화장실에 갔다 와서 처음에 무엇을 합니까?

남 : 저~, 처음인데요.

여 : 그럼, 이 종이에 이름과 지금 아픈 곳 등을 쓰고 그쪽에 앉아서 기다려 주세요.

남 : 저기. 먼저 화장실에 다녀와도 될까요?

여 : 네. 그럼, 화장실에서 갔다 오시면, 종이를 드릴 테니, 이쪽으로 오세요.

남 : 네, 알겠습니다.

남자는 화장실에 갔다 와서 처음에 무엇을 합니까?

1 접수처에 간다

2 '처음 뵙겠습니다'라고 인사를 한다

3 종이에 이름 등을 쓴다

4 앉아서 기다린다

어휘	受付 접수(처) 初めて 처음 座る 앉다 渡す 건네다
정답	1
유형분석	과제 이해
해설	남자의 화장실에 다녀온 후의 행위를 묻고 있다는 것이 포인트. '화장실에 갔다 오시면 이쪽으로 오세요'라는 여자의 말에서 접수처에 가는 1번이 정답이 된다. 종이를 받아야 이름 등을 쓸 수 있으므로 1번이 우선적으로 행해져야 하는 행위이다.

5ばん 🔵1-06

<ruby>女<rt>おんな</rt></ruby>の<ruby>人<rt>ひと</rt></ruby>と<ruby>男<rt>おとこ</rt></ruby>の<ruby>人<rt>ひと</rt></ruby>が<ruby>話<rt>はな</rt></ruby>しています。<ruby>女<rt>おんな</rt></ruby>の<ruby>人<rt>ひと</rt></ruby>は<ruby>男<rt>おとこ</rt></ruby>の<ruby>人<rt>ひと</rt></ruby>のどんな<ruby>勉強<rt>べんきょう</rt></ruby>を<ruby>手伝<rt>てつだ</rt></ruby>いますか。

女：<ruby>日本語<rt>にほんご</rt></ruby>の<ruby>勉強<rt>べんきょう</rt></ruby>どう？<ruby>話<rt>はな</rt></ruby>せるようになった？

男：あまり<ruby>話<rt>はな</rt></ruby>しません。まちがえたらはずかしいから。

女：そう。でも、いろいろな<ruby>人<rt>ひと</rt></ruby>と<ruby>話<rt>はな</rt></ruby>したほうがいいよ。

男：はい。

女：<ruby>読<rt>よ</rt></ruby>んだり、<ruby>書<rt>か</rt></ruby>いたりは？

男：<ruby>読<rt>よ</rt></ruby>むのは、<ruby>慣<rt>な</rt></ruby>れましたが、<ruby>作文<rt>さくぶん</rt></ruby>が<ruby>難<rt>むずか</rt></ruby>しいです。<ruby>正<rt>ただ</rt></ruby>しいかどうか<ruby>自分<rt>じぶん</rt></ruby>では<ruby>分<rt>わ</rt></ruby>からなくて…。

女：そう、じゃ<ruby>毎日私<rt>まいにちわたし</rt></ruby>に<ruby>日本語<rt>にほんご</rt></ruby>でメールして。

男：え？！チェックしてくださるんですか。ありがとうございます。

<ruby>女<rt>おんな</rt></ruby>の<ruby>人<rt>ひと</rt></ruby>は<ruby>男<rt>おとこ</rt></ruby>の<ruby>人<rt>ひと</rt></ruby>のどんな<ruby>勉強<rt>べんきょう</rt></ruby>を<ruby>手伝<rt>てつだ</rt></ruby>いますか。

스크립트 해석

여자와 남자가 이야기를 하고 있습니다. 여자는 남자의 어떤 공부를 도와줍니까?

여 : 일본어 공부는 어때? 말할 수 있게 되었어?

남 : 별로 말을 안 해요. 틀리면 창피해서요.

여 : 그래. 그래도 여러 사람과 말하는 것이 좋아.

남 : 네.

여 : 읽는 거라던가 쓰는 것은?

남 : 읽는 것은 익숙해졌는데, 작문이 어렵습니다. 올바른지 어떤지 스스로는 알 수 없어서….

여 : 그래? 그럼 매일 나한테 일본어로 메일 보내.

남 : 에? 체크해주시는 거예요? 감사합니다.

여자는 남자의 어떤 공부를 도와줍니까?

1 읽는 공부

2 쓰는 공부

3 듣는 공부

4 말하는 공부

어휘   <ruby>手伝<rt>てつだ</rt></ruby>う 돕다   <ruby>間違<rt>まちが</rt></ruby>える 잘못하다, 실수하다   <ruby>恥<rt>は</rt></ruby>ずかしい 창피하다   <ruby>慣<rt>な</rt></ruby>れる 익숙해지다
<ruby>作文<rt>さくぶん</rt></ruby> 작문

정답   2

유형분석   과제 이해

해설 및 정답

해설　남자가 '작문'이 어렵다고 하였고, '메일로 보내'라는 말과 '체크해 준다'라는 말로 2번이 정답이라는 것을 알
수 있다. 「作文 (작문)」이라는 한자어를 재빨리 듣고 파악하는 것이 포인트이다.

6ばん　🔘 **1-07**

おとこ ひと はな
男の人が話しています。男の人は、いちばんしなければならないことは何だと言っていますか。

男：え〜、熱があると、何も食べたくなくなりますね。そんな時は、無理に食べなくてもいいですよ。
　　一番大切なのは、水を飲むことです。お茶でもジュースでもかまいませんから、飲むことを忘れ
　　ないでください。あ、お風呂は入ってもかまいませんよ。

男の人は、いちばんしなければならないことは何だと言っていますか。

스크립트 해석

남자가 이야기하고 있습니다. 남자는 가장 해야만 하는 일은 무엇이라고 말하고 있습니까?

남 : 어~ 열이 있으면, 아무것도 먹고 싶지 않게 되지요. 그럴 때는, 무리하게 먹지 않아도 됩니다. 가장 중요한 것은 물을
　　 마시는 것입니다. 차라도 주스라도 상관없으니, 마시는 것을 잊지 마세요. 아, 목욕은 해도 괜찮습니다.

남자는 가장 해야만 하는 일은 무엇이라고 말하고 있습니까?

어휘　熱がある 열이 있다　　無理に 무리하게　　かまわない 개의치 않는다　　忘れる 잊어버리다

정답　3

유형분석　과제 이해

해설　'식사'는 무리하게 먹지 말라고 했고, '마시는 것'을 잊지 말라고 했으므로 3번이 정답이다. 「〜てもかまわな
い (~해도 괜찮다, 개의치 않는다)」라는 허락을 나타내는 표현으로 4번 '목욕하는 것'은 해도 괜찮으나 반드
시 해야 하는 것은 아니므로 정답이 될 수 없다.

7ばん 💿1-08

男の人と女の人が映画館の前で話しています。二人はどの席のチケットを買いますか。

女：残っている席、少ないね。一番前じゃ、見にくいかなぁ…。

男：僕、目が悪いから一番後ろじゃ見えないんだ。

女：じゃ、こことここ、離れて座る？

男：え～？せっかく一緒に見に来たんだから一緒に座ろうよ。ここでもいいでしょう？

女：うん、わかった。

二人はどの席のチケットを買いますか。

스크립트 해석

남자와 여자가 영화관 앞에서 이야기하고 있습니다. 두 사람은 어느 자리의 티켓을 삽니까?

여 : 남아있는 자리 얼마 없네. 맨 앞에는 보기 힘들려나?

남 : 난, 눈이 나빠서 제일 뒤에서는 보이지 않아.

여 : 그럼, 여기하고 여기 떨어져서 앉지 않을래?

남 : 에~? 모처럼 같이 보러 왔으니까, 같이 앉자. 여기라도 괜찮지?

여 : 응, 알았어.

두 사람은 어느 자리의 티켓을 삽니까?

어휘	映画館 영화관　　残る 남다　　見にくい 보기 힘들다　　目が悪い 눈이 나쁘다　　離れる 떨어지다
정답	1
유형분석	과제 이해
해설	제일 뒤는 눈이 나빠서 보이지 않는다고 하였으며, 떨어져 앉는 것은 남자가 반대하였으므로 다소 보기는 힘들지만 남은 자리를 선택할 것이라고 볼 수 있다. 따라서 1번이 정답이다. 처음에 제시한 조건으로 반전하는 대화이므로 주의가 필요하다.

8ばん 🔘 1-09

おとこ ひと おんな ひと でんわ はな おとこ ひと
男の人と女の人が電話で話しています。男の人はどうしますか。

やまかわでんき
女：はい、山川電気です。
とうきょうぼうえき すずき ねが
男：もしもし、東京貿易のキムですが、鈴木さん、お願いします。
すずき で
女：すみません。鈴木は出かけておりますが…。
男：そうですか。
もど でん 　　 つた
女：戻りましたらお電話するようにお伝えしましょうか。
わたし
男：いえ、けっこうです。私もこれから出かけますので、
でん わ
　　また、こちらからお電話します。
女：そうですか。

おとこ ひと
男の人はどうしますか。

스크립트 해석

남자와 여자가 전화로 이야기하고 있습니다. 남자는 어떻게 합니까?

여 : 네, 야마카와 전기입니다.
남 : 여보세요, 도쿄무역 김입니다만, 스즈키 씨 부탁드립니다.
여 : 죄송합니다. 스즈키는 외출 중입니다만.
남 : 그렇습니까?
여 : 돌아오면, 전화하도록 전해 드릴까요?
남 : 아니요, 괜찮습니다. 저도 지금부터 외출하니까, 다시 제가 전화하겠습니다.
여 : 그렇습니까.

남자는 어떻게 합니까?
1 스즈키 씨에게 '전화해주세요.' 라고 전한다
2 스즈키 씨와 같이 외출한다
3 스즈키 씨한테서 올 전화를 기다린다
4 스즈키 씨에게 나중에 전화를 건다

어휘 貿易 무역　出かける 외출하다　戻る 돌아오다　伝える 전하다
정답 4
유형분석 과제 이해
해설 말을 전하겠다는 여자의 말을 사양하고, '다시 제가 전화하겠습니다' 라고 하는 남자의 말에서 4번이 정답이라는 것을 알 수 있다.

문제 2

 대화나 혼자 말하는 내용을 듣고 필요한 정보 찾아내기

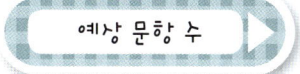 6문항 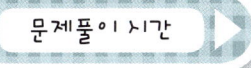 약 13분 20초

 먼저 질문이 나오므로 무엇을 묻고 있는지 확실하게 체크한 다음 포인트를 파악해서 들을 수 있어야 한다. 「いつ、どうして、何を」등의 질문형태가 출제된다.

지시된 색깔의
두더지만 잡아라

実戦問題

問題2 💿 1-10

もんだい2では、まず　しつもんを　聞いて　ください。そのあと、もんだいようしを
見て　ください。読む　時間が　あります。それから　話を　聞いて、もんだいようし
の　1から4の　中から、いちばん　いいものを　一つ　えらんで　ください。

1ばん　💿 1-11

1　運動が　きらいだから

2　ダイエットしたいから

3　うちの近くに　スポーツクラブが　できたから

4　スポーツは　たのしいから

2ばん　💿 1-12

1　10％しか　安くならないから

2　カードは　いつでも　すぐ　作れるから

3　カードを　作るのに　お金が　かかるから

4　1年間しか　使えないから

112

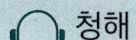

3ばん 🔘 1-13

  1   10時ごろ

  2   12時ごろ

  3   1時ごろ

  4   2時ごろ

4ばん 🔘 1-14

  1   おきゃくさんに　会ったから

  2   仕事が　終わらないから

  3   明日から　しゅっちょうするから

  4   毎日　おそくまで　かいぎを　するから

5ばん 🔘 1-15

1 お弁当を 作ったから

2 おそく 起きたから

3 さいふを わすれたから

4 電車が おくれたから

6ばん 🔘 1-16

1 木曜日の7時から する

2 金曜日の5時から する

3 金曜日の7時から する

4 まだ きまって いない

7ばん 💿 1-17

1 たばこを やめること

2 おさけを やめること

3 <ruby>運動<rt>うんどう</rt></ruby>すること

4 よく ねること

문제 2

문제 2에서는 먼저 질문을 들어 주세요. 그 후 문제지를 봐 주세요. 읽을 시간이 있습니다. 그리고 이야기를 듣고, 문제지의 1~4 중에서 가장 적당한 것을 하나 고르세요.

1ばん 🔘 **1-11**

女の人と男の人が話しています。男の人はどうしてスポーツクラブに入ったのですか。

女：スポーツクラブ、入ったの？

男：うん。運動するの嫌いだったんだけど。

女：じゃ、どうして？ダイエット？

男：ちがうよ。家の近くにできたからなんだ。

女：そう。で、楽しい？

男：うん、やってみたら楽しいよ。

男の人はどうしてスポーツクラブに入ったのですか。

스크립트 해석

여자와 남자가 이야기하고 있습니다. 남자는 왜 스포츠 클럽에 들어간 것입니까?

여 : 스포츠 클럽 들어갔어?

남 : 응. 운동하는 것은 싫었지만.

여 : 그럼? 왜? 다이어트?

남 : 아니야. 집 근처에 생겼기 때문이야.

여 : 그래. 그래서 재미 있어?

남 : 응. 해보니 즐거워.

남자는 왜 스포츠 클럽에 들어간 것입니까?

1 운동을 싫어하기 때문에

2 다이어트를 하고 싶기 때문에

3 집 근처에 스포츠 클럽이 생겼기 때문에

4 스포츠는 즐겁기 때문에

어휘	スポーツクラブ 스포츠 클럽　嫌いだ 싫어하다　近く 근처　できる 할 수 있다, 생기다 楽しい 즐겁다

정답	3

 청해

| 유형분석 | 포인트 이해 |

해설 남자의 말에 집중해서 듣는 것이 포인트이다. 남자는 운동하는 것이 싫었다고 했고, '다이어트' 때문이냐는 여자의 말을 부정했으므로 1번과 2번은 정답이 될 수 없으며, '근처에 생겼기 때문'이라는 남자의 말에서 3번이 정답이라는 것을 알 수 있다. 4번은 '즐거우냐'고 묻고 있는 여자의 질문에 대한 대답일 뿐 운동을 하는 직접적 이유가 될 수는 없다.

2ばん   1-12

男の人と女の人が店のレジで話しています。女の人はどうしてカードを作らないことにしましたか。

男：いらっしゃいませ。カードお持ちですか。10%安くなりますが…。
女：え？！そうなんですか。すぐ作れますか。
男：はい、あちらのサービスカウンターでお申し込みください。
　　カードをお作りするのに500円いただきますが、1年間使えます。
女：え、お金がかかるの？じゃ、いいわ。

女の人はどうしてカードを作らないことにしましたか。

스크립트 해석

남자와 여자가 가게 계산대에서 이야기하고 있습니다. 여자는 왜 카드를 만들지 않기로 했습니까?

남 : 어서 오세요. 카드는 가지고 계세요? 10% 싸집니다만.
여 : 어!? 그래요? 바로 만들 수 있어요?
남 : 네, 저 쪽 서비스 카운터에서 신청해 주세요. 카드를 만드는데 500엔 내셔야 되지만, 1년간 사용할 수 있습니다.
여 : 어, 돈 드는 거에요? 그럼 됐어요.

여자는 왜 카드를 만들지 않기로 했습니까?
1 10% 밖에 싸지 않기 때문에
2 카드는 언제라도 바로 만들 수 있기 때문에
3 카드를 만드는 데에 돈이 들기 때문에
4 1년밖에 사용할 수 없기 때문에

어휘	レジ 계산대　安くなる 싸지다　申し込む 신청하다
정답	3
유형분석	포인트 이해

해설 '카드를 만드는데 500엔을 내야 한다'는 남자의 설명에, 반문과 함께「じゃ、いいわ (그럼 됐어요)」라고 대답했

으로 3번이 정답이다. 「じゃ」는 「では (그럼)」의 회화적 표현이며 「いい」는 좋다라는 긍정적 의미 외에 '괜찮다' 라는 의미로 상대의 제안을 거절할 때 사용하기도 한다.

3ばん 🎧 1-13

<ruby>学校<rt>がっこう</rt></ruby>で<ruby>先生<rt>せんせい</rt></ruby>が<ruby>学生<rt>がくせい</rt></ruby>に<ruby>説明<rt>せつめい</rt></ruby>しています。<ruby>月曜日<rt>げつようび</rt></ruby>は<ruby>何時頃<rt>なんじごろ</rt></ruby><ruby>学校<rt>がっこう</rt></ruby>に<ruby>帰<rt>かえ</rt></ruby>ってきますか。

女：<ruby>来週月曜日<rt>らいしゅうげつようび</rt></ruby>はバスで<ruby>美術館<rt>びじゅつかん</rt></ruby>に<ruby>行<rt>い</rt></ruby>きます。10<ruby>時<rt>じ</rt></ruby>に<ruby>学校<rt>がっこう</rt></ruby>を<ruby>出<rt>で</rt></ruby>て、<ruby>美術館<rt>びじゅつかん</rt></ruby>までは1<ruby>時間<rt>じかん</rt></ruby>ぐらいです。<ruby>見学<rt>けんがく</rt></ruby>をして、お<ruby>昼<rt>ひる</rt></ruby>ごはんを<ruby>食<rt>た</rt></ruby>べて、1<ruby>時<rt>じ</rt></ruby>ごろまたバスに<ruby>乗<rt>の</rt></ruby>って<ruby>学校<rt>がっこう</rt></ruby>へ<ruby>帰<rt>かえ</rt></ruby>ります。いつもと<ruby>帰<rt>かえ</rt></ruby>りの<ruby>時間<rt>じかん</rt></ruby>が<ruby>違<rt>ちが</rt></ruby>いますから、アルバイトなど<ruby>午後<rt>ごご</rt></ruby>の<ruby>予定<rt>よてい</rt></ruby>がある<ruby>人<rt>ひと</rt></ruby>は<ruby>注意<rt>ちゅうい</rt></ruby>してください。

<ruby>月曜日<rt>げつようび</rt></ruby>は<ruby>何時頃<rt>なんじごろ</rt></ruby><ruby>学校<rt>がっこう</rt></ruby>に<ruby>帰<rt>かえ</rt></ruby>ってきますか。

스크립트 해석

학교에서 선생님이 학생에게 설명하고 있습니다. 월요일에는 몇 시경에 학교에 돌아옵니까?

여 : 다음 주 월요일은 버스로 미술관에 갑니다. 10시에 학교를 나와 미술관까지는 1시간 정도 입니다. 견학을 하고 점심을 먹고 1시경 또 버스를 타고 학교에 돌아옵니다. 평상시와 돌아오는 시간이 다르니 아르바이트 등 오후의 예정이 있는 사람은 주의해주세요.

월요일에는 몇 시경에 학교에 돌아옵니까?
1 10시경
2 12시경
3 1시경
4 2시경

어휘	説明する 설명하다	美術館 미술관	見学 견학	午後 오후	予定 예정	注意する 주의하다

정답　　4

유형분석　　포인트 이해

해설　　먼저 질문을 들으면 시간에 관한 계산이 필요하다는 것을 알 수 있다. 정리해 보면 10시 학교출발 → 미술관까지 이동시간 1시간 → 1시경 미술관을 출발한다고 했으므로 4번이 정답이다.

4ばん 🎧 1-14

男<ruby>の<rt>おとこ</rt></ruby>人<ruby><rt>ひと</rt></ruby>と女<ruby>の<rt>おんな</rt></ruby>人<ruby><rt>ひと</rt></ruby>が会社<ruby><rt>かいしゃ</rt></ruby>で話<ruby><rt>はな</rt></ruby>しています。女<ruby>の<rt>おんな</rt></ruby>人<ruby><rt>ひと</rt></ruby>はどうして映画<ruby><rt>えいが</rt></ruby>を見<ruby><rt>み</rt></ruby>に行<ruby><rt>い</rt></ruby>かないのですか。

男：お客<ruby><rt>きゃく</rt></ruby>さん、もう帰<ruby><rt>かえ</rt></ruby>ったの？ねえ、今日<ruby><rt>きょう</rt></ruby>、仕事<ruby><rt>しごと</rt></ruby>終<ruby><rt>お</rt></ruby>わったら映画<ruby><rt>えいが</rt></ruby>見<ruby><rt>み</rt></ruby>に行<ruby><rt>い</rt></ruby>かない？

女：ごめん。今日<ruby><rt>きょう</rt></ruby>は早<ruby><rt>はや</rt></ruby>く帰<ruby><rt>かえ</rt></ruby>りたいの。明日<ruby><rt>あした</rt></ruby>から大阪<ruby><rt>おおさか</rt></ruby>へ出張<ruby><rt>しゅっちょう</rt></ruby>なのよ。

男：わ、忙<ruby><rt>いそが</rt></ruby>しいんだね。

女：昨日<ruby><rt>きのう</rt></ruby>は遅<ruby><rt>おそ</rt></ruby>くまで会議<ruby><rt>かいぎ</rt></ruby>だったし。

男：大変<ruby><rt>たいへん</rt></ruby>なんだね。

女：うん。今週<ruby><rt>こんしゅう</rt></ruby>は特<ruby><rt>とく</rt></ruby>にね。

女<ruby>の<rt>おんな</rt></ruby>人<ruby><rt>ひと</rt></ruby>はどうして映画<ruby><rt>えいが</rt></ruby>を見<ruby><rt>み</rt></ruby>に行<ruby><rt>い</rt></ruby>かないのですか。

스크립트 해석

남자와 여자가 회사에서 이야기하고 있습니다. 여자는 왜 영화를 보러 가지 않는 것입니까?

남 : 손님 이제 돌아 갔지? 저기~, 일 끝나면 영화보러 안 갈래?

여 : 미안, 오늘은 빨리 들어가고 싶어. 내일부터 오사카에 출장이야.

남 : 와, 바쁘구나.

여 : 어제는 늦게까지 회의였고.

남 : 힘들겠네.

여 : 응. 이번주는 특히.

여자는 왜 영화를 보러 가지 않는 것입니까?

1 손님을 만났기 때문에

2 일이 끝나지 않기 때문에

3 내일부터 출장을 가기 때문에

4 매일 늦게까지 회의를 하기 때문에

어휘	お客<ruby><rt>きゃく</rt></ruby>さん 손님　仕事<ruby><rt>しごと</rt></ruby> 일　映画<ruby><rt>えいが</rt></ruby> 영화　出張<ruby><rt>しゅっちょう</rt></ruby> 출장　忙<ruby><rt>いそが</rt></ruby>しい 바쁘다　会議<ruby><rt>かいぎ</rt></ruby> 회의
정답	3
유형분석	포인트 이해
해설	여자의 말에서 '내일부터 출장이야'라는 말이 이유를 말하고 있다는 것을 유추하는 것이 포인트이다.

5ばん 💿 1-15

<ruby>男<rt>おとこ</rt></ruby>の<ruby>人<rt>ひと</rt></ruby>と<ruby>女<rt>おんな</rt></ruby>の<ruby>人<rt>ひと</rt></ruby>が<ruby>話<rt>はな</rt></ruby>しています。<ruby>女<rt>おんな</rt></ruby>の<ruby>人<rt>ひと</rt></ruby>はどうして<ruby>遅<rt>おく</rt></ruby>れたと<ruby>言<rt>い</rt></ruby>っていますか。

女：おそくなってごめん。はい、お<ruby>弁当<rt>べんとう</rt></ruby>。

男：わあ、ありがとう。<ruby>朝<rt>あさ</rt></ruby>これ<ruby>作<rt>つく</rt></ruby>っていて<ruby>遅<rt>おく</rt></ruby>れたの？

女：ううん。それは<ruby>夕<rt>ゆう</rt></ruby>べ<ruby>作<rt>つく</rt></ruby>ったの。<ruby>朝起<rt>あさお</rt></ruby>きたら、8<ruby>時<rt>じ</rt></ruby>で…。

男：なんだ、<ruby>寝坊<rt>ねぼう</rt></ruby>か。

女：ううん。<ruby>間<rt>ま</rt></ruby>に<ruby>合<rt>あ</rt></ruby>う<ruby>時間<rt>じかん</rt></ruby>だったんだけど、<ruby>財布忘<rt>さいふわす</rt></ruby>れちゃって…。

男：<ruby>取<rt>と</rt></ruby>りに<ruby>帰<rt>かえ</rt></ruby>ったの？

女：うん。お<ruby>金<rt>かね</rt></ruby>なかったら、<ruby>電車<rt>でんしゃ</rt></ruby>に<ruby>乗<rt>の</rt></ruby>れないから。

<ruby>女<rt>おんな</rt></ruby>の<ruby>人<rt>ひと</rt></ruby>はどうして<ruby>遅<rt>おく</rt></ruby>れたと<ruby>言<rt>い</rt></ruby>っていますか。

스크립트 해석

남자와 여자가 이야기하고 있습니다. 여자는 왜 늦었다고 말하고 있습니까?

여 : 늦어서 미안. 여기 도시락.

남 : 와, 고마워. 아침에 이거 만드느라 늦었어?

여 : 아니. 그것은 어제 저녁에 만들었어. 아침에 일어났더니, 8시라.

남 : 뭐야. 늦잠 잤어?

여 : 아니. 지각 안 하고 올 수 있는 시간이었는데, 지갑을 두고 나와서.

남 : 가지러 다시 간거야?

여 : 응. 돈이 없으면 전철을 탈 수 없으니까.

여자는 왜 늦었다고 말하고 있습니까?

1 도시락을 만들었기 때문에

2 늦게 일어났기 때문에

3 지갑을 두고 나왔기 때문에

4 전철이 늦었기 때문에

어휘	<ruby>遅<rt>おく</rt></ruby>れる (정해진 시간에)늦다　<ruby>寝坊<rt>ねぼう</rt></ruby> 늦잠　<ruby>間<rt>ま</rt></ruby>に<ruby>合<rt>あ</rt></ruby>う 시간에 맞추다　<ruby>財布<rt>さいふ</rt></ruby> 지갑
	<ruby>忘<rt>わす</rt></ruby>れる 잊어버리다

정답	3
유형분석	포인트 이해
해설	남자의 이유를 묻는 질문에 대한 여자의 대답을 주의 깊게 듣는 것이 포인트이다. 1번과 2번에 관한 질문에 「ううん (아니)」라고 대답하고 있으므로, 뒤의 말과 상관없이 부정하고 있음을 알 수 있다. 3번에 대한 질문

에 「うん (응)」이라고 긍정하고 있으므로 '지갑을 가지러 집으로 돌아갔다'는 사실을 알 수 있다. '전철이 늦었다'라는 설명은 대화내용에 없다. 따라서 3번이 정답이다.

6ばん 🔘 **1-16**

男の人と女の人が話しています。パーティーはいつすることになりましたか。

男：金曜日のパーティーだけど。

女：7時からだよね。

男：お店の予約が取れなかったんだ。5時からでもいいかな？

女：5時じゃ間に合わない人がいるかもしれないよ。

男：木曜日なら7時でも大丈夫なんだけど…。

女：でも、次の日、休みのほうがいいよね。

男：そうだね。じゃ、5時でもいいかどうか、みんなに聞いてみるよ。

パーティーはいつすることになりましたか。

스크립트 해석

남자와 여자가 이야기하고 있습니다. 파티는 언제 하게 되었습니까?

남：금요일 파티 말인데.

여：7시부터였지.

남：가게 예약을 못 했어. 5시부터라도 괜찮을까?

여：5시면 시간에 못 맞추는 사람이 있을지도 몰라.

남：목요일이라면 7시라도 괜찮지만.

여：하지만, 다음날 쉬는 날인 게 좋지.

남：그렇지. 그럼 5시라도 괜찮은지 어떤지 모두에게 물어 볼게.

파티는 언제 하게 되었습니까?

1 목요일 7시부터 한다

2 금요일 5시부터 한다

3 금요일 7시부터 한다

4 아직 정해지지 않았다

어휘   予約を取る 예약을 하다   間に合う 시간에 맞추다   大丈夫だ 괜찮다

정답   4

유형분석	포인트 이해
해설	본래의 계획인 금요일 7시에 예약을 못했다는 말과, 5시로의 변경을 의논하던 차, 남자의 마지막 말에서 '5시라도 괜찮은지 모두에게 물어보겠다'라고 했으므로 아직 결정되지 않았다는 것을 의미한다. 따라서 4번이 정답이다.

7ばん 💿 **1-17**

男の人が話しています。男の人は元気な生活に一番必要なことは何だと思っていますか。

男：私はたばこをやめました。お酒もやめました。運動は好きじゃありませんが、毎日運動しました。でも、生活が楽しくなくて、夜よく寝ることができなくなりました。妻は「たばこを吸って、お酒も飲んでください。寝ることがいちばん大切ですから」と言いました。私もそう思います。今、私は毎日よく寝ています。とても元気です。

男の人は元気な生活に一番必要なことは何だと思っていますか。

스크립트 해석

남자가 이야기하고 있습니다. 남자는 건강한 생활에 가장 필요한 것은 무엇이라고 생각하고 있습니까?

남 : 저는 담배를 끊었습니다. 술도 끊었습니다. 운동은 좋아하지 않습니다만, 매일 운동을 했습니다. 하지만, 생활이 즐겁지 않아 밤에 잘 잘 수가 없게 되었습니다. 아내는 '담배를 피고 술도 마셔요. 자는 것이 가장 중요하니까'라고 말했습니다. 저도 그렇게 생각합니다. 지금 저는 매일 잘 자고 있습니다. 아주 건강합니다.

남자는 건강한 생활에 가장 필요한 것은 무엇이라고 생각하고 있습니까?
1 담배를 끊는 것
2 술을 끊는 것
3 운동을 하는 것
4 잘 자는 것

어휘	必要だ 필요하다　　やめる 그만두다　　運動 운동　　生活 생활　　楽しい 즐겁다
정답	4
유형분석	포인트 이해
해설	'담배와 술을 끊고 운동도 한다'라는 말 뒤에 역접표현과 함께 아내의 말 '담배피고, 술도 마셔요. 자는 것이 가장 중요하니까'라는 말에 대해 '저도 그렇게 생각합니다'라며 동조하고 있으므로 말하는 사람 또한 '자는 것'이 중요하다고 생각하고 있다는 것을 알 수 있다.

문제 3

일러스트를 보며 상황 설명을 듣고 그에 맞게 말을 먼저 꺼내는 쪽의 적절한 표현 찾기

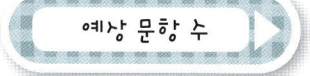

5문항

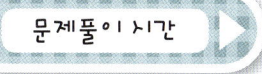

약 3분 20초

문제 3은 일러스트에서 화살표가 가리키는 사람이 해야 하는 말을 고르는 문제인데, 일상생활에서의 장면들이 골고루 출제된다.

문제 3은 기본회화 실력만 있으면 결코 어려운 문제가 아니므로, 착실히 점수를 올리기 위해서라도 음성으로 들려주는 상황 설명을 잘 듣고 상황을 잘 파악한 다음 답을 고르면 된다.

화살표가 가리키는 사람은 누구?

問題3 _{もんだい} 🔘 1-18

もんだい3では、えを 見_みながら しつもんを 聞_きいて ください。やじるし（→）の 人_{ひと}は 何_{なん}と 言_いいますか。1から3の 中_{なか}から、 いちばん いいものを 一_{ひと}つ えらん で ください。

1ばん 🔘 1-19

2ばん 🔘 1-20

3ばん 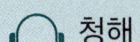 1-21

4ばん  1-22

문제 3

문제 3에서는 그림을 보면서 질문을 들어 주세요. 화살표(→)의 사람은 어떻게 말합니까? 1~3 중에서 가장 적당한 것을 하나 고르세요.

1ばん 🔘 1-19

女：漢字の読み方が分かりません。友だちに何と言いますか。
女：1　読み方、教えてくれる？
　　2　読み方、教えようか。
　　3　読み方、教えれば？

스크립트 해석

여 : 한자의 읽는 법을 모릅니다. 친구에게 뭐라고 말합니까?

여 : 1 읽는 법 가르쳐 줄래?

　　2 읽는 법 가르쳐 줄까?

　　3 읽는 법 가르쳐 주면(어때)?

어휘　　読み方 읽는 법　　教える 가르치다

정답　　1

유형분석　　발화표현

해설　　모르는 것을 상대에게 물어보고 상대에게 가르쳐 달라고 요청하는 표현은 「～てくれる？」라고 한다. 참고로 「～てもらえる？」표현을 쓰기도 한다.

2ばん 🔘 1-20

女：同じ会社の人がこれから出張します。何と言いますか。
女：1　さようなら。
　　2　お元気で。
　　3　お気をつけて。

스크립트 해석

여 : 같은 회사 사람이 이제부터 출장을 갑니다. 뭐라고 말합니까?

여 : 1 안녕히 가세요(계세요).

　　2 건강하세요.

　　3 조심하세요.

| 어휘 | 出張する 출장가다　　気をつける 조심하다, 주의하다 |

정답　3

유형분석　발화 표현

해설　지금부터 출장을 가는 사람에게 하는 말이므로 '조심하세요'라는 표현이 정답이다. 이 표현은 잘 다녀오라는 의미를 포함하고 있다. 1번은 헤어질 때 사용하는 인사말이며, 2번은 '건강하세요'라는 의미이므로 부적절하다.

3ばん　1-21

女：約束の時間に10分遅れました。何と言いますか。

男：1　すみません、早く来て。

　　2　すみません、遅くなって。

　　3　すみません、ゆっくり歩いて。

스크립트 해석

여 : 약속시간에 10분 늦었습니다. 뭐라고 말합니까?

남 : 1 죄송합니다, 빨리 와서.

　　2 죄송합니다, 늦어서.

　　3 죄송합니다, 천천히 걸어서.

어휘　約束 약속　　遅れる (시간에)늦다　　ゆっくり 천천히

정답　2

유형분석　발화 표현

해설　약속시간에 늦은 상황에서 사과하는 장면이다. 따라서 '늦어서'라는 의미를 갖는 2번이 정답이다.

4ばん　1-22

女：お客さんにたくさん食べてほしいです。何と言いますか。

女：1　どうぞ遠慮しないでください。

　　2　ちょっと遠慮したほうがいいですよ。

　　3　少し遠慮したらどうですか。

스크립트 해석

여 : 손님이 많이 드셨으면 합니다. 뭐라고 말합니까?

여 : 1 어서, 사양하지 마세요.

　2 좀 사양하는 게 좋아요.

　3 좀 사양하시는 게 어때요?

어휘	たくさん 많이　遠慮（えんりょ）する 사양하다, 삼가다
정답	1
유형분석	발화 표현
해설	손님에게 음식을 권하는 장면이다. 따라서, '어서, 사양하지 마세요'라는 의미를 갖는 1번이 정답이다. 「遠慮（えんりょ）する」는 사람에게 언행을 조심스레 하는 것을 말하며 '사양하다, 삼가다'라는 의미를 갖는다.

5ばん 1-23

女：先生（せんせい）の辞書（じしょ）を借（か）りたいです。何（なん）と言（い）いますか。
男：1　先生（せんせい）、辞書（じしょ）を貸（か）していただけませんか。
　　2　先生（せんせい）、辞書（じしょ）を貸（か）してもよろしいですか。
　　3　先生（せんせい）、辞書（じしょ）を貸（か）していらっしゃいますか。

스크립트 해석

여 : 선생님의 사전을 빌리고 싶습니다. 뭐라고 말합니까?

남 : 1 선생님, 사전을 빌려 주시겠습니까?

　2 선생님, 사전을 빌려드려도 괜찮을까요?

　3 선생님, 사전을 빌려주고 계십니까?

어휘	辞書（じしょ） 사전　借（か）りる 빌리다　貸（か）す 빌려주다
정답	1
유형분석	발화 표현
해설	상대에게 사전을 빌리는 장면이다. 다시 말해 사전을 빌려 줄 것을 요청하는 장면이다. 이 문제는 누가 누구에게 빌려주는 상황인가를 파악하는 것이 포인트. 「～ていただけませんか」는 상대에게 무언가 요청할 때 사용하는 말로 '~해 주시겠습니까?'라는 의미를 갖는다. 2번은 허락을 받는 문장이며, 3번은 '빌려주고 계시다'라는 표현으로 정답이 될 수 없다.

문제 4

 짧은 문장을 듣고 그에 맞는 적절한 응답 찾기

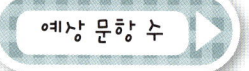 6문항  약 4분

 문제4는 짧은 말을 듣고 적절한 응답을 찾는 문제인데 짧은 시간에 바로 답해야 하는 문제이므로 자신의 반사적인 직감을 믿고 정답이라고 여겨지는 것에 체크를 하면 된다.

정답에 확신이 서지 않을 경우라도 미련 두지 말고 바로 다음 문제에 집중할 수 있어야 한다. 그렇지 않으면 더 많은 문제를 놓치게 된다.

필이 꽂히면
그것이 정답이다

問題4 1-24

もんだい4では、 えなどが ありません。まず ぶんを 聞いて ください。それから、
その へんじを 聞いて、1から3の 中から、いちばん いいものを 一つ えらんで
ください。

— メモ —

문제 4

문제 4에서는 그림이 없습니다. 먼저 문장을 들어 주세요. 그리고 그 대답을 듣고 1~3중에서 가장 적당한 것을 하나 고르세요.

1ばん 🔘 **1-25**

男：疲れたし、ちょっと休みませんか？
女：1　はい、休みませんよ。
　　2　私は疲れましたけど…。
　　3　そうですね。休みましょうか。

스크립트 해석

남 : 피곤하기도 하고 좀 쉬지 않을래요?

여 : 1 네, 안 쉴래요.

　　2 저는 피곤한데요.

　　3 그러네요. 쉴까요?

어휘	疲れる 피곤하다　　休む 쉬다
정답	3
유형분석	질의응답
해설	쉴 것을 권유하는 문장에 대한 대답이다. 1번은 「はい」라는 대답과 '쉬지 않겠다'라는 말이 맞지 않으며, 2번은 휴식을 제안하는 말에 대한 대답으로 적절하지 않다. 정답은 3번으로 상대의 제안에 동조하는 내용으로 같이 쉬기 때문에 「～ましょうか」의 형태로 대답하였다.

2ばん 🔘 **1-26**

女：ご旅行ですか。気をつけていってらっしゃい。
男：1　すみません、今すぐ行きます。
　　2　ええ、行ってきました。
　　3　はい、行ってまいります。

여 : 여행이십니까? 조심해서 다녀오세요.

남 : 1. 죄송합니다, 지금 바로 가겠습니다.

　　2. 네, 다녀왔습니다.

　　3. 네, 다녀오겠습니다.

어휘 旅行 여행

정답 3

유형분석 질의응답

해설 '조심해서 다녀오세요'라는 말에서 지금부터 떠나는 장면이라는 것을 알 수 있다. 따라서 출발하는 사람의 인사말은 '다녀오겠습니다'이므로 3번이 정답이다.

3ばん 1-27

女：まだ風邪が治らないんです。

男：1　それはいけませんね。

　　2　それはいいですね。

　　3　それはいつですか。

 스크립트 해석

여 : 아직 감기가 낫질 않네요.

남 : 1. 그거 안 됐네요.

　　2. 그거 좋군요.

　　3. 그것은 언제입니까?

어휘 風邪 감기　　治る 낫다

정답 1

유형분석 질의응답

해설 아직 감기에 걸린 상태라는 것을 유추하면 2번과 3번은 적절하지 않다는 것을 알 수 있다. 「それはいけませんね」는 여러 가지 의미를 가질 수 있으나, 여기서는 '그거 안됐군요'라는 의미이다.

해설 및 정답

4ばん 🔘 1-28

女 : こちらへ　どうぞ。
男 : 1　はい。しつれいします。
　　2　はい。こちらです。
　　3　はい。いつでもどうぞ。

스크립트 해석

여 : 이쪽으로 어서(오세요).

남 : 1 네, 실례하겠습니다.

　　2 네, 이쪽입니다.

　　3 네, 언제라도(오세요, 하세요).

어휘　失礼する 실례하다

정답　1

유형분석　질의응답

해설　「どうぞ」는 상황에 따라 다양하게 해석하나, 지금은 이쪽이라는 말과 함께 쓰여 이쪽으로 '오세요, 앉으세요' 정도로 볼 수 있다. 따라서 맞는 대답은 1번이다.

5ばん 🔘 1-29

男 : 今、何か　困っていること、ありますか。
女 : 1　一度もありません。
　　2　特にありません。
　　3　手伝いましょうか。

스크립트 해석

남 : 지금 뭔가 곤란한 일이 있습니까?

여 : 1 한 번도 없습니다.

　　2 특별히 없습니다.

　　3 도와 드릴까요?

어휘　困る 곤란하다　特に 특히　手伝う 돕다

정답	2

유형분석	질의응답

해설 지금 곤란한지를 묻고 있으므로 1번은 정답에서 제외, 3번 '도와드릴까요'라는 표현은 질문의 의도에서 벗어나므로 정답이 될 수 없다. 2번이 정답이다. 의문사를 포함한 질문에 대한 대답은 질문에서 사용된 서술어를 사용하는 것이 가장 자연스러운 대답이 된다.

6ばん 1-30

女：明日のパーティー、どうしますか？
男：1　行くつもりです。
　　2　きっと楽しいでしょう。
　　3　11人の予定です。

스크립트 해석

여 : 내일 파티 어떻게 하실 겁니까?
남 : 1 갈 생각입니다.
　　2 분명 즐겁겠지요.
　　3 11명 예정입니다.

어휘	パーティー 파티　　予定 예정

정답	1

유형분석	질의응답

해설 「どうしますか」는 여기서는 파티의 참석 여부를 묻고 있으므로, 1번이 정답. 2, 3번은 질문의 의도에서 벗어난 대답이다.

7ばん 1-31

女：おかえりなさい。旅行、どうでしたか。
男：1　ええ、楽しかったですよ。
　　2　ええ、楽しそうでしたか。
　　3　ええ、楽しみでしたね。

여 : 어서와요. 여행 어땠습니까?

남 : 1 네, 즐거웠어요.

　　 2 네, 즐거울 것 같았습니까?

　　 3 네, 기대하고 있었습니다.

어휘	旅行 여행
정답	1
유형분석	질의응답
해설	'여행 어땠습니까?'라고 과거형으로 묻고 있으므로 대답 또한 과거형으로 대답한다. 3번은 '기대했었다', 2번은 '즐거울 것 같다'이므로 여행의 감상을 묻는 질문의 대답이라고 보기 어렵다.

8ばん　🔘 1-32

女：すみません。今いいですか。

男：1　いいえ、今じゃありませんよ。

　　2　はい、とてもいいですね。

　　3　はい、何ですか。

여 : 죄송합니다. 지금 괜찮으십니까?

남 : 1 아니요, 지금이 아닙니다.

　　 2 네, 매우 좋습니다.

　　 3 네, 무슨 일입니까?

정답	3
유형분석	질의응답
해설	「今いいですか」는 '좋습니까?'라는 표현 이외에 '괜찮습니까?'라는 의미로, 상대에게 시간을 내어 줄 것을 요청할 때 사용하는 말이다. 따라서 3번이 정답이다. 「何ですか」는 '무엇입니까'라는 의미로 '무슨 일인가'라는 의미를 담고 있다.

언어지식(문자 · 어휘)

1	2	3	4	5	6	7	8	9	10	11	12	13	14	15	16	17	18	19	20
2	2	2	1	3	2	3	1	4	3	2	1	3	4	3	3	2	2	4	1

21	22	23	24	25	26	27	28	29	30	31	32	33	34	35
3	4	1	2	1	4	1	3	1	2	4	4	1	3	2

언어지식(문법) · 독해

1	2	3	4	5	6	7	8	9	10	11	12	13	14	15	16	17	18	19	20
2	1	4	1	4	1	3	2	1	4	1	3	1	2	4	1	1	4	2	3

21	22	23	24	25	26	27	28	29	30	31	32	33	34	35
2	3	3	3	4	4	4	1	2	2	3	3	3	2	3

청해

問題 **1**

1	2	3	4	5	6	7	8
2	4	2	1	2	3	1	4

問題 **2**

1	2	3	4	5	6	7
3	3	4	3	3	4	4

問題 **3**

1	2	3	4	5
1	3	2	1	1

問題 **4**

1	2	3	4	5	6	7	8
3	3	1	1	2	1	1	3

N4 (1回) (げんごちしき (もじ・ごい) かいとうようし

受験番号
Examinee Registration
Number

名前
Name

< ちゅうい Notes >

1. くろいえんぴつ (HB、No.2) で
   かいてください。
   Use a black medium soft
   (HB or No 2) pencil.

2. かきなおすときは、けしゴムで
   きれいにけしてください。
   Erase any unintended marks
   completely.

3. きたなくしたり、おったりしないで
   ください。
   Do not soil or bend this sheet.

4. マークれい　Marking examples

よい Correct	わるい Incorrect
●	⊗ ○ ◑ ◐ ⊘ ⊖ ⊕

もんだい1

1	①	②	③	④
2	①	②	③	④
3	①	②	③	④
4	①	②	③	④
5	①	②	③	④
6	①	②	③	④
7	①	②	③	④
8	①	②	③	④
9	①	②	③	④

もんだい2

10	①	②	③	④
11	①	②	③	④
12	①	②	③	④
13	①	②	③	④
14	①	②	③	④
15	①	②	③	④

もんだい3

16	①	②	③	④
17	①	②	③	④
18	①	②	③	④
19	①	②	③	④
20	①	②	③	④
21	①	②	③	④
22	①	②	③	④
23	①	②	③	④
24	①	②	③	④
25	①	②	③	④

もんだい4

26	①	②	③	④
27	①	②	③	④
28	①	②	③	④
29	①	②	③	④
30	①	②	③	④

もんだい5

31	①	②	③	④
32	①	②	③	④
33	①	②	③	④
34	①	②	③	④
35	①	②	③	④

N4 (1回) げんごちしき(ぶんぽう)・どっかい かいとうようし

受験番号
Examinee Registration Number

名前
Name

もんだい1

1	①	②	③	④
2	①	②	③	④
3	①	②	③	④
4	①	②	③	④
5	①	②	③	④
6	①	②	③	④
7	①	②	③	④
8	①	②	③	④
9	①	②	③	④
10	①	②	③	④
11	①	②	③	④
12	①	②	③	④
13	①	②	③	④
14	①	②	③	④
15	①	②	③	④

もんだい2

16	①	②	③	④
17	①	②	③	④
18	①	②	③	④
19	①	②	③	④
20	①	②	③	④

もんだい3

21	①	②	③	④
22	①	②	③	④
23	①	②	③	④
24	①	②	③	④
25	①	②	③	④

もんだい4

26	①	②	③	④
27	①	②	③	④
28	①	②	③	④
29	①	②	③	④

もんだい5

30	①	②	③	④
31	①	②	③	④
32	①	②	③	④
33	①	②	③	④

もんだい6

34	①	②	③	④
35	①	②	③	④

N4 (1回) ちょうかい かいとうようし

受験番号
Examinee Registration Number

名前
Name

もんだい1

1	①	②	③	④
2	①	②	③	④
3	①	②	③	④
4	①	②	③	④
5	①	②	③	④
6	①	②	③	④
7	①	②	③	④
8	①	②	③	④

もんだい2

1	①	②	③	④
2	①	②	③	④
3	①	②	③	④
4	①	②	③	④
5	①	②	③	④
6	①	②	③	④
7	①	②	③	④

もんだい3

1	①	②	③
2	①	②	③
3	①	②	③
4	①	②	③
5	①	②	③

もんだい4

1	①	②	③
2	①	②	③
3	①	②	③
4	①	②	③
5	①	②	③
6	①	②	③
7	①	②	③
8	①	②	③

Ⅰ. 언어지식 (문자 · 어휘)

시험과목	배점	시험시간
언어지식 (문자 · 어휘)	언어지식 (문자 · 어휘 · 문법) · 독해 120점	30분

언어지식

 **문자 · 어휘**

もんだい1 ＿＿＿のことばは　ひらがなで　どう　かきますか。1・2・3・4から
　　　　　　いちばん　いい　ものを　ひとつ　えらんで　ください。

1　これは　大事な本ですから　なくさないで　ください。
　　　1　たいせつ　　　2　たいじ　　　　　3　だいせつ　　　4　だいじ

2　きのうの夕方　雨が　ふりました。
　　　1　ゆうがた　　　2　ゆうかた　　　　3　ゆうほう　　　4　ゆうぼう

3　すみません、頭が　いたいので　今日は　休みます。
　　　1　かお　　　　　2　あたま　　　　　3　おなか　　　　4　くび

4　世界旅行に　行きたいです。
　　　1　せいかい　　　2　せいがい　　　　3　せかい　　　　4　せがい

5　あしたは　英語の試験が　あります。
　　　1　しげん　　　　2　しがん　　　　　3　しけん　　　　4　しかん

6　母は　台所に　います。
　　　1　たいところ　　2　だいどころ　　　3　だいじょ　　　4　たいしょ

7　この国は　雨が　少ないです。
　　　1　ふらない　　　2　すこない　　　　3　すくない　　　4　しょうない

8　この店は　毎月　10日に　セールを　します。
　　　1　まいけつ　　　2　まいがつ　　　　3　まいずき　　　4　まいつき

9　このにもつは　となりのへやに　運んで　ください。
　　　1　はこんで　　　2　えらんで　　　　3　ならんで　　　4　うんで

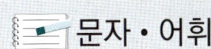

문제 1 _____의 단어는 히라가나로 어떻게 씁니까? 1·2·3·4에서 가장 적당한 것을 하나 고르세요.

---

1 これは 大事な本ですから なくさないで ください。

1 たいせつ　　　2 たいじ　　　3 だいせつ　　　4 だいじ

정답 4

해석 이것은 아끼는 책이니까 잃어버리지 마세요.

어휘 本 책　　なくす 잃어버리다　　大切だ 소중하다

유형분석 형용사 한자 읽기 문제

해설 「大事」는 '소중함'라는 의미로 음독은 「だいじ」이다. 「大」는 음독으로 「たい」와 「だい」 두 가지로 읽으므로 주의가 필요하다.

---

2 きのうの夕方 雨が ふりました。

1 ゆうがた　　　2 ゆうかた　　　3 ゆうほう　　　4 ゆうぼう

정답 1

해석 어제 저녁에 비가 왔습니다.

어휘 昨日 어제　　降る (비가)내리다

유형분석 명사 한자 읽기 문제

해설 「夕方」는 음독과 훈독이 혼용된 일본 고유의 한자어로 '저녁'이라는 의미로 1번이 정답이다.

---

3 すみません、頭が いたいので 今日は 休みます。

1 かお　　　2 あたま　　　3 おなか　　　4 くび

정답 2

해석 죄송합니다, 머리가 아파서 오늘은 쉬겠습니다.

어휘 休む 쉬다　　顔 얼굴　　お腹 배　　首 목

유형분석 명사 한자 읽기 문제

해설 「頭」는 '머리'라는 의미로 정답은 2번이다.

해설 및 정답

---

4 世界旅行に 行きたいです。

1 せいかい　　　2 せいがい　　　3 せかい　　　4 せがい

정답 　3

해석 　세계여행을 가고 싶습니다.

어휘 　旅行 여행　　行く 가다

유형분석 　명사 한자 읽기 문제

해설 　「世界」는 '세계'라는 의미로 음독은 「せかい」이다. 「世」는 「せい」와 「せ」로 발음되며, 주로 앞에 올 때 단음으로 읽는다.

---

5 あしたは 英語の試験が あります。

1 しげん　　　2 しがん　　　3 しけん　　　4 しかん

정답 　3

해석 　내일은 영어시험이 있습니다.

어휘 　英語 영어

유형분석 　명사 한자 읽기 문제

해설 　「試験」은 '시험'이라는 의미로 음독은 「しけん」이다.

---

6 母は 台所に います。

1 たいところ　　　2 だいどころ　　　3 だいじょ　　　4 たいしょ

정답 　2

해석 　어머니는 부엌에 있습니다.

어휘 　母 어머니　　いる 있다

유형분석 　명사 한자 읽기 문제

해설 　「台所」는 '부엌'이라는 의미로 한자어의 음독과 훈독이 혼용되어 「だいどころ」로 읽는다. 탁음에 주의해야 한다.

7 この国は 雨が <u>少ない</u>です。

   1 ふらない　　　　2 すこない　　　　3 すくない　　　　4 しょうない

정답	3
해석	이 나라는 비가 적게 옵니다.
어휘	国 나라　　降る (비가)내리다
유형분석	형용사 한자 읽기 문제
해설	「少ない」는 '적다'라는 의미이다. 훈독으로 「すくない」로 읽으며, 「小さい(작다)」와 헷갈리기 쉬우므로 주의해야 한다.

8 この店は <u>毎月</u> 10日に セールを します。

   1 まいけつ　　　　2 まいがつ　　　　3 まいずき　　　　4 まいつき

정답	4
해석	이 가게는 매월 10일에 세일을 합니다.
어휘	店 가게　　セール 세일
유형분석	명사 한자 읽기 문제
해설	「毎月」는 '매월'이라는 의미로 한자의 음독과 훈독이 혼용되어 「まいつき」로 읽는다. 참고로 '다음 달'은 「来月」라고 하며, 음독으로만 구성되어 있다.

9 このにもつは となりのへやに <u>運んで</u> ください。

   1 はこんで　　　　2 えらんで　　　　3 ならんで　　　　4 うんで

정답	1
해석	이 짐은 옆 방으로 옮겨 주세요.
어휘	荷物 짐　　隣 옆, 이웃　　部屋 방　　選ぶ 선택하다, 고르다　　並ぶ 줄 서다　　産む 낳다
유형분석	동사 한자 읽기 문제
해설	「運ぶ」는 '운반하다, 옮기다'라는 의미의 동사로 「はこぶ」로 읽는다.

もんだい2　＿＿＿の　ことばは　どう　かきますか。1・2・3・4から　いちばん　いい
　　　　　ものを　ひとつ　えらんで　ください。

10　わたしは　きょねんの9月に　日本へ　来ました。
　　　1　去年　　　　　2　先年　　　　　3　前年　　　　　4　昨年

11　ほら、鳥が　そらを　とんでいるよ。
　　　1　外　　　　　　2　気　　　　　　3　天　　　　　　4　空

12　駅まで　あるいて　行きましょう。
　　　1　走いて　　　　2　足いて　　　　3　通いて　　　　4　歩いて

13　わたしは　リーさんに　かさを　かしました。
　　　1　返し　　　　　2　借し　　　　　3　貸し　　　　　4　代し

14　駅のひがしに　こうえんが　あります。
　　　1　東　　　　　　2　西　　　　　　3　南　　　　　　4　北

15　そのズボンは　ちょっと　みじかいですよ。
　　　1　短い　　　　　2　長い　　　　　3　古い　　　　　4　広い

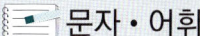
문제 2 _____의 단어는 어떻게 씁니까? 1・2・3・4에서 가장 적당한 것을 하나 고르세요.

---

10 わたしは　きょねんの9月に　日本へ　来ました。

1　去年　　　　　　2　先年　　　　　　3　前年　　　　　　4　昨年

정답　　1

해석　　저는 작년 9월에 일본에 왔습니다.

어휘　　日本 일본　　来る 오다　　前年 전년(도)　　昨年 작년

유형분석　명사 한자 쓰기 문제

해설　　「きょねん」은 '작년'이라는 의미로 한자표기는 「去年」이다. 참고로 4번 「昨年」도 '작년'이라는 의미
　　　　　이지만, 격식을 차린 표현이다.

---

11 ほら、鳥が　そらを　とんでいるよ。

1　外　　　　　　　2　気　　　　　　　3　天　　　　　　　4　空

정답　　4

해석　　봐봐, 새가 하늘을 날고 있어.

어휘　　ほら 봐(감탄사)　　鳥 새　　飛ぶ 날다　　外 바깥　　気 마음

유형분석　명사 한자 쓰기 문제

해설　　「そら」는 '하늘'이라는 의미로 한자표기는 「空」이다.

---

12 駅まで　あるいて　行きましょう。

1　走いて　　　　　2　足いて　　　　　3　通いて　　　　　4　歩いて

정답　　4

해석　　역까지 걸어 갑시다.

어휘　　駅 역　　行く 가다

유형분석　동사 한자 쓰기 문제

해설　　「あるく」는 '걷다'라는 의미로 한자표기는 「歩く」이다.

13 わたしは リーさんに かさを かしました。

　　1 返し　　　　　　2 借し　　　　　　3 貸し　　　　　　4 代し

정답　　3

해석　　저는 이 씨에게 우산을 빌려주었습니다.

어휘　　傘^{かさ} 우산

유형분석　　동사 한자 쓰기 문제

해설　　「かす」는 '빌려주다'라는 의미로 한자표기는 「貸す」이다.

14 駅のひがしに こうえんが あります。

　　1 東　　　　　　2 西　　　　　　3 南　　　　　　4 北

정답　　1

해석　　역 동쪽에 공원이 있습니다.

어휘　　駅^{えき} 역　　公園^{こうえん} 공원　　西^{にし} 서쪽　　南^{みなみ} 남쪽　　北^{きた} 북쪽

유형분석　　명사 한자 쓰기 문제

해설　　「ひがし」는 '동쪽'이라는 의미로 한자표기는 「東」이다.

15 そのズボンは ちょっと みじかいですよ。

　　1 短い　　　　　　2 長い　　　　　　3 古い　　　　　　4 広い

정답　　1

해석　　그 바지는 좀 짧습니다.

어휘　　ズボン 바지　　ちょっと 조금　　長^{なが}い 길다　　古^{ふる}い 오래되다　　広^{ひろ}い 넓다

유형분석　　형용사 한자 쓰기 문제

해설　　「みじかい」는 '짧다'라는 의미로 한자표기는 「短い」이다.

もんだい3　（　　　）に　なにを　いれますか。1・2・3・4から　いちばん　いい
　　　　　ものを　ひとつ　えらんで　ください。

16　国の　友だちが　来たら、東京を　（　　　　）して　あげます。
　　　1　あんしん　　　　2　あんない　　　　3　けんぶつ　　　　4　けんがく

17　こうさてんを　左に　（　　　　）と　右に　駅が　あります。
　　　1　まがる　　　　　2　まわる　　　　　3　まわす　　　　　4　わたる

18　わたしは　コンピューターに　（　　　　）がある　仕事が　したいです。
　　　1　けいけん　　　　2　かんけい　　　　3　ぎじゅつ　　　　4　ようい

19　昼間は　電車が　（　　　　）　いるので　すわれます。
　　　1　はしって　　　　2　のって　　　　　3　すいて　　　　　4　こんで

20　いい　（　　　　）が　しますね。となりのへやの人が　料理を　作って　いる
　　ようですね。
　　　1　あじ　　　　　　2　におい　　　　　3　おんがく　　　　4　くうき

21　うちに　入るときは　コートを　（　　　　）　ください。
　　　1　きて　　　　　　2　かって　　　　　3　ぬいで　　　　　4　して

22　勉強しても　（　　　　）　漢字が　おぼえられません。
　　　1　いろいろ　　　　2　どんどん　　　　3　やっと　　　　　4　なかなか

23　このぎゅうにゅうを　（　　　　）に　入れて　ください。
　　　1　コップ　　　　　2　ボタン　　　　　3　フォーク　　　　4　スリッパ

24 駅前に　銀行が　（　　　　　）ので　べんりに　なりました。

　　　1　できた　　　　　2　つくった　　　　3　たてた　　　　4　ついた

25 体の（　　　　　）が　悪いので、学校を　休みます。

　　　1　元気　　　　　2　気持ち　　　　　3　ちょうし　　　　4　気分

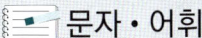
해설 및 정답

문제 3 (   )에는 무엇을 넣습니까? 1 · 2 · 3 · 4에서 가장 적당한 것을 하나 고르세요.

---

16 国の 友だちが 来たら、東京を (   )して あげます。

1 あんしん　　　2 あんない　　　3 けんぶつ　　　4 けんがく

정답　2

해석　고국의 친구가 오면 동경을 안내해 줍니다.

어휘　東京 동경　安心 안심　見物 구경　見学 견학

유형분석　적절한 어휘 찾기 문제

해설　'고국에서 친구가 오면'과 「～してあげる (~해 주다)」라는 표현에서 2번 「案内(안내)」가 적절하다.

---

17 こうさてんを 左に (   )と 右に 駅が あります。

1 まがる　　　2 まわる　　　3 まわす　　　4 わたる

정답　1

해석　사거리를 왼쪽으로 돌면 오른쪽에 역이 있습니다.

어휘　交差点 교차점, 사거리　左 왼쪽　右 오른쪽　回る 돌다, 회전하다　回す 돌리다
渡る 건너다

유형분석　적절한 어휘 찾기 문제

해설　문장의미상 '왼쪽으로 돌다'라는 의미가 적절하다는 것을 알 수 있으므로 1번이 정답이며, 2번 「まわる」는 해석은 유사하나 하나의 축을 중심으로 '돌다'라는 의미이므로 위 문장에서는 적절치 않다.

---

18 わたしは コンピューターに (   )がある 仕事が したいです。

1 けいけん　　　2 かんけい　　　3 ぎじゅつ　　　4 ようい

정답　2

해석　저는 컴퓨터와 관계가 있는 일을 하고 싶습니다.

어휘　コンピューター 컴퓨터　仕事 일　経験 경험　関係 관계　技術 기술　用意 준비

유형분석　적절한 어휘 찾기 문제

해설　각각의 선택지가 수식하고 있는 「仕事(일)」와의 의미를 생각하면, 2번이 정답이라는 것을 알 수 있다. 「関係(관계)」는 「～に関係がある(~와 관계 · 관련(이) 있다)」로도 쓰인다.

19 昼間は　電車が　（　　　　）　いるので　すわれます。

　　1　はしって　　　　　2　のって　　　　　　3　すいて　　　　　　4　こんで

정답　3

해석　낮에는 전철이 비어 있어서 앉을 수 있습니다.

어휘　昼間 점심 때　　電車 전철　　座る 앉다　　走る 달리다　　乗る 타다　　込む 혼잡하다

유형분석　적절한 어휘 찾기 문제

해설　「すわれます(앉을 수 있습니다)」에서 전철이 한산하다는 것을 알 수 있다. 따라서 3번이 정답이다.
「空く」는 공간적으로 비어있는 것을 의미한다.

20 いい（　　　　）が　しますね。となりのへやの人が　料理を　作って　いる　ようですね。

　　1　あじ　　　　　　　2　におい　　　　　　3　おんがく　　　　　4　くうき

정답　2

해석　좋은 냄새가 나네요. 옆집 사람이 요리를 만들고 있는 것 같네요.

어휘　となり 옆　　部屋 방　　料理 요리　　作る 만들다　　味 맛　　音楽 음악　　空気 공기

유형분석　적절한 어휘 찾기 문제

해설　'요리를 만들고 있다'고 했으므로 「においがする(냄새가 나다)」라는 표현을 유추하는 것이 포인트이
다. 따라서 2번이 정답이다.

21 うちに　入るときは　コートを　（　　　　）　ください。

　　1　きて　　　　　　　2　かって　　　　　　3　ぬいで　　　　　　4　して

정답　3

해석　집에 들어 올 때는 코트를 벗어 주세요.

어휘　入る 들어오다　　コート 코트　　着る 입다　　買う 사다

유형분석　적절한 어휘 찾기 문제

해설　'집에 들어올 때'라는 표현과 '코트를'이라는 목적어에서 「脱ぐ(벗다)」가 적절하다는 것을 알 수 있다.
따라서 3번이 정답이다.

22 勉強しても　（　　　）　漢字が　おぼえられません。

　　1　いろいろ　　　　2　どんどん　　　　3　やっと　　　　4　なかなか

정답　　4

해석　　공부해도 좀처럼 한자가 외워지지가 않아요.

어휘　　勉強する 공부하다　　漢字 한자　　覚える 기억하다, 암기하다　　いろいろ 여러 가지
　　　　どんどん 점점　　やっと 겨우

유형분석　　적절한 어휘 찾기 문제

해설　　'공부를 해도'와 '외울 수가 없다'에서 '(~하려고 하나)좀처럼'이라는 의미인 4번이 가장 적절하다는
　　　　것을 알 수 있다. 참고로 「やっと」는 '겨우, 가까스로'라는 의미로 반드시 뒤쪽에 '해내다'라는 긍정
　　　　적 표현이 와야 한다.

23 このぎゅうにゅうを　（　　　）に　入れて　ください。

　　1　コップ　　　　　2　ボタン　　　　　3　フォーク　　　　4　スリッパ

정답　　1

해석　　이 우유를 컵에 따라주세요.

어휘　　牛乳 우유　　入れる 넣다　　コップ 컵　　ボタン 단추　　フォーク 포크
　　　　スリッパ 슬리퍼

유형분석　　적절한 어휘 찾기 문제

해설　　「ぎゅうにゅう」는 '우유'이므로 '컵'에 담아야 한다. 따라서 1번이 정답이다.

24 駅前に　銀行が　（　　　）ので　べんりに　なりました。

　　1　できた　　　　　2　つくった　　　　3　たてた　　　　　4　ついた

정답　　1

해석　　역 앞에 은행이 생겨서 편리해졌습니다.

어휘　　駅前 역 앞　　銀行 은행　　便利だ 편리하다　　作る 만들다　　建てる 짓다　　着く 도착하다

유형분석　　적절한 어휘 찾기 문제

해설　「できる」는 '~이 생기다'라는 의미로 사용하기도 한다. 따라서 1번이 정답이다. 2번과 3번은 타동사로 목적
격 조사로는 「を(을)」를 써야 한다.

---

25 体の（　　　　　）が　悪いので、学校を　休みます。

　　1　元気　　　　　　2　気持ち　　　　　　3　ちょうし　　　　　4　気分

정답　3

해석　몸 상태가 좋지 않기 때문에 학교를 쉬겠습니다.

어휘　体 몸　　悪い 나쁘다　　学校 학교　　休む 쉬다　　元気 건강, 기운　　気持ち 마음
気分 기분

유형분석　적절한 어휘 찾기 문제

해설　'몸 상태가 좋지 않다'라는 표현은 「体のちょうしが悪い」 이다. 따라서 3번이 정답이다.

もんだい4 ＿＿＿＿の　ぶんと　だいたい　おなじ　いみの　ぶんが　あります。
　　　1・2・3・4から　いちばん　いい　ものを　ひとつ　えらんで　ください。

26 明日　2時に　お宅に　うかがいます。
　1　明日　2時に　お宅で　話します。
　2　明日　2時に　お宅に　聞きます。
　3　明日　2時に　お宅に　行きます。
　4　明日　2時に　お宅を　見ます。

27 お父さんは　子どもを　しかりました。
　1　お父さんは　子どもに　「うれしい」と　言いました。
　2　お父さんは　子どもに　「がんばって」と　言いました。
　3　お父さんは　子どもに　「いい子だ」と　言いました。
　4　お父さんは　子どもに　「だめだ」と　言いました。

28 銀行員のキムさんは　とても　まじめです。
　1　銀行員のキムさんは　明るくて　おもしろいです。
　2　銀行員のキムさんは　いっしょうけんめい　働きます。
　3　銀行員のキムさんは　あまり　親切じゃありません。
　4　銀行員のキムさんは　とても　忙しいです。

29 イさんは　もう　大学を　そつぎょうしました。

   1　イさんは　もう　大学のしけんを　うけました。

   2　イさんは　もう　大学に　にゅうがくしました。

   3　イさんは　もう　大学を　出ました。

   4　イさんは　もう　大学を　きめました。

30 山田さんは　今　るすです。

   1　山田さんは　今　家に　います。

   2　山田さんは　今　家に　いません。

   3　山田さんは　今　病気です。

   4　山田さんは　今　ねています。

문제 4 _____문장과 거의 같은 의미의 문장이 있습니다. 1 · 2 · 3 · 4에서 가장 적당한 것을 하나 고르세요.

---

26 明日　2時に　お宅に　うかがいます。

1　明日　2時に　お宅で　話します。

2　明日　2時に　お宅に　聞きます。

3　明日　2時に　お宅に　行きます。

4　明日　2時に　お宅を　見ます。

정답 　3

해석 　내일 2시에 댁으로 찾아 뵙겠습니다.

어휘 　お宅 댁(상대방의 집을 높여 부르는 말)　話す 이야기하다　聞く 듣다, 묻다　行く 가다
　　　　見る 보다

유형분석 　비슷한 의미의 어휘 찾기 문제

해설 　「うかがう」는 크게 3가지의 의미(묻다, 듣다, 방문하다)로 겸양적 표현이다. 여기서는 '방문하다'의
　　　　의미로 쓰였으므로 3번이 정답이 된다.

---

27 お父さんは　子どもを　しかりました。

1　お父さんは　子どもに　「うれしい」と　言いました。

2　お父さんは　子どもに　「がんばって」と　言いました。

3　お父さんは　子どもに　「いい子だ」と　言いました。

4　お父さんは　子どもに　「だめだ」と　言いました。

정답 　4

해석 　아버지는 아이를 꾸짖었습니다.

어휘 　お父さん 아빠　子ども 아이　うれしい 기쁘다　頑張る 열심히 하다
　　　　だめだ 안 된다, 좋지 않다　言う 말하다

유형분석 　비슷한 의미의 어휘 찾기 문제

해설 　「しかる」는 '혼내다'의 의미이다. 따라서 '안되다'의 의미를 갖는 마이너스적인 표현의 4번이 가장
　　　　유사한 의미이다.

28 <u>銀行員のキムさんは　とても　まじめです。</u>

1　銀行員のキムさんは　明るくて　おもしろいです。

2　銀行員のキムさんは　いっしょうけんめい　働きます。

3　銀行員のキムさんは　あまり　親切じゃありません。

4　銀行員のキムさんは　とても　忙しいです。

정답　2

해석　은행원인 김 씨는 매우 성실합니다.

어휘　銀行員 은행원　明るい 밝다　おもしろい 재미있다　一生懸命 열심히　働く 일하다
親切だ 친절하다　忙しい 바쁘다

유형분석　비슷한 의미의 어휘 찾기 문제

해설　「まじめだ」는 '성실하다'의 의미이다. 유사한 표현은 2번 「いっしょうけんめい働きます(열심히 일하겠습니다)」이다.

29 <u>イさんは　もう　大学を　そつぎょうしました。</u>

1　イさんは　もう　大学のしけんを　うけました。

2　イさんは　もう　大学に　にゅうがくしました。

3　イさんは　もう　大学を　出ました。

4　イさんは　もう　大学を　きめました。

정답　3

해석　이 씨는 이미 대학을 졸업했습니다.

어휘　もう 벌써　大学 대학　卒業する 졸업하다　試験を受ける 시험을 치다
入学する 입학하다　決める 정하다

유형분석　비슷한 의미의 어휘 찾기 문제

해설　「卒業する」는 '졸업하다'의 의미로, 유사한 표현은 3번 「大学を出る(대학을 나오다)」이다.

30 山田さんは　今　るすです。

1　山田さんは　今　家に　います。

2　山田さんは　今　家に　いません。

3　山田さんは　今　病気です。

4　山田さんは　今　ねています。

정답　2

해석　야마다 씨는 지금 부재중입니다.

어휘　今 지금　留守 부재중　病気 병　寝る 자다

유형분석　비슷한 의미의 어휘 찾기 문제

해설　「留守」는 '부재중'이라는 의미로, 집에 없음을 뜻하므로 2번이 정답이다.

もんだい5　つぎの　ことばの　つかいかたで　いちばん　いいものを　1・2・3・4
　　　　　から　ひとつ　えらんで　ください。

31　そろそろ

　　1　友だちが　来月　国へ　帰るので　そろそろ　さびしいです。

　　2　もう　7時ですね。そろそろ　しつれいします。

　　3　(電話で)119ばんですか。火事です！そろそろ　来て　ください。場所は…

　　4　こんにちは。そろそろ　暑く　なりましたね。

32　せき

　　1　つくえと　せきを　ならべて　ください。

　　2　自分のせきに　すわって　ください。

　　3　デパートで　せきを　2つ　買いました。

　　4　こうえんに　小さいせきが　あります。

33　拝見<ruby>拝見<rt>はいけん</rt></ruby>します

　　1　わたしは　きのう　新聞を　<ruby>拝見<rt>はいけん</rt></ruby>しました。

　　2　先生、わたしの作文を　<ruby>拝見<rt>はいけん</rt></ruby>しましたか。

　　3　わたしは　先週　社長のごかぞくの写真を　<ruby>拝見<rt>はいけん</rt></ruby>しました。

　　4　わたしは　デパートで　社長のおくさんを　<ruby>拝見<rt>はいけん</rt></ruby>しました。

34 つとめる

1 父は　コンピューターの会社に　つとめて　います。

2 しょうらい　自分の会社を　つとめたいです。

3 毎日　8時に　つとめて　います。

4 いつも　つとめた後で　会社の人と　ビールを　飲みます。

35 おおぜい

1 つくえの上に　本が　おおぜい　あります。

2 きのう　料理を　おおぜい　作りました。

3 おおぜいの人が　パーティーに　来ました。

4 川で　おおぜいの魚が　およいで　いますよ。

문제 5 다음 단어의 사용법으로서 가장 적당한 것을 1 · 2 · 3 · 4에서 하나 고르세요.

---

31 そろそろ

1 友だちが 来月 国へ 帰るので そろそろ さびしいです。

2 もう 7時ですね。そろそろ しつれいします。

3 (電話で)119ばんですか。火事です！そろそろ 来て ください。場所は…

4 こんにちは。そろそろ 暑く なりましたね。

정답 2

해석 벌써 7시네요. 슬슬 실례하겠습니다.

어휘 帰る 돌아가다   さびしい 쓸쓸하다   失礼する 실례하다   場所 장소   火事 화재
暑い 덥다

유형분석 제시된 어휘가 올바르게 쓰인 문장 찾기 문제

해설 「そろそろ」는 '슬슬'이라는 의미로 다음 행동을 해야 할 시기가 다가옴을 나타내는 부사 표현이다. 2번이 정답이며, 「しつれいします(실례하겠습니다)」는 방에 들어갈 때나 집에 돌아갈 때 하는 인사 말이다. 1번은 행동을 수식하지 않으므로 어울리지 않으며, 3번은 급작스러운 상황으로 부적절하며, 4번은 이미 이루어진 일이므로 과거표현에는 어울리지 않는다.

---

32 せき

1 つくえと せきを ならべて ください。

2 自分のせきに すわって ください。

3 デパートで せきを 2つ 買いました。

4 こうえんに 小さいせきが あります。

정답 2

해석 자기 자리에 앉아주세요.

어휘 席 자리   机 책상   並べる 나열하다   自分 자신   座る 앉다   デパート 백화점
買う 사다   公園 공원   小さい 작다

유형분석 제시된 어휘가 올바르게 쓰인 문장 찾기 문제

해설 「席」는 자리라는 의미로 책상과 의자를 가리킬 때가 많다. 따라서 1번 「つくえとせき」라는 자체가 틀린 표현이다. 또 「せき」는 책상과 의자가 그 자리를 필요로 한 공간(주로 교실, 강당, 영화관 등)에 있어야 쓸 수 있는 말이기 때문에, 「せき」를 쓸 수는 없다. 같은 이유로, 공원에도 「せき」를 쓸 수 없다.

33 拝見します

1 わたしは きのう 新聞を 拝見しました。

2 先生、わたしの作文を 拝見しましたか。

3 わたしは 先週 社長のごかぞくの写真を 拝見しました。

4 わたしは デパートで 社長のおくさんを 拝見しました。

정답 3

해석 저는 지난주 사장님 가족의 사진을 보았습니다.

어휘 新聞 신문　作文 작문　先週 지난 주　社長 사장　家族 가족　写真 사진
奥さん (다른 사람의)아내

유형분석 제시된 어휘가 올바르게 쓰인 문장 찾기 문제

해설 「拝見する」는 「見る(보다)」의 겸양어로 상대방에 관련된 것을 내가 볼 때 사용한다. 그러므로 3번이 정답이다. 1번과 4번은 「見ました(봤습니다)」, 2번은 「ごらんになりましたか(보셨습니까)」가 적절한 표현이다.

34 つとめる

1 父は コンピューターの会社に つとめて います。

2 しょうらい 自分の会社を つとめたいです。

3 毎日 8時に つとめて います。

4 いつも つとめた後で 会社の人と ビールを 飲みます。

정답 1

해석 아버지는 컴퓨터 회사에 근무하고 있습니다.

어휘 コンピューター 컴퓨터　会社 회사　将来 장래, 미래　毎日 매일　ビール 맥주
飲む 마시다

유형분석 제시된 어휘가 올바르게 쓰인 문장 찾기 문제

해설 「勤める」는 '근무하다'라는 의미로 [근무하는 곳 + に + つとめる]로 쓰인다. 따라서 1번이 정답이다. 2번은 「作りたいです(만들고 싶습니다)」, 3번은 「会社へ行きます(회사에 갑니다)」, 4번은 「仕事が終わった(後で)(일이 끝난 후에)」가 적절한 표현이다.

35　おおぜい

1　つくえの上に　本が　<u>おおぜい</u>　あります。

2　きのう　料理を　<u>おおぜい</u>　作りました。

3　<u>おおぜい</u>の人が　パーティーに　来ました。

4　川で　<u>おおぜい</u>の魚が　およいで　いますよ。

정답　3

해석　많은 사람이 파티에 왔습니다.

어휘　机 책상　　料理 요리　　パーティー 파티　　川 강　　魚 물고기　　泳ぐ 헤엄치다

유형분석　제시된 어휘가 올바르게 쓰인 문장 찾기 문제

해설　「おおぜい」는 '많다'라는 의미로 사람이 많은 것을 가리킨다. 따라서 사람을 수식하고 있는 3번이 가장 적절하다. 단순한 수량의 많음을 나타내는 경우는 「たくさん」을 사용하는 것이 적절하다.

Ⅱ. 언어지식 (문법) / 독해

시험과목	배점	시험시간
언어지식 (문법) 독해	언어지식 (문자·어휘·문법) ·독해 120점	60분

언어지식

문법

もんだい1 （　　　）に　何を　入れますか。1・2・3・4から　いちばん　いい　ものを
　　　　　一つ　えらんで　ください。

1　A：この　問題、わかりましたか。

　　B：とても　難しくて、いくら　（　　　　　）　わからないんです。

　　　1　考えれば　　　　2　考えなければ　　3　考えても　　　　4　考えなくても

2　A：今度の土曜日、ひさしぶりに　テニスでも　どうですか。

　　B：すみません。その日は　会社に　（　　　　）ので…。

　　　1　行きたがって　いる　　　　　　　　2　行っては　いけない

　　　3　行かなくても　いい　　　　　　　　4　行かなければ　ならない

3　A：明日から　海に　行くんです。

　　B：そうですか。（　　　　）　いいですね。

　　　1　はれても　　　　2　はれなくても　　3　はれると　　　4　はれないと

4　A：4月から　どうするんですか。

　　B：日本に　（　　　　）つもりです。

　　　1　りゅうがくしたい　　　　　　　　　2　りゅうがくする

　　　3　りゅうがく　　　　　　　　　　　　4　りゅうがくして

5　A：どうしたの。声が　出ないの？

　　B：うん。夕べ　歌い（　　　　）、けさ　起きたら…。

　　　1　やすくて　　　　2　だして　　　　3　すぎて　　　　4　たくて

172

6　A：すみません。ボタンを　（　　　　　）、きっぷが　出ないんですが。

　　B：ちょっと　待って　ください。今　調べますから。

　　1　おさずに　　　　2　おして　　　　　3　おしたら　　　　4　おしたのに

7　A：ぼくは　（　　　　　）　するけど、田中さんは？

　　B：私は、サンドイッチ。

　　1　カレーで　　　　2　カレーに　　　　3　カレーを　　　　4　カレーが

8　A：忙しそうですね。

　　B：ええ、部長に　仕事を　（　　　　　）、今日中に　しなければ　ならないんです。

　　1　たのんで　　　　2　たのませて　　　3　たのまれて　　　4　たのまされて

9　今の時間は、道が　込んで　いるので、車で　（　　　　　）ほうが　いいですよ。

　　1　行けた　　　　　2　行けない　　　　3　行った　　　　　4　行かない

10　わたしは　うちを　買う（　　　　　）、夜も　働いています。

　　1　ほど　　　　　　2　とか　　　　　　3　ぐらい　　　　　4　ために

11　高山さんは　買った（　　　　　）の車を　じこで　こわして　しまいました。

　　1　とき　　　　　　2　ところ　　　　　3　ばかり　　　　　4　まま

12　先生が　（　　　　　）本を　読みました。とても　おもしろかったです。

　　1　お書きした　　　　　　　　　　　2　お書きなった

　　3　お書きにした　　　　　　　　　　4　お書きになった

13 しゅくだいが　わからなかったので、田中さんに　教えて　（　　　　　）。

　1　あげました　　　　2　くれました　　　3　もらいました　　4　ありました

14 A：ニュース　聞きましたか。きのうのサッカーの試合、日本が　（　　　　　）。

　B：へえ、それは、よかったですね。

　1　かったはずです　　　　　　　　2　かつようです

　3　かったそうです　　　　　　　　4　かつそうです

15 A：カンさん、ＡＢＫ銀行に　れんらくしましたか。

　B：すみません。今から　かいぎを　（　　　　　）なんです。かいぎの後で　電話

　　します。

　1　したところ　　　　　　　　　　2　しているところ

　3　するところ　　　　　　　　　　4　したとき

문제 1 (　　　)에 무엇을 넣습니까? 1·2·3·4에서 가장 적당한 것을 하나 고르세요.

1　A：この問題、わかりましたか。

B：とても　難しくて、いくら　（　　　　）　わからないんです。

1　考えれば　　　　2　考えなければ　　　3　考えても　　　　4　考えなくても

정답　3

해석　A 이 문제 이해했습니까?

B 너무 어려워서 아무리 생각해도 이해가 되지 않습니다.

어휘　問題 문제　　わかる 이해하다　　とても 아주　　難しい 어렵다　　いくら 아무리

考える 생각하다

유형분석　적절한 기능어 찾기 문제

해설　「いくら」는 부사로 사용되는 경우 '아무리'라는 의미로 사용되며 '~(라고) 해도'라는 표현을 동반하게 된다. 즉 「いくら~ても(아무리 ~해도)」의 형태를 취하므로 3번이 정답이다.

2　A：今度の土曜日、ひさしぶりに　テニスでも　どうですか。

B：すみません。その日は　会社に　（　　　　）ので…。

1　行きたがって　いる　　　　　　　　2　行っては　いけない

3　行かなくても　いい　　　　　　　　4　行かなければ　ならない

정답　4

해석　A 이번 토요일, 오랜만에 테니스라도 어떻습니까?

B 죄송합니다. 그 날은, 회사에 가야 해서….

어휘　今度 이번　　久しぶりだ 오랜만이다　　テニス 테니스　　会社 회사

유형분석　적절한 기능어 찾기 문제

해설　'죄송합니다'라는 대답에서 제안에 응할 수 없음을 알 수 있다. 따라서 '회사에 가야 하는 상황이므로' 4번이 정답이다. 「~なければならない」는 '~하지 않으면 안 된다'라는 의미이다. 1번은 '가고 싶어하고 있다', 2번은 '가서는 안 된다', 3번은 '가지 않아도 된다'라는 의미로 부적절하다.

3 A：明日から　海に　行くんです。

B：そうですか。（　　　）　いいですね。

1　はれても　　　　2　はれなくても　　　3　はれると　　　　4　はれないと

정답　3

해석　A 내일부터 바다에 가요.

B 그래요? 맑으면 좋겠네요.

어휘　明日(あした) 내일　　海(うみ) 바다　　晴(は)れる 맑다

유형분석　적절한 기능어 찾기 문제

해설　「晴(は)れる」는 날씨가 '맑다'의 의미이며, 「いいですね (좋겠네요)」라는 표현을 동반하므로 '맑으면'이라는 표현이 적절하다. 따라서 3번이 정답이다.

4 A：4月から　どうするんですか。

B：日本に　（　　　）つもりです。

1　りゅうがくしたい　　　　　　　　2　りゅうがくする

3　りゅうがく　　　　　　　　　　　4　りゅうがくして

정답　2

해석　A 4월부터 어떻게 하실 겁니까?

B 일본에 유학할 생각입니다.

어휘　4月(がつ) 4월　　留学(りゅうがく)する 유학하다

유형분석　적절한 기능어 찾기 문제

해설　「つもりだ」는 동사의 기본형에 접속하여 '~할 생각이다, ~할 예정이다'라는 의미로 쓰이므로 동사 기본형을 사용한 2번이 정답이다.

5 A：どうしたの。声が　出ないの？

B：うん。夕べ　歌い（　　　　）、けさ　起きたら…。

1　やすくて　　　　2　だして　　　　　3　すぎて　　　　　4　たくて

정답　3

해석　A 무슨 일이야? 목소리가 안 나와?

B 응. 어젯밤에 노래를 너무 불러서, 아침에 일어났더니….

어휘　声が出ない 목소리가 안 나오다　　夕べ 어젯밤　　歌う 노래하다　　今朝 오늘 아침
起きる 일어나다

유형분석　적절한 기능어 찾기 문제

해설　A의 질문에 긍정적으로 대답하였으므로 목소리가 나오지 않는 이유를 만들어야 한다. 「동사ます형 +
すぎる」는 '지나치게 ~하다'라는 의미이므로 가장 적절하다. 따라서 3번이 정답이다. 참고로 1번은 '~
하기 쉽다', 2번은 '~하기 시작하다', 4번은 '~하고 싶다'등의 의미를 나타낸다.

6 A：すみません。ボタンを　（　　　　）、きっぷが　出ないんですが。

B：ちょっと　待って　ください。今　調べますから。

1　おさずに　　　　2　おして　　　　　3　おしたら　　　　4　おしたのに

정답　4

해석　A 저기요. 버튼을 눌러도 표가 나오지 않습니다만.

B 잠시만 기다려주세요. 지금 조사해보겠습니다.

어휘　ボタン 버튼　　きっぷ 표, 티켓　　ちょっと 조금　　調べる 조사하다　　押す 누르다
待つ 기다리다

유형분석　적절한 기능어 찾기 문제

해설　'표가 나오지 않습니다만'이라고 했으므로 역접의 형태로 접속해야 한다는 것을 알 수 있다. 선택지에
서 역접의 의미를 나타내는 것은 4번 「～のに (~는데)」이다. 1번은 「～ないで」즉 '~하지 않고'의
의미이며, 2번은 '~하고', 3번은 '~하였더니'의 의미이다.

---

7 A：ぼくは（　　　　）するけど、田中さんは？

B：私は、サンドイッチ。

1 カレーで　　　　　2 カレーに　　　　　3 カレーを　　　　　4 カレーが

정답　2

해석　A 난 카레로 할 건데, 다나카 씨는?

B 난 샌드위치.

어휘　僕 나(인칭대명사, 남자가 사용함)　サンドイッチ 샌드위치　カレー 카레

유형분석　적절한 기능어 찾기 문제

해설　'~으로 하다'는「〜にする」이므로 2번이 정답이다.

---

8 A：忙しそうですね。

B：ええ、部長に　仕事を（　　　　）、今日中に　しなければ　ならないんです。

1 たのんで　　　　　2 たのませて　　　　　3 たのまれて　　　　　4 たのまされて

정답　3

해석　A 바쁜 것 같네요.

B 네, 부장님에게 일을 부탁받아서, 오늘 중에 해야 해요.

어휘　忙しい 바쁘다　部長 부장　頼む 부탁하다　仕事 일

유형분석　적절한 기능어 찾기 문제

해설　「頼む」는 '부탁하다'라는 의미로「部長に (부장님에게)」라는 표현에서 '부장님이 자신에게' 부탁을 한 것이므로 자신이 부탁하는 대상이 되었으므로 '부탁을 받다', 즉 수동표현인 3번이 정답이다.

9 今の時間は、道が　込んで　いるので、車で　(　　　　)ほうが　いいですよ。

　　1　行けた　　　　　2　行けない　　　　3　行った　　　　4　行かない

정답　　　4

해석　　　지금 시간은 길이 혼잡하니까, 차로 가지 않는 편이 좋아요.

어휘　　　時間 시간　道 길　込む 혼잡하다　車 차

유형분석　　적절한 기능어 찾기 문제

해설　　　'길이 막힌다'에서 '차로 가지 않는 것'이 좋은 방법이라는 것을 알 수 있다. 따라서 부정표현인 4번이 정답이며, 가능형은 사용하지 않는다. 「～ない + ほうがいい」는 '~하지 않는 편이 좋다'라는 표현이며, 긍정표현은 「～た + ほうがいい (~하는 편이 좋다)」이다.

10 わたしは　うちを　買う(　　　　)、夜も　働いています。

　　1　ほど　　　　　2　とか　　　　　3　ぐらい　　　　　4　ために

정답　　　4

해석　　　저는 집을 사기 위해서, 밤에도 일하고 있습니다.

어휘　　　うち 집　買う 사다　夜 밤　働く 일하다

유형분석　　적절한 기능어 찾기 문제

해설　　　「동사 기본형 + ために」는 '~하기 위해서'라는 의미로 위 문장에 가장 적절한 표현이다. 「ほど」「ぐらい」는 '정도'라는 의미이며, 「とか」는 '~라던가'의 의미이므로 부적절하다.

11 高山さんは　買った(　　　　)の車を　じこで　こわして　しまいました。

　　1　とき　　　　　2　ところ　　　　3　ばかり　　　　4　まま

정답　　　3

해석　　　다카야마 씨는 막 산 차를 사고로 망가트려 버렸습니다.

어휘　　　買う 사다　車 차　事故 사고　壊す 망가트리다

유형분석　　적절한 기능어 찾기 문제

179

| 해설 | 「동사た형 + ばかり」는 '막 ~하다', '~한지 얼마 안되다'라는 의미로 가장 적절한 표현이다. 1번은 '때', 2번은 '장소', 4번은 '상태'를 가리키는 문법적 표현으로 부적절하다. |

---

12 先生が　（　　　　）本を　読みました。とても　おもしろかったです。

　　1　お書きした　　　　2　お書きなった　　　3　お書きにした　　　4　お書きになった

정답	4
해석	선생님이 쓰신 책을 읽었습니다. 대단히 재미있었습니다.
어휘	先生(せんせい) 선생님　　本(ほん) 책　　読(よ)む 읽다　　とても 아주　　おもしろい 재미있다　　書(か)く 쓰다
유형분석	적절한 기능어 찾기 문제
해설	문장의 흐름상 '선생님이 쓰셨다'라는 어휘의 존경어 표현을 찾는 문제이다. 동사의 존경어 표현은 「お／ご ～になる」이므로 4번이 정답이다.

---

13 しゅくだいが　わからなかったので、田中さんに　教えて（　　　　）。

　　1　あげました　　　　2　くれました　　　3　もらいました　　　4　ありました

정답	3
해석	숙제를 몰라서, 다나카 씨가 가르쳐 주었습니다.
어휘	宿題(しゅくだい) 숙제　　わかる 이해하다　　教(おし)える 가르치다
유형분석	적절한 기능어 찾기 문제
해설	지금은 다나카 씨 즉 다른 사람이 가르쳐 준 행위를 나타내므로 「～てくれる」「～てもらう」표현을 사용할 수 있으며, 조사와의 관계에서 「に (에게)」를 사용하고 있으므로 3번이 정답이다. 참고로 「～が～てくれる」의 형태를 취하기도 한다.

 문법

14 A：ニュース　聞きましたか。きのうのサッカーの試合、日本が（　　　　）。

B：へえ、それは、よかったですね。

1　かったはずです　　　　　　　　2　かつようです

3　かったそうです　　　　　　　　4　かつそうです

정답　3

해석　A 뉴스, 들었습니까? 어제 축구 시합, 일본이 이겼대요.
B 와, 그거 잘됐네요.

어휘　ニュース 뉴스　　聞く 듣다　　昨日 어제　　サッカー 축구　　試合 시합
勝つ 이기다, 승리하다

유형분석　적절한 기능어 찾기 문제

해설　선택지는 각각 1번은 화자의 '확신', 2번은 '양태' 3번과 4번은 '전문' 나타내고 있는 표현이다. '뉴스를 들었습니까?'라는 표현에서 뉴스에 의한 전문 표현이라는 것을 알 수 있으며, '어제'라는 말에서 과거형이 적절하다는 것을 알 수 있다. 따라서 3번이 정답이다.

15 A：カンさん、ＡＢＫ銀行に　れんらくしましたか。

B：すみません。今から　かいぎを（　　　　）なんです。かいぎの後で　電話します。

1　したところ　　　　　　　　2　しているところ

3　するところ　　　　　　　　4　したとき

정답　3

해석　A 강 씨, ABK은행에 연락했습니까?
B 죄송합니다. 지금부터 회의를 하려던 참입니다. 회의 후에 전화하겠습니다.

어휘　銀行 은행　　連絡する 연락하다　　会議 회의　　電話する 전화하다

유형분석　적절한 기능어 찾기 문제

해설　「～ところだ」의 적절한 시제를 묻는 문제이다. 「今から (지금부터)」라는 부사표현에 주목하면 아직 회의가 시작되지 않은 상황이므로 동사 기본형에 접속하여 '~하려던 참이다'라는 의미가 가장 적절하다는 것을 알 수 있다. 따라서 3번이 정답이다. 참고로 각각의 시제에 따라 「～ているところだ(~하고 있는 참이다)」,「～たところだ(막 ~한 참이다)」 등의 의미이다.

181

もんだい2 ___★___ に 入る ものは どれですか。1・2・3・4から いちばん い
い ものを 一つ えらんで ください。

問題例 ひきだしの _____ _____ __★__ _____ あります。

1 が 2 に 3 中 4 めがね

答え方 1. 正しい 文を 作ります。

ひきだしの _____ _____ __★__ _____ あります。

3 中 2 に 4 めがね 1 が

2. __★__ に 入る 番号を 黒く 塗ります。

解答用紙 (例) ①②③●

---

16 このおもちゃは、 _____ __★__ _____ _____ いますね。

1 形を 2 りんごの 3 して 4 ような

17 さいきんの _____ _____ __★__ _____ みたいです。

1 割れにくく 2 ガラスは
3 なっている 4 むかしより

18 A：ちょっと _____ __★__ _____ _____ 計画に ついて 話しませんか。
B：いいですね。

1 ながら 2 飲み 3 コーヒーでも 4 旅行の

19 A：すみません。 ＿＿＿ ＿＿＿ ＿★＿ ＿＿＿ わかりますか。

   B：たぶん、食堂だと 思います。

   1　いるか　　　　2　キムさんは　　3　どこに　　　　4　Ａクラスの

20 わたしは 毎日 ＿＿＿ ＿★＿ ＿＿＿ ＿＿＿ しています。

   1　ニュースを　　2　ように　　　　3　日本語の　　　4　見る

문제 2 _★_ 에 들어갈 것은 어떤 것입니까? 1·2·3·4에서 가장 적당한 것을 하나 고르세요.

---

16 このおもちゃは、_____ _★_ _____ _____ いますね。

1 形を   2 りんごの   3 して   4 ような

정답   4

올바른 문장   このおもちゃはりんごのような形をしていますね。

해석   이 장난감은 사과 같은 모양을 하고 있네요.

어휘   おもちゃ 장난감   りんご 사과   形 형태

유형분석   의미에 맞게 조합하는 문제

해설   4번「ような」는 명사를 수식하는 형태로 접속하므로, 2번「りんごの」와 접속한다는 것을 알 수 있다. 또한「~な」의 형태는 뒤에 명사를 수식하는 형태이므로 명사 1번이 가장 적절하며, 3번은「ている」표현을 만들어 주므로 마지막에 와야 한다. 정리하면 2 + 4 + 1 + 3가 완성되므로 4번이 정답이다.

---

17 さいきんの _____ _____ _★_ _____ みたいです。

1 割れにくく   2 ガラスは   3 なっている   4 むかしより

정답   1

올바른 문장   さいきんのガラスはむかしより割れにくくなっているみたいです。

해석   요즘 유리는 옛날보다 깨지기 않게 되어 있는 것 같습니다.

어휘   最近 최근   ガラス 유리   昔 옛날   割れる 깨지다

유형분석   의미에 맞게 조합하는 문제

해설   「みたいです (~인 것 같습니다)」는 동사의 보통형에 접속하므로 3번은 마지막 밑줄에 와야 하며, 「なる」는 イ형용사와 접속할 때「~くなる」의 형태를 취하므로 1번이 앞에 와야 한다는 것을 알 수 있다. 나머지 표현을 완성하면 2 + 4 + 1 + 3이므로 1번이 정답이다.

---

18 A : ちょっと _____ _★_ _____ _____ 計画に ついて 話しませんか。

   B : いいですね。

1 ながら   2 飲み   3 コーヒーでも   4 旅行の

정답   2

올바른 문장   ちょっとコーヒーでも飲みながら旅行の計画について話しませんか。

해석	A 잠깐, 커피라도 마시면서 여행계획에 관해서 이야기하지 않을래요? / B 좋아요.
어휘	旅行^{りょこう} 여행 計画^{けいかく} 계획 について ~에 관하여 話^{はな}す 이야기하다
유형분석	의미에 맞게 조합하는 문제
해설	동사ます형과 접속 가능한 것은 1번 「ながら(~하면서)」이므로 2 + 1이라는 것을 알 수 있다. 또 「飲^のむ(마시다)」의 목적어로 3번이 적절하며 4번은 「명사 + の」의 형태로 명사를 수식하는 형태이므로 마지막 밑줄이 가장 적절하다는 것을 알 수 있다. 정리하면 3 + 2 + 1 + 4가 완성되며 2번이 정답이라는 것을 알 수 있다.

---

19 A：すみません。＿＿＿＿＿ ＿＿＿＿＿ ＿★＿＿ ＿＿＿＿＿ わかりますか。

　　B：たぶん、食堂だと　思います。

1　いるか　　　　2　キムさんは　　　3　どこに　　　4　Aクラスの

정답	3
올바른 문장	すみません。<u>Aクラスのキムさんはどこに</u>いるかわかりますか。
해석	A 저기요. A클래스의 김 씨는 어디에 있는지 아세요? / B 아마, 식당에 있을 거에요.
어휘	クラス 클래스 たぶん 아마 食堂^{しょくどう} 식당
유형분석	의미에 맞게 조합하는 문제
해설	4번은 「명사 + の」의 형태로 명사 수식을 할 수 있으며, 유일한 명사가 2번이므로 4 + 2의 형태가 완성된다. 2번과 1번은 주어와 술어 관계이므로 2번 뒤에 1번이 오고, 3번은 의문사로 서술어를 필요로 하므로 1번 앞에 와야 한다. 따라서 정리하면 4 + 2 + 3 + 1이 되므로, 3번이 정답이다.

---

20 わたしは　毎日 ＿＿＿＿＿ ＿＿★＿＿ ＿＿＿＿＿ しています。

1　ニュースを　　　2　ように　　　3　日本語の　　　4　見る

정답	1
올바른 문장	わたしは毎日^{まいにち}日本語^{にほんご}の<u>ニュースを見^みる</u>ようにしています。
해석	나는 매일 일본어 뉴스를 보도록 하고 있습니다.
어휘	毎日^{まいにち} 매일 日本語^{にほんご} 일본어 ニュース 뉴스 見^みる 보다
유형분석	의미에 맞게 조합하는 문제
해설	2번의 「ように」를 양태의 쓰임새로 볼 것인가, 「동사 기본형 + ようにする(~하도록 하다)」의 쓰임새로 볼 것인가가 포인트이다. 여기서는 후자의 쓰임새로 4 + 2의 형태로 마지막 밑줄에 들어가야 적절하며, 3번은 명사수식의 형태이므로 3 + 1의 형태가 된다. 따라서 정리하면 3 + 1 + 4 + 2가 되므로 1번이 정답이다.

もんだい3　　21　から　　25　に　何を　入れますか。文章の　意味を　考えて、1・

2・3・4からいちばんいい　ものを　一つ　えらんで　ください。

ワンチャイさん、こんにちは。お元気ですか。

　ワンチャイさんが　国へ　帰ってから、もう　3か月　すぎましたが、毎日
忙しいですか。ワンチャイさんが　いなくなって、わたしの家は　少し　　21　。
両親も　妹も、写真を　見ながら　ワンチャイさんのことを　よく　話して　い
ます。

　春は、父の会社の人たちと　いっしょに　お花見に　行って、みんなで　歌を
歌ったり　おどったり　しましたね。　22　、夏には、海に　行って　つった
魚を　焼いて　食べましたね。ワンチャイさんが　日本に　いたのは　半年ぐら
いで　あまり　長くなかったですが、とても　楽しかったです。

　わたしは　4月からは　高校3年生です。今までは　あまり　勉強しないで、
　23　。でも、今年は　大学の試験が　あるので　いっしょうけんめい　勉強
するつもりです。

　日本は　毎日　とても　寒いです。先週は　雪が　降りました。ワンチャイ
さんは　雪を　24　と　言っていたのを　思い出したので、そのとき、庭で
　25　撮った写真を　送りますね。

　それでは、また。

2月10日

田中としお

21　1　さびしく　なりました　　　　2　さびしかったからです

　　3　さびしいでしょうか　　　　　　4　さびしいだろうと　思います

22　1　しかし　　　　2　たとえば　　　3　それから　　　　4　ですから

|23| 1 あそぶことに　なりました　　　2 あそんでばかり　いました
3 あそんで　いませんでした　　　4 あそんでいると　言いました

|24| 1 見ないことが　ある　　　　　　2 見たくなかった
3 見たことが　ない　　　　　　　4 見なかったらしい

|25| 1 みんなは　　　　2 みんなや　　　3 みんなも　　　4 みんなで

문제 3 [21]에서 [25]에 무엇을 넣습니까? 글의 의미를 생각해서 1 · 2 · 3 · 4에서 가장 적당한 것을 하나 고르세요.

ワンチャイさん、こんにちは。お元気ですか。

ワンチャイさんが　国へ　帰ってから、もう　3か月　すぎましたが、毎日　忙しいですか。ワンチャイさんが　いなくなって、わたしの家は　少し　[21]。両親も　妹も、写真を　見ながらワンチャイさんのことを　よく　話して　います。

春は、父の会社の人たちと　いっしょに　お花見に　行って、みんなで　歌を　歌ったり　おどったり　しましたね。[22]、夏には、海に　行って　つった魚を　焼いて　食べましたね。ワンチャイさんが　日本に　いたのは　半年ぐらいで　あまり　長くなかったですが、とても　楽しかったです。

わたしは　4月からは　高校3年生です。今までは　あまり　勉強しないで、[23]。でも、今年は　大学の試験が　あるので　いっしょうけんめい　勉強するつもりです。

日本は　毎日　とても　寒いです。先週は　雪が　降りました。ワンチャイさんは　雪を　[24]と　言っていたのを　思い出したので、そのとき、庭で　[25]撮った写真を　送りますね。

それでは、また。

2月10日
田中としお

본문해석

완차이 씨, 안녕하세요. 잘 계십니까?

완차이 씨가 고국으로 돌아가고 나서, 벌써 3개월이 지났는데, 매일 바쁘십니까? 완차이 씨가 가고 나서 저희 집은 조금 [21 허전해졌습니다]. 부모님도 여동생도 사진을 보면서 완차이 씨에 대해서 자주 이야기합니다.

봄에는 아버지의 회사 사람들과 함께 꽃구경을 가서, 다 같이 노래를 부르기도 하고 춤추기도 하고 했었죠. [22 그리고] 여름에는 바다에 가서 낚시한 생선을 구워 먹었지요. 완차이 씨가 일본에 있었던 것은 반년 정도로 그다지 길지 않았지만 대단히 즐거웠습니다.

저는 4월부터는 고등학교 3학년입니다. 지금까지는 그다지 공부하지 않고 [23 놀기만 했습니다]. 하지만, 올해는 대학 시험이 있어서 열심히 공부할 생각입니다.

일본은 매일 아주 춥습니다. 지난 주에는 눈이 내렸습니다. 완차이 씨는 눈을 [24 본적이 없다]고 말했던 것이 생각이 나서, 그때 정원에서 [25 다 같이] 찍은 사진을 보냅니다.

그럼, 또 연락합시다.

2월 10일
다나카토시오

 문법

어휘

- 忙しい 바쁘다
- お花見 꽃 구경
- 夏 여름
- 楽しい 즐겁다
- 降る (비, 눈)내리다
- 送る 보내다

- 両親 부모님
- 歌う 노래 부르다
- 海 바다
- 試験 시험
- 庭 정원

- 春 봄
- おどる 춤추다
- 焼く 굽다
- 雪 눈
- 撮る (사진)찍다

21
1　さびしく　なりました
2　さびしかったからです
3　さびしいでしょうか
4　さびしいだろうと　思います

정답　1

유형분석　글의 흐름에 맞는 문법 찾기 문제

해설　앞 문장 '완차이 씨가 가고 나서'에서 '허전해졌다'는 것을 알 수 있다. 따라서 1번이 정답이다. 2번은 '허전했기 때문입니다, 3번은 '허전한가요?', 4번은 '허전할 거라 생각합니다'라는 의미로 내용상 부적절하다.

22
1　しかし
2　たとえば
3　それから
4　ですから

정답　3

유형분석　글의 흐름에 맞는 문법 찾기 문제

해설　앞 문장에서 봄에 한 일을 서술한 후 이어서 열거하는 장면이다. 따라서 행위의 열거표현을 할 때 사용하는 접속사「それから(그리고)」가 가장 적절하다. 1번은 '그러나' 역접표현이며, 2번은 '예를 들면' 예시표현, 4번은 '때문에' 인과관계를 나타낸다.

23
1　あそぶことに　なりました
2　あそんでばかり　いました
3　あそんで　いませんでした
4　あそんでいると　言いました

정답　2

유형분석　글의 흐름에 맞는 문법 찾기 문제

189

해설　이어지는 문장에서 역접표현과 함께 '~열심히 공부할 생각입니다'에서 앞 문장에서 '놀고만 있었다'라는 의미가 적절하다는 것을 알 수 있다. 「て + ばかりいる」는 습관적으로 그 행위를 한다는 표현으로 '~하고만 있다'라는 의미이다. 따라서 2번이 정답이다. 1번은 '놀게 되었습니다', 3번은 '놀고 있지 않았습니다', 4번은 '놀고 있다고 말했습니다'라고 각각 해석된다.

24　1　見ないことが　ある　　　　　2　見たくなかった

　　 3　見たことが　ない　　　　　　4　見なかったらしい

정답　3

유형분석　글의 흐름에 맞는 문법 찾기 문제

해설　이어지는 문장에서 '생각나서 사진을 찍어 보낸다'라는 문장에서 완차이 씨는 '눈을 본 적이 없다'가 가장 자연스러운 표현이므로 3번이 정답이다. 「～た + ことがない」는 '~한 적이 없다'라는 의미로 경험의 유무를 표현한다. 1번은 '보지 않는 경우가 있다', 2번은 '보고 싶지 않았다', 4번은 '보지 않았다고 한다'이므로 부적절하다.

25　1　みんなは　　　　　2　みんなや　　　　　3　みんなも　　　　　4　みんなで

정답　4

유형분석　글의 흐름에 맞는 문법 찾기 문제

해설　문장 의미상 '다 같이'가 들어가야 자연스럽다. 따라서 4번이 정답이다. 1번은 '모두는', 2번은 '모두와', 3번은 '모두도'의 의미로 부적절하며, 하나의 행위를 다 같이 한 경우는 4번 '다 같이'가 된다.

 독해

もんだい4　つぎの文章を読んで、質問に答えてください。答えは、1・2・3・4から
　　　　　いちばんいいものを一つえらんでください。

（1）

　　さいきん、スポーツは体によくないという人がいます。スポーツ中に怪我を
することもあるし、暑い時にスポーツをして、死んでしまった学生もいたから、
そう思うのでしょう。でもむりをしなければ、スポーツは危ないものではあり
ません。みんなで気をつけながら、スポーツを楽しみましょう。

26　この文章を書いた人がいちばん言いたいことはどれですか。

　　1　スポーツは体によくない。

　　2　スポーツをするとけがをしたり、死んだりする。

　　3　スポーツは全然危なくない。

　　4　無理をしなければスポーツはいいものだ。

문제 4 다음 글을 읽고 질문에 답해 주세요. 답은 1·2·3·4에서 가장 적당한 것을 하나 고르세요.

（1）

> さいきん、スポーツは体によくないという人がいます。スポーツ中に怪我^{けが}をすることもあるし、暑い時にスポーツをして、死んでしまった学生もいたから、そう思うのでしょう。でもむりをしなければ、スポーツは危ないものではありません。みんなで気をつけながら、スポーツを楽しみましょう。

본문해석

요즘 운동은 몸에 좋지 않다고 하는 사람이 있습니다. 운동 중에 부상을 입을 때도 있고, 더울 때 운동을 해서 죽은 학생도 있었기 때문에 그렇게 생각하는 것이겠지요. 하지만, 무리하지 않는다면, 운동은 위험한 것이 아닙니다. 모두 조심하면서 운동을 즐깁시다.

어휘

- 最近^{さいきん} 최근
- 怪我^{けが}をする 부상을 입다
- 暑^{あつ}い 덥다
- 死^しぬ 죽다
- 危^{あぶ}ない 위험하다
- 気^きをつける 조심하다
- 楽^{たの}しむ 즐기다

26 この文章を書いた人がいちばん言いたいことはどれですか。

1 スポーツは体によくない。

2 スポーツをするとけがをしたり、死んだりする。

3 スポーツは全然危なくない。

4 無理をしなければスポーツはいいものだ。

해석

이 글을 쓴 사람이 가장 말하고 싶은 것은 무엇입니까?

1 스포츠(운동)는 몸에 좋지 않다.

2 스포츠(운동)를 하면 다치거나, 죽거나 한다.

3 스포츠(운동)는 전혀 위험하지 않다.

4 무리하지 않으면 스포츠(운동)는 좋은 것이다.

정답 4

유형분석 내용 이해 문제

해설 「でも」다음 문장 「無理をしなければ～楽しみましょう」에 필자가 가장 하고 싶은 말이 있다. 즉, '무리하지 말고 스포츠를 즐기면서 하자'이므로 4번이 정답이다.

（2）

　　わたしは先月、新しいパソコンを買いました。古いパソコンもまだ使えました
が、取り替えました。新しいパソコンは速く動くので、今までよりずっと速く仕
事が進みます。

　　まだ使えるものを最後まで使った方がいいという人もいますが、仕事をすると
きは時間がいちばん大切です。古いデータを新しいパソコンに入れるのはちょっ
と大変でしたが、新しいパソコンにしてよかったと思います。

27 パソコンを新しくしたのはどうしてですか。

　　1　パソコンが壊れたから。

　　2　使えるものは最後まで使いたいから。

　　3　仕事を速くやりたいから。

　　4　古いデータを入れるのが大変だから。

（2）

> わたしは先月、新しいパソコンを買いました。古いパソコンもまだ使えましたが、取り替えました。新しいパソコンは速く動くので、今までよりずっと速く仕事が進みます。
>
> まだ使えるものを最後まで使った方がいいという人もいますが、仕事をするときは時間がいちばん大切です。古いデータを新しいパソコンに入れるのはちょっと大変でしたが、新しいパソコンにしてよかったと思います。

본문해석

저는 지난달, 새 컴퓨터를 샀습니다. 낡은 컴퓨터도 아직 쓸 수 있지만, 바꾸었습니다. 새 컴퓨터는 빠르게 움직여서 지금까지보다 훨씬 빨리 일이 진행됩니다. 아직 사용할 수 있는 것을 마지막까지 사용하는 것이 좋다는 사람도 있지만, 일을 할 때는 시간이 가장 소중합니다. 오래된 데이터를 새로운 컴퓨터에 넣는 것은 좀 힘들었지만, 새 컴퓨터로 바꾸어서 좋았다고 생각합니다.

어휘

- 先月 지난 달
- 古い 낡다, 오래되다
- ずっと 훨씬
- 最後 최후, 마지막

- 新しい 새롭다
- 使う 사용하다
- 仕事 일
- 大切だ 소중하다

- 買う 사다
- 動く 움직이다
- 進む 진행되다
- データ 데이터

27　パソコンを新しくしたのはどうしてですか。

　1　パソコンが壊れたから。
　2　使えるものは最後まで使いたいから。
　3　仕事を速くやりたいから。
　4　古いデータを入れるのが大変だから。

해석　컴퓨터를 새것으로 한 이유는 무엇입니까?

　1　컴퓨터가 망가졌기 때문에.

　2　사용할 수 있는 것은 마지막까지 사용하고 싶기 때문에.

　3　일을 빨리 하고 싶기 때문에.

　4　오래된 데이터를 넣는 것이 힘들기 때문에.

정답　3

유형분석　내용 이해 문제

해설　일을 할 때는 시간이 가장 소중하다'라는 표현에서 필자는 시간을 소중히 한다는 것을 알 수 있다. 또한, 컴퓨터를 바꾸고 나서, '훨씬 일이 빨리 진행된다'라는 표현에서 일을 빨리 진행하기 위해서 구입했다는 사실을 유추할 수 있다. 따라서 3번이 정답이다.

(3) 下のメールは、大木さんが中山さんに送ったものです。

1234@abk.co.jp

カタログについて

中山町子さま

たいへんお世話になっております。

昨日お話ししたカタログですが、今日1冊お送りしました。

明日かあさって、そちらに届くと思います。

新しいカタログは来月できる予定です。

できたらすぐに1冊お送りしますが、それまでは、

今日お送りしたものをお使いください。

よろしくお願いいたします。

大木一男

28　だれが何をしましたか。

　　1　中山さんがカタログを1冊送った。

　　2　中山さんがカタログを2冊送った。

　　3　大木さんがカタログを1冊送った。

　　4　大木さんがカタログを2冊送った。

（3）下のメールは、大木さんが中山さんに送ったものです。

1234@abk.co.jp

カタログについて

中山町子さま
<ruby>中山町子<rt>なかやままちこ</rt></ruby>さま

たいへんお世話になっております。
たいへんお<ruby>世話<rt>せわ</rt></ruby>になっております。

昨日お話ししたカタログですが、今日1冊お送りしました。
<ruby>昨日<rt>きのう</rt></ruby>お話ししたカタログですが、今日1<ruby>冊<rt>さつ</rt></ruby>お送りしました。

明日かあさって、そちらに届くと思います。
明日かあさって、そちらに<ruby>届<rt>とど</rt></ruby>くと思います。

新しいカタログは来月できる予定です。
新しいカタログは来月できる<ruby>予定<rt>よてい</rt></ruby>です。

できたらすぐに1冊お送りしますが、それまでは、
できたらすぐに1<ruby>冊<rt>さつ</rt></ruby>お送りしますが、それまでは、

今日お送りしたものをお使いください。

よろしくお願いいたします。

大木一男
<ruby>大木一男<rt>おおきかずお</rt></ruby>

본문해석

아래의 메일은 오오키 씨가 나카야마 씨에게 보낸 것입니다.

1234@abk.co.jp

카탈로그에 관하여

나카야마 마치코 님께

신세 많이 지고 있습니다. (안녕하세요.)

어제 말씀 드린 카탈로그 말입니다만, 오늘 한 권 보냈습니다.

내일이나 모레, 그쪽에 도착할 거라고 생각합니다.

새로운 카탈로그는 다음 달 완성될 예정입니다.

완성되면 바로 한 권 보내겠습니다만, 그때까지는 오늘 보내드린 것을 사용해 주십시오.

잘 부탁 드립니다.

오오키 카즈오

- 世話になる 신세를 지다
- 送る 보내다
- 届く 도착하다
- 予定 예정

---

28 だれが何をしましたか。

1 中山さんがカタログを1冊送った。
2 中山さんがカタログを2冊送った。
3 大木さんがカタログを1冊送った。
4 大木さんがカタログを2冊送った。

해석　누가 무엇을 했습니까?

1 나카야마씨가 카탈로그를 1권 보냈다.

2 나카야마씨가 카탈로그를 2권 보냈다.

3 오오키씨가 카탈로그를 1권 보냈다.

4 오오키씨가 카탈로그를 2권 보냈다.

정답　3

유형분석　내용 이해 문제

해설　서두에「大木 씨가 中山 씨에게」보낸 메일이라는 설명과 中山 씨에게 존칭 표현을 쓰고 있는 걸로 보아 문장 속에 등장하는 겸양적 표현은 大木 씨가 한 행위라는 것을 알 수 있다. 「今日 1冊お送りしました。」라는 표현에서 겸양적 표현을 사용하였으므로 3번이 정답이라는 것을 알 수 있다. 참고로 자신을 낮추어 겸양적 표현을 하고자 할 때는「お＋ます형＋する」의 형식을 사용한다.

（4）

コピー機の使い方

①　はじめにお金を入れてください。コピーは1枚10円です。

②　ガラスの上にコピーしたいものをおいて、ボタンを押すとコピーが1枚できます。

③　紙の大きさを変えたいときは、白いボタンを押してください。

④　2枚以上コピーしたいときは、青いボタンを押してから、何枚か選んでください。

⑤　カラーコピーは、ロビーにあるコピー機をお使いください。1枚50円です。

29　このコピー機について、正しいものはどれですか。

1　このコピー機はコピーにお金がかかる。

2　このコピー機は紙のサイズが変えられない。

3　このコピー機は1回に1枚しかコピーできない。

4　このコピー機は1枚50円で、カラーコピーができる。

（4）

> コピー機の使い方
>
> ① はじめにお金を入れてください。コピーは1枚10円です。
>
> ② ガラスの上にコピーしたいものをおいて、ボタンを押すとコピーが1枚できます。
>
> ③ 紙の大きさを変えたいときは、白いボタンを押してください。
>
> ④ 2枚以上コピーしたいときは、青いボタンを押してから、何枚か選んでください。
>
> ⑤ カラーコピーは、ロビーにあるコピー機をお使いください。1枚50円です。

본문해석

복사기 사용법

① 처음에 돈을 넣어 주세요. 복사는 1장 10엔입니다.

② 유리 위에 복사하고 싶은 것을 놓고 버튼을 누르면 1장 복사할 수 있습니다.

③ 종이의 크기를 바꾸고 싶을 때는 흰색 버튼을 눌러주세요.

④ 2장 이상 복사하고 싶을 때는 파란 버튼을 누르고 나서 몇 장인지 선택하세요.

⑤ 컬러복사는 로비에 있는 복사기를 사용하세요. 1장 50엔입니다.

어휘

- コピー機 복사기
- 押す 누르다
- 選ぶ 고르다, 선택하다
- 枚 장(종이와 같은 얇은 것을 세는 단위)
- 紙 종이
- 大きさ 크기

29 このコピー機について、正しいものはどれですか。

1 このコピー機はコピーにお金がかかる。
2 このコピー機は紙のサイズが変えられない。
3 このコピー機は1回に1枚しかコピーできない。
4 このコピー機は1枚50円で、カラーコピーができる。

해석　이 복사기에 대해 올바른 것은 어느 것입니까?

1 이 복사기는 복사하는 데에 돈이 든다.

2 이 복사기는 종이의 사이즈를 바꿀 수 없다.

3 이 복사기는 1회에 1장밖에 복사할 수 없다.

4 이 복사기는 1장 50엔으로 칼라복사도 할 수 있다.

정답　1

유형분석　내용 이해 문제

해설　2번은 ③번 항목에서, 3번은 ④번 항목에서 사실과 다름을 알 수 있으며, 4번은 ⑤번 항목의 '로비에 있는 복사기를 사용하세요'라는 것은 이 복사기는 컬러 복사가 안 된다는 것을 의미하므로 맞지 않다. 따라서 1번이 정답이다.

もんだい5　つぎの文章を読んで、質問に答えてください。答えは1・2・3・4から
　　　　　いちばんいいものを一つえらんでください。

つぎの文章はイさんの作文です。

　去年、京都を旅行したときに新しい友達ができました。その人の名前はハナさ
んで、85歳のおばあさんです。

　私は、京都駅から、公園へ行くバスに乗りました。バスが走り始めてすぐ、隣
に座っていた女の人に「公園へ行くんですか。」と聞かれました。私が「はい、そ
うです。」と答えると、「ああ、外国の方。」と言って、それから2人でいろいろな
話をしました。その女の人がハナさんでした。そして、ハナさんの家でいっしょ
に昼ごはんを食べることになりました。

　ハナさんは、公園の近くの小さい家に1人で住んでいます。広い庭に、きれい
な花が咲いていました。庭には野菜もたくさんあって、2人でそれをとってサラ
ダと味噌汁を作りました。味噌もハナさんが自分で作ったものだそうです。ごは
んと味噌汁とサラダだけの昼ごはんでしたが、とてもおいしかったです。

　その後も、お茶を飲みながらいろいろな話をしました。夕方、ハナさんのうち
を出て、バスでホテルへ帰りました。公園には行けませんでしたが、いい1日
でした。

　今も、ハナさんはよく手紙をくれます。私もよく手紙を書きます。

30　イさんは何をしましたか。

　　1　イさんはハナさんといっしょに旅行に行った。

　　2　イさんはハナさんに公園への行き方を聞いた。

　　3　イさんはハナさんとバスの中でいろいろ話した。

　　4　イさんはハナさんといっしょに野菜を作った。

31　ハナさんはどんな人ですか。

　　1　小さい家に住んで、野菜をそだてている。

　　2　公園の中に住んで、公園で働いている。

　　3　公園の近くの家に、友だちと2人で住んでいる。

　　4　駅の近くに住んでいて、よくバスで公園に行く。

32　この日、イさんはどこへ行きましたか。

　　1　公園とハナさんの家とレストラン　　　2　公園とハナさんの家

　　3　ハナさんの家とレストラン　　　　　　4　ハナさんの家だけ

33　いい1日でしたとありますが、イさんはどうしてそう思ったのですか。

　　1　新しい友だちといっしょにいて、楽しかったから。

　　2　友だちが公園まで連れて行ってくれたから。

　　3　友だちといっしょに行った公園がきれいで、よかったから。

　　4　友だちから手紙が来て、うれしかったから。

문제 5 다음 글을 읽고 질문에 답해 주세요. 답은 1·2·3·4 중에서 가장 적당한 것을 하나 고르세요.

つぎの文章はイさんの作文です。

　去年、京都を旅行したときに新しい友達ができました。その人の名前はハナさんで、85歳のおば
あさんです。

　私は、京都駅から、公園へ行くバスに乗りました。バスが走り始めてすぐ、隣に座っていた女の
人に「公園へ行くんですか。」と聞かれました。私が「はい、そうです。」と答えると、「ああ、外国の方。」
と言って、それから2人でいろいろな話をしました。その女の人がハナさんでした。そして、ハナ
さんの家でいっしょに昼ごはんを食べることになりました。

　ハナさんは、公園の近くの小さい家に1人で住んでいます。広い庭に、きれいな花が咲いていま
した。庭には野菜もたくさんあって、2人でそれをとってサラダと味噌汁を作りました。味噌もハ
ナさんが自分で作ったものだそうです。ごはんと味噌汁とサラダだけの昼ごはんでしたが、とても
おいしかったです。

　その後も、お茶を飲みながらいろいろな話をしました。夕方、ハナさんのうちを出て、バスでホ
テルへ帰りました。公園には行けませんでしたが、いい1日でした。

　今も、ハナさんはよく手紙をくれます。私もよく手紙を書きます。

본문해석

다음 글은 이 씨의 작문입니다.

　작년에 교토를 여행했을 때 새로운 친구가 생겼습니다. 그 사람의 이름은 하나 씨이고, 85세 할머니입니다.

저는 교토역에서 공원으로 가는 버스를 탔습니다. 버스가 달리기 시작하자 바로 옆에 앉아 있던 여자가 '공원에 갑니까?'라
고 물었습니다. 제가 '네. 그렇습니다.' 라고 대답했더니, '아~, 외국인분이네' 라며, 그때부터 둘이서 여러 이야기를 했습니
다. 그 여자분이 하나 씨였습니다. 그리고 하나 씨의 집에서 같이 점심을 먹게 되었습니다.

하나 씨는 공원 근처의 작은 집에 혼자서 살고 있습니다. 넓은 정원에 예쁜 꽃이 피어 있었습니다. 정원에는 채소도 많이
있어서, 둘이서 그것을 따서 샐러드와 된장국을 만들었습니다. 된장도 하나 씨가 직접 만들었다고 했습니다. 밥과 된장국
과 샐러드만인 점심이었지만 아주 맛있었습니다.

그 후에도 차를 마시며 여러 이야기를 했습니다. 저녁에 하나 씨의 집을 나와 버스로 호텔에 돌아왔습니다. 공원에는 못 갔
지만 좋은 하루였습니다.

지금도 하나 씨는 편지를 보내줍니다. 저도 자주 편지를 씁니다.

어휘

- 旅行 여행
- 隣 옆
- 住む 살다
- 野菜 채소
- 手紙 편지

- 名前 이름
- 答える 답하다
- 庭 정원
- 味噌汁 된장국

- 走る 달리다
- 外国 외국
- 咲く 피다
- 味噌 된장

---

30 イさんは何をしましたか。

1 イさんはハナさんといっしょに旅行に行った。

2 イさんはハナさんに公園への行き方を聞いた。

3 イさんはハナさんとバスの中でいろいろ話した。

4 イさんはハナさんといっしょに野菜を作った。

해석 이 씨는 무엇을 했습니까?

1 이 씨는 하나 씨와 같이 여행을 갔다.

2 이 씨는 하나 씨에게 공원 가는 방법을 물었다.

3 이 씨는 하나 씨와 버스 안에서 여러 가지 이야기를 했다.

4 이 씨는 하나 씨와 같이 채소를 만들었다.

정답 3

유형분석 내용 이해 문제

해설 이 글은 이 씨의 작문으로 글 속에서 정답을 찾을 수 잇다. 「それから2人で〜ハナさんでした。」에서 두 사람이 여러 이야기를 했다고 했으므로 3번이 정답이다.

---

31 ハナさんはどんな人ですか。

1 小さい家に住んで、野菜をそだてている。

2 公園の中に住んで、公園で働いている。

3 公園の近くの家に、友だちと2人で住んでいる。

4 駅の近くに住んでいて、よくバスで公園に行く。

해석 하나 씨는 어떤 사람입니까?

1 작은 집에 살며 채소를 키우고 있다.

2 공원 안에 살며 공원에서 일하고 있다.

3 공원 근처의 집에 친구와 둘이서 살고 있다.

4 역 근처에 살고 있으며 자주 버스로 공원에 간다.

콕콕 해설 및 정답

정답   1

유형분석   지시 내용 파악 문제

해설   3번째 단락에서 하나 씨에 대하여 소개하고 있으며 1번이 정답이다. '공원 근처에 살고 있다'고 하였고, '혼자서 산다'고 했다. 2번 공원 안에 산다는 내용은 없고, 3번 친구와 둘이서 산다는 내용도 없으며, 4번에서는 역 근처에 산다는 내용도 버스로 자주 공원에 간다는 내용도 없으므로 정답이 아니다.

---

[32]   この日、イさんはどこへ行きましたか。

1   公園とハナさんの家とレストラン   2   公園とハナさんの家

3   ハナさんの家とレストラン   4   ハナさんの家だけ

해석   이날, 이 씨는 어디에 갔습니까?

1   공원과 하나 씨의 집과 레스토랑   2   공원과 하나 씨의 집

3   하나 씨의 집과 레스토랑   4   하나 씨의 집만

정답   4

유형분석   지시 내용 파악 문제

해설   마지막 단락을 살펴보면, '하나 씨의 집을 나와 호텔로 돌아왔다', '공원에는 갈 수 없었다'라고 했으므로 1번과 2번은 정답이 아니며, 식사는 하나 씨의 집에서 했으므로 3번도 정답이 될 수 없다. 따라서 4번이 정답이다.

---

[33]   いい１日でしたとありますが、イさんはどうしてそう思ったのですか。

1   新しい友だちといっしょにいて、楽しかったから。

2   友だちが公園まで連れて行ってくれたから。

3   友だちといっしょに行った公園がきれいで、よかったから。

4   友だちから手紙が来て、うれしかったから。

해석   좋은 하루였습니다라고 했는데, 이 씨는 왜 그렇게 생각한 것입니까?

1   새로운 친구와 함께 있어서 즐거웠기 때문에.

2   친구가 공원까지 데리고 가주었기 때문에.

3   친구와 같이 간 공원이 깨끗하고 좋았기 때문에.

4   친구한테 편지가 와서 기뻤기 때문에.

정답	1

유형분석   내용 이해 문제

해설   첫 문장에서 '새 친구가 생겼다'라고 친구의 소개를 한 것과 글전체에서 새 친구와 지냈던 시간을 회상하는 장면에서 같이 보냈던 시간이 즐거웠을 것이라는 것을 알 수 있다. 따라서 1번이 정답이다. 2, 3번은 공원에 가지 않았으므로 정답이 될 수 없고, 4번은 그날 일이 있고 난 후에 편지가 오는 것이므로 이유가 될 수는 없다.

もんだい6　右のページのAのポスターとBのカレンダーを見て、質問に答えてください。
　　　　答えは、1・2・3・4から最もよいものを一つえらんでください。

34　大人1人と子ども1人が乗る場合、いくらかかりますか。

　　　1　1,200円　　　　2　1,500円　　　　3　1,650円　　　　4　1,800円

35　今日は7月16日です。8月14日に乗りたい人は、切符を買うことができますか。

　　　1　まだ売っていないので、買えない。

　　　2　もう席がないので、買えない。

　　　3　行きも帰りも切符が買える。

　　　4　帰りの切符だけ買える。

A

> 山川駅ができて、今年でちょうど100年です。
>
> そこで、毎週日曜日に100年前と同じ形の電車が走ることになりました。
>
> ＜行き＞11：10　山川駅　　　→　　12：10　木田駅
>
> ＜帰り＞13：20　木田駅　　　→　　14：20　山川駅
>
> この電車にお乗りの方は
>
> 山川駅から木田駅までの普通切符（大人800円、子ども400円）のほかに特別切符（大人、子ども、どちらも300円）が必要です。
>
> 切符は1か月前（例：5月10日の切符は4月の10日）の朝6時30分から乗る1週間前の夜9時まで売っています。

B

> ご利用カレンダー
>
> | | 山川駅 → 木田駅 | 木田駅 → 山川駅 |
> |---|---|---|
> | 7月　10日 | ― | ― |
> | 17日 | ○ | ◎ |
> | 24日 | ○ | ○ |
> | 31日 | × | × |
> | 8月　7日 | × | ○ |
> | 14日 | × | ○ |
> | 21日 | 7月　21日から | 7月　21日から |
> | 28日 | 7月　28日から | 7月　28日から |
>
> ◎ 席があります　　○ 残り少し　　× 席はありません

문제 6 오른쪽 페이지의 A의 포스터와 B의 달력을 보고 질문에 답해 주세요. 답은 1·2·3·4에서 가장 적당한 것을 하나 고르세요.

A

> 山川駅ができて、今年でちょうど100年です。
>
> そこで、毎週日曜日に100年前と同じ形の電車が走ることになりました。
>
> <行き>11：10　山川駅　　　→　　　12：10　木田駅
>
> <帰り>13：20　木田駅　　　→　　　14：20　山川駅
>
> この電車にお乗りの方は
>
> 山川駅から木田駅までの普通切符（大人800円、子ども400円）のほかに特別切符（大人、子ども、どちらも300円）が必要です。
>
> 切符は1か月前（例：5月10日の切符は4月の10日）の朝6時30分から乗る1週間前の夜9時まで売っています。

B

> ご利用カレンダー
>
> | | 山川駅 → 木田駅 | 木田駅 → 山川駅 |
> |---|---|---|
> | 7月　10日 | － | － |
> | 17日 | ○ | ◎ |
> | 24日 | ○ | ○ |
> | 31日 | × | × |
> | 8月　7日 | × | ○ |
> | 14日 | × | ○ |
> | 21日 | 7月　21日から | 7月　21日から |
> | 28日 | 7月　28日から | 7月　28日から |
>
> ◎ 席があります　　○ 残り少し　　× 席はありません

A

야마카와 역이 생기고 올해로 딱100년입니다.

그리하여 매주 일요일에 100년 전과 같은 형태의 전철이 달리게 되었습니다.

〈가실 때〉11 : 10 야마카와역   →   12 : 10   기다역

〈오실 때〉13 : 20 기다역   →   14 : 20   야마카와역

이 전철에 승차하실 분은

'야마카와'역에서 '기다역'까지의 보통권(어른800엔, 어린이400엔)외에 특별권(어른, 어린이 모두 300엔)이 필요합니다.

표는 한 달 전(예 : 5월 10일의 표는 4월 10일)아침 6시 30분부터 승차 일주일 전 밤 9시까지 판매합니다.

B

이용 달력

	'야마카와'역 → '기다'역	'기다'역 → '야마카와'역
7월 10일	—	—
17일	○	◎
24일	○	○
31일	×	×
8월 7일	×	○
14일	×	○
21일	7월 21일부터	7월 21일부터
28일	7월 28일부터	7월 28일부터

◎ 자리가 있습니다   ○ 잔여 적음   × 자리는 없습니다

- できる 할 수 있다, 생기다
- 普通(ふつう) 보통
- 売(う)る 팔다
- ちょうど 딱, 정확히
- 切符(きっぷ) 표, 티켓
- 形(かたち) 형태
- 大人(おとな) 성인, 어른

🔍 독해

---

[34] 大人 1 人と子ども 1 人が乗る場合、いくらかかりますか。

  1 1,200円   2 1,500円   3 1,650円   4 1,800円

해석   어른 1명과 아이 1명이 탈 경우 얼마가 듭니까?

      1 1,200엔   2 1,500엔   3 1,650엔   4 1,800엔

정답   4

유형분석   정보 검색 문제

해설   A의 「山川駅から木田駅までの〜(야마카와역에서 기다역까지의〜)」이후의 문장을 참고하여 요금 계산을 하면, 어른 800 + 아이 400 + 특별권 2매 300 × 2 이므로 1,800엔이 된다. 따라서 4번이 정답이다.

---

[35] 今日は 7 月 16 日です。8 月 14 日に乗りたい人は、切符を買うことができますか。

  1 まだ売っていないので、買えない。
  2 もう席がないので、買えない。
  3 行きも帰りも切符が買える。
  4 帰りの切符だけ買える。

해석   오늘은 7월 16일입니다. 8월 14일에 타고 싶은 사람은 표를 살 수 있습니까?

    1 아직 팔고 있지 않기 때문에 살 수 없다.
    2 이미 자리가 없기 때문에 살 수 없다.
    3 가는 것도 오는 것도 표를 살 수 있다.
    4 돌아오는 표만 살 수 있다.

정답   4

유형분석   정보 검색 문제

해설   문장 A의 마지막 문장에서 이용 한 달 전부터 구입이 가능하다고 했으므로 1번은 제외된다. 표 B에서 14일은 갈 때는 ×, 올 때는 ○로 나와 있으므로 출발은 살 수 없으나, 올 때는 잔여석이 있으므로 4번이 정답이다.

Ⅲ. 청해

시험과목	배점	시험시간
청해	60점	35분

🎧 청해

問題1 2-01

もんだい1では、まず　しつもんを　聞いて　ください。それから　話を　聞いて、もんだいようしの　1から4の　中から、いちばん　いいものを　一つ　えらんでください。

1ばん　2-02

　　1　2かい

　　2　1かい

　　3　地下1かい

　　4　地下2かい

2ばん　2-03

　　1　木曜日の夕方

　　2　金曜日の朝

　　3　金曜日の夕方

　　4　土曜日の朝

3ばん 📀2-04

1 レストラン

2 ロビー

3 かいぎしつ

4 おべんとうは 食^たべられない

4ばん 📀2-05

1

2

3

4

219

5ばん ◎ 2-06

	午前(ごぜん)	午後(ごご)
9月(がつ)15日(にち)（月(げつ)）	1	2
16日(にち)（火(か)）	3	4

6ばん ◎ 2-07

1 ホテル

2 車(くるま)の店(みせ)

3 レンタカーの店(みせ)

4 お兄(にい)さんのうち

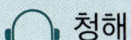

7ばん　🔘 2-08

1　店_{みせ}で　買_かう

2　インターネットで　注文_{ちゅうもん}する

3　うちで　ゲームを　する

4　ゆうびんきょくで　お金_{かね}を　はらう

8ばん　🔘 2-09

	午前_{ごぜん}	午後_{ごご}
だい1かいぎしつ	1	2
だい2かいぎしつ	3	4

해설 및 정답

문제 1

문제 1에서는 먼저 질문을 들어 주세요. 그리고 이야기를 듣고 문제지의 1~4중에서 가장 적당한 것을 하나 고르세요.

1ばん 🎧 2-02

電気の店の放送です。カメラを買いたい人はどこへ行けばいいですか。

男：いらっしゃい。いらっしゃい。どこよりやすい山川電気！テレビは3階、エアコンは2階へどうぞ。カメラは売り場が2階から地下1階になりました。パソコン、電気自転車は1階です。はい、いらっしゃい。いらっしゃい。

カメラを買いたい人はどこへ行けばいいですか。

스크립트 해석

전기 제품 가게의 방송입니다. 카메라를 사고 싶은 사람은 어디에 가면 됩니까?

남 : 어서오십시오, 어서오십시오, 어디보다도 싼 야마카와 전기! 텔레비전은 3층, 에어컨은 2층으로 가세요. 카메라는 매장이 2층에서 지하 1층으로 바뀌었습니다. 컴퓨터, 전기 자전거는 1층입니다. 네, 어서오세요, 어서오세요.

카메라를 사고 싶은 사람은 어디로 가면 됩니까?

1 2층
2 1층
3 지하 1층
4 지하 2층

어휘 電気 전기　放送 방송　買う 사다　売り場 매장　地下 지하　電気自転車 전기 자전거

정답 3

유형분석 과제이해

해설 안내방송의 내용 중 카메라에 관한 안내만을 듣는 것이 포인트이다. 카메라는 '2층에서 지하1층으로 변경'되었으므로 3번이 정답이다.

[2ばん] 🔊 2-03

<u>男</u>の<u>人</u>が<u>歯医者</u>に<u>電話</u>しています。<u>男</u>の<u>人</u>はいつ<u>歯医者</u>に<u>行</u>きますか。

女：はい、<u>山田</u>デンタルクリニックです。
男：すみません、<u>今日</u>みてもらえますか。
女：<u>今日</u>はもういっぱいなんです。<u>明日</u>の<u>朝</u>はいかがですか。
男：<u>金曜日</u>は<u>仕事</u>があるので、<u>夕方</u>じゃないと…。
女：そうですか。じゃ、<u>土曜日</u>の<u>朝</u>はいかがですか。
男：<u>土曜日</u>なら<u>大丈夫</u>です。
女：では、9<u>時</u>に。
男：わかりました。よろしくお<u>願</u>いします。

<u>男</u>の<u>人</u>はいつ<u>歯医者</u>に<u>行</u>きますか。

스크립트 해석

남자가 치과에 전화를 하고 있습니다. 남자는 언제 치과에 갑니까?

여 : 네, 야마다 덴탈 클리닉입니다.
남 : 저기~, 오늘 진찰 받을 수 있습니까?
여 : 오늘은 이미 꽉 차있습니다. 내일 아침은 어떠세요?
남 : 금요일은 일이 있어서, 저녁에만 돼요….
여 : 그러십니까? 그럼, 토요일 아침은 어떠세요?
남 : 토요일이라면 괜찮습니다.
여 : 그럼 9시에.
남 : 알겠습니다. 잘 부탁드립니다.

남자는 언제 치과에 갑니까?

1 목요일 저녁
2 금요일 아침
3 금요일 저녁
4 토요일 아침

어휘 歯医者 치과　仕事 일　夕方 저녁　大丈夫だ 괜찮다

정답 4

유형분석 과제 이해

해설 및 정답

두 사람의 마지막 대화에서 '토요일 아침은 어떠세요'라는 여자의 권유에 남자가 '토요일이라면 괜찮습니다'
라고 긍정하고 있으므로 4번이 정답이다.

3ばん 💿 **2-04**

女の人が話しています。お弁当はどこで食べることができますか。

**女:それでは、今から昼休みになります。お食事をされる方は1階にレストランがあります。お弁当の
方はロビーでお召し上がりください。午後の会議は2階の会議室で行います。会議室では飲んだり
食べたりできませんので、ご注意ください。**

お弁当はどこで食べることができますか。

스크립트 해석

여자가 이야기하고 있습니다. 도시락은 어디에서 먹을 수 있습니까?

여 : 그럼, 지금부터 점심시간입니다. 식사를 하실 분은 1층에 레스토랑이 있습니다. 도시락을 드실 분은 로비에서 드십시
오. 오후 회의는 2층 회의실에서 실시하겠습니다. 회의실에서는 음식물을 드실 수 없으니, 주의하시기 바랍니다.

도시락은 어디에서 먹을 수 있습니까?

1 레스토랑

2 로비

3 회의실

4 도시락은 먹을 수 없다

어휘 弁当 도시락   昼休み 점심시간   食事 식사   召し上がる 드시다('먹다'의 존경어)   午後 오후
会議 회의   注意 주의

정답 2

유형분석 과제 이해

해설 안내에서 '도시락을 드실 분은 로비에서 드십시오'라고 했으므로 2번이 정답이다. 참고로 회의실에서는 마시
거나 먹거나 할 수 없다고 하였으므로 정답이 될 수 없으며, 레스토랑은 도시락을 먹는 사람에게 해당이 되지
않으므로 정답이 될 수 없다.

4ばん 2-05

<ruby>男<rt>おとこ</rt></ruby>の<ruby>人<rt>ひと</rt></ruby>と<ruby>女<rt>おんな</rt></ruby>の<ruby>人<rt>ひと</rt></ruby>が<ruby>話<rt>はな</rt></ruby>しています。<ruby>男<rt>おとこ</rt></ruby>の<ruby>人<rt>ひと</rt></ruby>はこれから<ruby>最初<rt>さいしょ</rt></ruby>に<ruby>何<rt>なに</rt></ruby>をしますか。

男：おはよう！
女：あっ、<ruby>木村<rt>きむら</rt></ruby>さん。<ruby>出張<rt>しゅっちょう</rt></ruby>お<ruby>疲<rt>つか</rt></ruby>れさまでした。
男：うん。ところで、<ruby>今日<rt>きょう</rt></ruby>の<ruby>会議<rt>かいぎ</rt></ruby>は<ruby>何時<rt>なんじ</rt></ruby>から？
女：10<ruby>時半<rt>じはん</rt></ruby>からです。<ruby>午後<rt>ごご</rt></ruby>は1<ruby>時<rt>じ</rt></ruby>に、<ruby>東京貿易<rt>とうきょうぼうえき</rt></ruby>の<ruby>大川様<rt>おおかわさま</rt></ruby>がいらっしゃいます。
男：じゃあ、<ruby>会議<rt>かいぎ</rt></ruby>の<ruby>前<rt>まえ</rt></ruby>に<ruby>出張<rt>しゅっちょう</rt></ruby>のレポート<ruby>書<rt>か</rt></ruby>かないと…。
女：<ruby>大変<rt>たいへん</rt></ruby>ですね。

<ruby>男<rt>おとこ</rt></ruby>の<ruby>人<rt>ひと</rt></ruby>はこれから<ruby>最初<rt>さいしょ</rt></ruby>に<ruby>何<rt>なに</rt></ruby>をしますか。

스크립트 해석

남자와 여자가 이야기하고 있습니다. 남자는 지금부터 맨 처음에 무엇을 합니까?

남 : 좋은 아침!
여 : 아, 기무라 씨 출장 다녀오느라 수고하셨어요.
남 : 응, 그런데 오늘 회의는 몇 시부터야?
여 : 10시 반부터 입니다. 오후에는 1시에 도쿄무역의 오오카와 씨가 오십니다.
남 : 그럼, 회의 전에 출장 리포트를 써야겠네.
여 : 힘드시겠어요.

남자는 지금부터 맨 처음에 무엇을 합니까?

어휘 出張 출장　会議 회의　ところで 그런데　貿易 무역

정답 4

유형분석 과제이해

해설 10시 반부터 회의, 오후 1시에 손님이 오기로 되어 있는 스케줄을 듣고 회의 전에 '출장 리포트를 써야 한다'라고 했으므로 시간상 가장 먼저 하는 일이 된다. 따라서 4번이 정답이다.

5ばん 🔘 2-06

社長（しゃちょう）が女（おんな）の人（ひと）と話（はな）しています。社長（しゃちょう）はいつ工場（こうじょう）へ行（い）きますか。

女：すみません。来週（らいしゅう）できるだけ早（はや）く工場（こうじょう）へ来（き）てほしいそうですが…。

男：そうか。月曜（げつよう）はだめだな。午前（ごぜん）は会議（かいぎ）があるし、午後（ごご）はお客様（きゃくさま）が来（く）るし…。

女：じゃ、火曜日（かようび）は？

男：火曜日（かようび）は京都（きょうと）へ出張（しゅっちょう）だ。

女：どうしましょうか。

男：わかった。じゃ、月曜日（げつようび）、お客様（きゃくさま）が帰（かえ）ってからにしよう。3時頃（じごろ）には行（い）けるだろう。

女：じゃ、そのように連絡（れんらく）します。

男：うん、よろしく。

社長（しゃちょう）はいつ工場（こうじょう）へ行（い）きますか。

스크립트 해석

사장이 여자와 이야기하고 있습니다. 사장은 언제 공장에 갑니까?

여 : 저기~, 다음 주 될 수 있으면 빨리 공장에 와 주셨으면 한다고 하는데요……

남 : 그렇구나. 월요일은 안되겠네. 오전에는 회의가 있고, 오후에는 손님이 오니까……

여 : 그럼, 화요일은?

남 : 화요일은 교토에 출장이야.

여 : 어떻게 할까요?

남 : 알겠어. 그럼, 월요일, 손님이 돌아가고 난 후로 합시다. 3시경에는 갈 수 있을 거야.

여 : 그럼, 그렇게 연락하겠습니다.

남 : 응, 부탁해.

사장은 언제 공장에 갑니까?

	오전	오후
9월 15일 (월)	1	2
16일 (화)	3	4

어휘　工場（こうじょう）공장　来週（らいしゅう）다음 주　できるだけ 될 수 있는 한　出張（しゅっちょう）출장　連絡（れんらく）する 연락하다

정답　2

유형분석　과제 이해

해설　사장님의 일정을 파악하는 것이 포인트이다. 첫 대화에서 월요일과 화요일 모두 다른 일정이 있었으나, 마지막 대화에서 '월요일 손님이 돌아간 후' '3시경에 갈 수 있다'라고 하였으므로 월요일 오후가 되는 것을 알 수 있다. 따라서 2번이 정답이다.

6ばん 💿 2-07

男の人と女の人が話しています。男の人はこれからどこへ電話しますか。

女：ねえ、子どもたちがホテルより、キャンプがいいって言ってるんだけど。
男：キャンプか…車がないからなぁ。
女：レンタカーはどう？
男：レンタカーは高いぞ。
女：じゃ、お兄さんの車、借りられない？1週間くらい。
男：そうだな。電話で聞いてみるよ。

男の人はこれからどこへ電話しますか。

스크립트 해석

남자와 여자가 이야기하고 있습니다. 남자는 지금부터 어디에 전화를 합니까?

여 : 저기, 애들이 호텔보다 캠프가 좋겠다고 하는데.
남 : 캠프? 차가 없으니까….
여 : 렌터카는 어때?
남 : 렌터카는 비싸.
여 : 그럼 형님 차, 빌릴 수 없나? 1주일 정도.
남 : 그러네. 전화로 물어볼게.

남자는 지금부터 어디에 전화를 합니까?
1 호텔
2 차 가게
3 렌터카 가게
4 형의 집

어휘	ホテル 호텔　キャンプ 캠프　車 차　レンタカー 렌터카　お兄さん 형, 오빠　借りる 빌리다
	1週間 1주일　電話 전화　聞く 듣다

정답	4
유형분석	과제이해
해설	여자의 '형님 차 빌릴 수 없어? 1주일 정도'라는 제안에 남자가 동조하여 '전화로 물어 볼게'라고 하였으므로, 4번이 정답이다.

해설 및 정답

7ばん 🔊 2-08

<u>男</u>の<u>人</u>と<u>女</u>の<u>人</u>が<u>話</u>しています。ゲームを<u>買</u>いたい<u>人</u>は<u>今</u>すぐ、<u>何</u>をしますか。<u>今</u>すぐです。

男：このゲームは<u>来月</u>の<u>一日発売</u>なんだけど、きっとすぐに<u>売</u>れてしまうよ。<u>店</u>でも<u>買</u>えるかもしれないけど、<u>絶対</u>に<u>欲</u>しかったら、<u>今</u>すぐ、インターネットで<u>申</u>し<u>込</u>んだほうがいいよ。

女：お<u>金</u>はどうするの。

男：<u>申</u>し<u>込</u>みを<u>受</u>け<u>付</u>けましたっていうメールが<u>来</u>たら、<u>郵便局</u>でお<u>金</u>を<u>払</u>うんだ。そうすれば<u>来月一日</u>にゲームが<u>届</u>くよ。

ゲームを<u>買</u>いたい<u>人</u>は<u>今</u>すぐ、<u>何</u>をしますか。

스크립트 해석

남자와 여자가 이야기하고 있습니다. 게임을 사고 싶은 사람은 지금 바로 무엇을 합니까? 지금 바로입니다.

남 : 이 게임은 다음 달 1일 발매인데, 분명 금방 팔려버릴 거야. 가게에서도 살 수 있을지도 모르겠지만, 꼭 갖고 싶으면 지금 바로 인터넷으로 신청을 하는 게 좋아.

여 : 돈은 어떻게 해?

남 : 신청을 접수했습니다 라는 메일이 오면 우체국에서 돈을 지불하는 거야. 그렇게 하면 다음달 1일에 게임이 도착해.

게임을 사고 싶은 사람은 지금 바로 무엇을 합니까?

1 가게에서 산다
2 인터넷으로 주문한다
3 집에서 게임을 한다
4 우체국에서 돈을 지불한다

어휘				
発売 발매	売れる 팔리다	絶対に 절대로	欲しい 갖고 싶다	申し込む 신청하다
受け付ける 접수하다	払う 지불하다	届く (우편물)도착하다		

정답 2

유형분석 과제 이해

해설 대화 내용을 정리하면, 인터넷 신청 → 접수확인 메일 확인 → 우체국에서 대금 지불의 순이라는 것을 알 수 있다. 가장 먼저 해야 할 것을 묻고 있으므로 2번이 정답이다. 문제를 파악한 후 대화를 듣는 것이 포인트이다.

[8ばん] 🎧 2-09

<ruby>男<rt>おとこ</rt></ruby>の<ruby>人<rt>ひと</rt></ruby>と<ruby>女<rt>おんな</rt></ruby>の<ruby>人<rt>ひと</rt></ruby>が<ruby>話<rt>はな</rt></ruby>しています。<ruby>男<rt>おとこ</rt></ruby>の<ruby>人<rt>ひと</rt></ruby>はどの<ruby>会議室<rt>かいぎしつ</rt></ruby>のどの<ruby>時間<rt>じかん</rt></ruby>を<ruby>予約<rt>よやく</rt></ruby>しましたか。

男：すみません。<ruby>来週<rt>らいしゅう</rt></ruby>の<ruby>水曜日<rt>すいようび</rt></ruby>、<ruby>午後<rt>ごご</rt></ruby>から<ruby>第<rt>だい</rt></ruby>1<ruby>会議室<rt>かいぎしつ</rt></ruby>を<ruby>予約<rt>よやく</rt></ruby>したいんですが、<ruby>空<rt>あ</rt></ruby>いていますか？
女：<ruby>水曜日<rt>すいようび</rt></ruby>ですか…ええっと、その<ruby>日<rt>ひ</rt></ruby>はもう<ruby>予定<rt>よてい</rt></ruby>が<ruby>入<rt>はい</rt></ruby>っています。
男：そう、…じゃ、<ruby>第<rt>だい</rt></ruby>2<ruby>会議室<rt>かいぎしつ</rt></ruby>のほうは？
女：はい、<ruby>第<rt>だい</rt></ruby>2<ruby>会議室<rt>かいぎしつ</rt></ruby>でしたら、<ruby>午後<rt>ごご</rt></ruby>は<ruby>空<rt>あ</rt></ruby>いています。
男：う～～ん、でも<ruby>第<rt>だい</rt></ruby>2は<ruby>狭<rt>せま</rt></ruby>いからなぁ…<ruby>第<rt>だい</rt></ruby>1<ruby>会議室<rt>かいぎしつ</rt></ruby>、<ruby>午前<rt>ごぜん</rt></ruby>はどうですか。
女：はい、<ruby>空<rt>あ</rt></ruby>いています。
男：じゃ、そちらでお<ruby>願<rt>ねが</rt></ruby>いします。

<ruby>男<rt>おとこ</rt></ruby>の<ruby>人<rt>ひと</rt></ruby>はどの<ruby>会議室<rt>かいぎしつ</rt></ruby>のどの<ruby>時間<rt>じかん</rt></ruby>を<ruby>予約<rt>よやく</rt></ruby>しましたか。

스크립트 해석

여자와 남자가 이야기하고 있습니다. 남자는 어느 회의실의 어느 시간을 예약했습니까?

남 : 저기~, 다음 주 수요일, 오후부터 제1회의실을 예약하고 싶은데, 비어 있습니까?
여 : 수요일말입니까. 음.. 그날은 이미 예정이 있습니다.
남 : 그래요. 그럼, 제2회의실 쪽은?
여 : 네, 제2회의실이라면, 오후에는 비어 있습니다.
남 : 음.. 제2회의실은 좁아서 말이야…. 제1회의실 오전에는 어떻습니까?
여 : 네, 비어 있습니다.
남 : 그럼, 그쪽으로 부탁 드립니다.

남자는 어느 회의실의 어느 시간을 예약했습니까?

	오전	오후
제1회의실	1	2
제2회의실	3	4

어휘 <ruby>予約<rt>よやく</rt></ruby>する 예약하다　<ruby>空<rt>あ</rt></ruby>いている 비어 있다　<ruby>予定<rt>よてい</rt></ruby> 예정

정답 1

유형분석 과제이해

해설 여자의 말에서 비어있는 시간대를 듣는 것이 포인트이다. 비어 있는 시간대는 '제2회의실 오후와, 제1회의실 오전'이다. 여자의 말이 끝나자 바로 남자가 '그럼 그쪽으로 부탁 드립니다'라고 했으므로 여자가 마지막에 제안한 '제1회의실 오전'이 정답이다.

問題2 🔘 2-10

もんだい2では、まず　しつもんを　聞いて　ください。そのあと、もんだいようしを　見て　ください。読む　時間が　あります。それから　話を　聞いて、もんだいようしの　1から4の　中から、いちばん　いいものを　一つ　えらんで　ください。

1ばん 🔘 2-11

　　1　古いから

　　2　きたないから

　　3　うるさいから

　　4　広いから

2ばん 🔘 2-12

　　1　ゲーム

　　2　犬

　　3　ねこ

　　4　自転車

3ばん　2-13

1　１０時ごろ

2　１０時２０分ごろ

3　１０時半ごろ

4　１０時５０分ごろ

4ばん　2-14

1　くだものが　おいしいから

2　きれいな花が　さくから

3　山や　川が　あるから

4　スキーが　できるから

5ばん　💿2-15

　　1　えいごが　きらいだから

　　2　けいざいを　勉強したいから

　　3　学校を　さがしているから

　　4　仕事に　必要だから

6ばん　💿2-16

　　1　じしんが　起きたばあいのこと

　　2　電車が　とまっていること

　　3　電車は　あんぜんなこと

　　4　電車が　動いたこと

7ばん 💿 2-17

1 荷物を ロッカーに 入れたから

2 さいふを ロッカーに 入れたから

3 鞄を 持って 図書館に 入ったから

4 コートを 着て 図書館に 入ったから

문제 2

문제 2에서는 먼저 질문을 들어 주세요. 그 후 문제지를 봐 주세요. 읽을 시간이 있습니다. 그리고 이야기를 듣고 문제지의 1~4중에서 가장 적당한 것을 하나 고르세요.

1ばん 🔊 **2-11**

男の人と女の人がアパートについて話しています。男の人はどうしてアパートを借りませんでしたか。

女：昨日、見に行ったアパート、どうだった？

男：うん。部屋代は安くてよかったんだけど…。

女：古くて、汚かったの？

男：ううん。建物はそんなに古くないけど、アパートのすぐ前が大きな道で車がすごいんだ。
　　あれじゃ、夜、寝られないよ。あ～あ、広くてよかったんだけど、ほんと、残念だな～。

女：そう。

男の人はどうしてアパートを借りませんでしたか。

스크립트 해석

남자와 여자가 아파트에 관하여 이야기하고 있습니다. 남자는 어째서 아파트를 빌리지 않았습니까?

여 : 어제 보러 간 아파트 어땠어?

남 : 응. 방세는 싸고 좋았는데….

여 : 낡고 더러웠어?

남 : 아니. 건물은 그렇게 낡지 않았는데, 아파트 바로 앞이 큰 도로라서 자동차가 많아. 그래서는 밤에 잠을 잘 수가 없어.
　　 아~아 넓고 좋았는데, 정말 아쉽다.

여 : 그렇구나.

남자는 어째서 아파트를 빌리지 않았습니까?

1 낡았기 때문에

2 더럽기 때문에

3 시끄럽기 때문에

4 넓기 때문에

어휘	借りる 빌리다　　部屋代 방세　　古い 오래되다,낡다　　汚い 더럽다　　寝る 자다
	残念だ 유감이다
정답	3
유형분석	포인트 이해

해설 '넓고 좋았다'는 말에서 4번은 이유가 될 수 없으며, '낡지 않았다'라고 했으므로 1번도 정답이 아니다. 2번은 거론되지 않은 사항이며, 직접적으로 말하지는 않았으나, '차가 많다'라는 말과 '잠을 잘 수 없어'라는 말에서 3번 '시끄럽다'는 것이 이유라는 것을 알 수 있다.

2ばん 🎧 2-12

お父さんと子どもが話しています。子どもは誕生日に何を買ってもらいますか。

女：もうすぐ私の誕生日だよね〜。
男：ああ、そうだな。新しいゲームがほしいのか。
女：ゲームはあるからいい。私ね、ペットがほしいなあ。
男：犬は散歩が大変だよ。自転車じゃ駄目か？
女：自転車でもいいんだけど〜。猫は散歩いらないよ。かわいいし…。
男：じゃあな、ちゃんと世話をするならいいぞ。
女：うわあ。ほんと！約束するよ。

子どもは誕生日に何を買ってもらいますか。

스크립트 해석

아버지와 아이가 이야기하고 있습니다. 아이는 생일에 무엇을 받습니까?

여 : 조금 있으면 내 생일이지.
남 : 아아, 그렇구나. 새로 나온 게임이 갖고 싶어?
여 : 게임은 있으니까 괜찮아. 나, 애완동물이 갖고 싶어.
남 : 개는 산책시키는 것이 힘들어. 자전거는 안될까?
여 : 자전거도 좋은데, 고양이는 산책 필요없잖아. 귀엽기도 하고.
남 : 그럼. 제대로 돌봐준다면 좋아.
여 : 우와~! 정말? 약속할게.

아이는 생일에 무엇을 받습니까?

| 1 게임 | 2 개 | 3 고양이 | 4 자전거 |

어휘 　誕生日 생일　ペット 애완동물　散歩 산책　世話をする 돌보다

정답 　3

유형분석 　포인트 이해

해설 　생일 선물에 대하여 아버지와 아이가 이야기하고 있는 상황이다. '게임은 있어서 괜찮다'라고 했고, '애완동물을 갖고 싶다'라고 했으므로 2, 3번으로 압축할 수 있다. '개는 산책이 힘들다'라는 우려에 '고양이는 산책이 필요 없잖아'라고 하자 아버지가 허락했으므로 3번이 정답이다.

3ばん 🎧 2-13

^{おとこ}男の^{ひと}人と^{おんな}女の^{ひと}人が話しています。^{おとこ}男の^{ひと}人は^{なんじ}何時ごろ^つ着くと^い言っていますか。

女 : もしもし。どうしたの？もう10^じ時よ。

男 : いやあ、^{じこ}事故で^{でんしゃ}電車が^と止まっちゃって。20^{ぶん}分ぐらい^ま待ったんだけど^{うご}動かないから、^{いま}今タクシーに^の乗ったところ。

女 : タクシー？どのぐらいかかるの？

男 : ^{うんてんしゅ}運転手さんの^{はなし}話だと30^{ぶん}分ぐらいで^つ着くって。ごめんね。もうちょっと^ま待ってて。

女 : そう。わかったわ。

^{おとこ}男の^{ひと}人は^{なんじ}何時ごろ^つ着くと^い言っていますか。

스크립트 해석

남자와 여자가 이야기하고 있습니다. 남자는 몇 시경에 도착한다고 말하고 있습니까?

여 : 여보세요. 무슨 일이야? 벌써 10시야.

남 : 아니, 사고로 전철이 멈춰버려서. 20분 정도 기다렸는데 움직이지 않아서, 지금 막 택시를 탔어.

여 : 택시? 어느 정도 걸리는데?

남 : 택시기사 말로는 30분 정도면 도착한대. 미안, 조금만 더 기다려.

여 : 그래. 알았어.

남자는 몇 시경에 도착한다고 말하고 있습니까?

1   10시경

2   10시 20분경

3   10시 반경

4   10시 50분경

어휘	^つ着く 도착하다　　^{じこ}事故 사고　　^と止まる 멈추다　　^{うご}動く 움직이다　　^の乗る 타다　　^{うんてんしゅ}運転手 운전수
정답	3
유형분석	포인트 이해
해설	첫 대화에서 현재 시간이 '10시'라는 것을 알 수 있다. '지금 막 택시를 탔어'라는 말에서 지금 택시 안에서 전화를 하고 있으며, 택시기사 말을 인용하여, '30분 정도'걸린다고 하였으므로 3번이 정답이다.

[4ばん] 💿 2-14

男の人が女の人と話しています。男の人がこの町に住むことにした一番の理由は何ですか。

女：佐藤さん、どうしてこの町に住むことにしたんですか。

男：ここはいいところですからね。ここの果物は本当においしいし…。

女：そうですね。春はきれいな花が見られるし、夏は山に登ったり、川で泳いだり、冬はスキーもできますし…。

男：スキーも楽しいですよね。でもね、わたしはこの町へ来て、りんごを食べて、ここに住もうって決めたんです。

男の人がこの町に住むことにした一番の理由は何ですか。

스크립트 해석

남자가 여자와 이야기하고 있습니다. 남자가 이 마을에 살기로 한 가장 큰 이유는 무엇입니까?

여 : 사토 씨 왜 이 마을에 살기로 하신겁니까?

남 : 여기는 좋은 곳이니까요. 여기의 과일은 정말 맛있기도 하고….

여 : 그렇네요. 봄에는 예쁜 꽃을 볼 수 있고, 여름에는 등산을 하거나, 강에서 헤엄을 치기도 하고, 겨울에는 스키도 탈 수 있고….

남 : 스키도 즐겁지요. 하지만, 저는 이 마을에 와서 사과를 먹고 여기에 살기로 정했어요.

남자가 이 마을에 살기로 한 가장 큰 이유는 무엇입니까?

1 과일이 맛있기 때문에
2 예쁜 꽃이 피기 때문에
3 산과 강이 있기 때문에
4 스키를 탈 수 있기 때문에

어휘　住む 살다　果物 과일　春 봄　登る (산에)오르다　泳ぐ 헤엄치다　決める 결정하다

정답　1

유형분석　포인트 이해

해설　남자가 마을에 살기로 한 가장 큰 이유를 묻고 있으므로, 남자의 말에서 이유를 찾는 것이 포인트이다. 남자의 말에서 1번과 4번이 거론되고 있으며 '사과를 먹고 여기에 살기로 정했어요'라는 말에서 1번이 정답이라는 것을 알 수 있다.

5ばん 💿 **2-15**

<ruby>男<rt>おとこ</rt></ruby>の<ruby>人<rt>ひと</rt></ruby>が<ruby>話<rt>はな</rt></ruby>しています。<ruby>男<rt>おとこ</rt></ruby>の<ruby>人<rt>ひと</rt></ruby>は、どうして<ruby>英語<rt>えいご</rt></ruby>を<ruby>勉強<rt>べんきょう</rt></ruby>しようと<ruby>思<rt>おも</rt></ruby>っていますか。

<ruby>男<rt></rt></ruby>：<ruby>私<rt>わたし</rt></ruby>は<ruby>日本<rt>にほん</rt></ruby>に<ruby>留学<rt>りゅうがく</rt></ruby>して、<ruby>経済<rt>けいざい</rt></ruby>を<ruby>勉強<rt>べんきょう</rt></ruby>しました。<ruby>実<rt>じつ</rt></ruby>は<ruby>英語<rt>えいご</rt></ruby>が<ruby>嫌<rt>きら</rt></ruby>いだったから、<ruby>日本<rt>にほん</rt></ruby>を<ruby>選<rt>えら</rt></ruby>んだんです。<ruby>将来<rt>しょうらい</rt></ruby>は<ruby>日本<rt>にほん</rt></ruby>と<ruby>貿易<rt>ぼうえき</rt></ruby>をする<ruby>会社<rt>かいしゃ</rt></ruby>を<ruby>作<rt>つく</rt></ruby>るつもりです。<ruby>貿易<rt>ぼうえき</rt></ruby>の<ruby>仕事<rt>しごと</rt></ruby>には<ruby>英語<rt>えいご</rt></ruby>も<ruby>必要<rt>ひつよう</rt></ruby>なので、<ruby>今<rt>いま</rt></ruby>は<ruby>英語<rt>えいご</rt></ruby>も<ruby>勉強<rt>べんきょう</rt></ruby>しようと<ruby>思<rt>おも</rt></ruby>っています。<ruby>英語<rt>えいご</rt></ruby>は<ruby>難<rt>むずか</rt></ruby>しいですが、<ruby>将来<rt>しょうらい</rt></ruby>のために<ruby>頑張<rt>がんば</rt></ruby>ります。

<ruby>男<rt>おとこ</rt></ruby>の<ruby>人<rt>ひと</rt></ruby>は、どうして<ruby>英語<rt>えいご</rt></ruby>を<ruby>勉強<rt>べんきょう</rt></ruby>しようと<ruby>思<rt>おも</rt></ruby>っていますか。

스크립트 해석

남자가 이야기하고 있습니다. 남자는 어째서 영어를 공부하려고 합니까?

남 : 저는 일본에 유학하여, 경제를 공부했습니다. 실은 영어를 싫어했기 때문에 일본을 선택한 것입니다. 장래에는 일본과 무역을 하는 회사를 만들 생각입니다. 무역업무에는 영어도 필요하기 때문에, 지금은 영어도 공부하려고 합니다. 영어는 어렵습니다만, 장래를 위해서 열심히 하겠습니다.

남자는 어째서 영어를 공부하려고 합니까?
1 영어를 싫어하기 때문에
2 경제를 공부하고 싶기 때문에
3 학교를 찾고 있기 때문에
4 업무에 필요하기 때문에

어휘 留学 유학　経済 경제　嫌いだ 싫다　選ぶ 고르다　将来 장래　貿易 무역
必要だ 필요하다　難しい 어렵다　頑張る 열심히 하다

정답 4

유형분석 포인트 이해

해설 영어를 싫어하지만, '무역업무에는 영어도 필요하기 때문에'라는 말에서 영어 공부를 하는 이유를 알 수 있다.

6ばん 🎧 **2-16**

駅員が話しています。駅員は、何を知らせていますか。

男：お客様にお知らせします。12時ごろ東京で地震が起きましたため、電車が止まっております。安全を確かめましてから、運転をいたしますので、しばらくお待ちください。電車が動きましたら、またお知らせいたします。大変申し訳ございませんが、お客様のご理解をお願いいたします。

駅員は、何を知らせていますか。

스크립트 해석

역무원이 이야기하고 있습니다. 역무원은 무엇을 알리고 있습니까?

남 : 손님 여러분께 안내말씀 드리겠습니다. 12시경 도쿄에서 지진이 일어나, 전철운행이 중단되고 있습니다. 안전을 확인한 후에 운전하겠사오니, 잠시 기다려 주시기 바랍니다. 전철이 운행되면 또 알려드리겠습니다. 대단히 죄송합니다만, 손님 여러분의 이해를 부탁 드리겠습니다.

역무원은 무엇을 알리고 있습니까?
1 지진이 일어났을 경우의 일
2 전철이 정지한 것
3 전철은 안전하다는 것
4 전철이 움직인 것

어휘 知らせる 알리다　地震 지진　止まる 정지하다　安全だ 안전하다　確かめる 확실하다
運転 운전　理解 이해

정답 2

유형분석 포인트 이해

해설 안내 방송에서 알리고 있는 사실을 정확히 파악하는 것이 포인트이다. 이미 지진이 일어난 상황이므로 1번은 제외된다. '안전을 확인 후에 운전하겠사오니…'에서 안전이 확인되지 않았다는 것을 알 수 있고, 전철이 아직 움직이지 않았으므로 3, 4번은 정답이 될 수 없다. 따라서 전철의 정지만이 확인된 사실이므로 2번이 정답이다.

7ばん 🔘 2-17

<ruby>男<rt>おとこ</rt></ruby>の<ruby>人<rt>ひと</rt></ruby>と<ruby>女<rt>おんな</rt></ruby>の<ruby>人<rt>ひと</rt></ruby>が<ruby>図書館<rt>としょかん</rt></ruby>で<ruby>話<rt>はな</rt></ruby>しています。<ruby>女<rt>おんな</rt></ruby>の<ruby>人<rt>ひと</rt></ruby>はどうして<ruby>注意<rt>ちゅうい</rt></ruby>されたのですか。

<ruby>男<rt>おとこ</rt></ruby>：ちょっとすみません。その<ruby>荷物<rt>にもつ</rt></ruby>はロッカーに<ruby>入<rt>い</rt></ruby>れてください。

<ruby>女<rt>おんな</rt></ruby>：え？ だめですか。そんなに<ruby>大<rt>おお</rt></ruby>きくないですけど…。

<ruby>男<rt>おとこ</rt></ruby>：<ruby>鞄<rt>かばん</rt></ruby>やコート<ruby>類<rt>るい</rt></ruby>はロッカーにしまってからお<ruby>入<rt>はい</rt></ruby>りいただくことになっているんです。<ruby>入口<rt>いりぐち</rt></ruby>に<ruby>書<rt>か</rt></ruby>いてあったでしょう。

<ruby>女<rt>おんな</rt></ruby>：でも<ruby>財布<rt>さいふ</rt></ruby>はロッカーに<ruby>入<rt>い</rt></ruby>れないでくださいって…。

<ruby>男<rt>おとこ</rt></ruby>：ええ、<ruby>財布<rt>さいふ</rt></ruby>などはお<ruby>持<rt>も</rt></ruby>ちいただきたいんですが、<ruby>鞄<rt>かばん</rt></ruby>は<ruby>持<rt>も</rt></ruby>って<ruby>入<rt>はい</rt></ruby>らないでください。

<ruby>女<rt>おんな</rt></ruby>：はい、わかりました。

<ruby>女<rt>おんな</rt></ruby>の<ruby>人<rt>ひと</rt></ruby>はどうして<ruby>注意<rt>ちゅうい</rt></ruby>されたのですか。

스크립트 해석

남자와 여자가 도서관에서 이야기하고 있습니다. 여자는 어째서 주의를 받은 것입니까?

남 : 저기 잠시만요. 그 짐은 사물함에 넣어 주세요.

여 : 어? 안됩니까? 그렇게 크지도 않은데….

남 : 가방과 코트류는 사물함에 넣고 들어오시게 되어 있습니다. 입구에 써 있죠?

여 : 하지만, 지갑은 사물함에 넣지 말아주세요 라고….

남 : 네, 지갑 같은 것은 소지하셨으면 합니다만, 가방은 갖고 들어오지 말아 주세요.

여 : 네, 알겠습니다.

여자는 어째서 주의를 받은 것입니까?

1 짐을 사물함에 넣었기 때문에

2 지갑을 사물함에 넣었기 때문에

3 가방을 가지고 도서관에 들어왔기 때문에

4 코트를 입고 도서관에 들어왔기 때문에

어휘						
<ruby>図書館<rt>としょかん</rt></ruby> 도서관	<ruby>注意<rt>ちゅうい</rt></ruby>する 주의하다	<ruby>荷物<rt>にもつ</rt></ruby> 짐	ロッカー 사물함	<ruby>鞄<rt>かばん</rt></ruby> 가방	<ruby>入口<rt>いりぐち</rt></ruby> 입구
<ruby>財布<rt>さいふ</rt></ruby> 지갑					

정답   3

유형분석   포인트 이해

해설   처음에 짐에 대한 지적이 있었으며, 마지막 대화에서 '가방은 갖고 들어오지 말아 주세요'라고 했으므로 3번이 정답이다. 1, 2번은 이루어진 사실이 아니므로 정답이 아니며, 4번은 거론되지 않은 사항이다.

問題3 2-18

もんだい3では、えを 見ながら しつもんを 聞いて ください。やじるし（→）の
人は 何と 言いますか。1から3の 中から、いちばん いいものを 一つ えらんで
ください。

1ばん 2-19

2ばん 2-20

3ばん

4ばん

문제 3

문제 3에서는 그림을 보면서 들어 주세요. 화살표(→)의 사람은 어떻게 말합니까? 1~3중에서 가장 적당한 것을 하나 고르세요.

1ばん 💿 **2-19**

女 : お父さんが帰ってきました。何と言いますか。

女 : 1 いらっしゃいませ。

　　 2 今かえりますか。

　　 3 おかえりなさい。

스크립트 해석

여 : 아버지가 돌아왔습니다. 뭐라고 말합니까?

여 : 1 어서 오세요.

　　 2 지금 돌아가십니까?

　　 3 다녀오셨어요.

어휘　　いらっしゃいませ 어서 오세요(인사말)　　帰る 돌아오다, 돌아가다

정답　　3

유형분석　　발화표현

해설　　외출했다 돌아온 사람에게 하는 인사말은 「おかえりなさい(다녀오셨어요)」이다. 참고로, 돌아온 사람의 인사말은 「ただいま(다녀왔습니다)」이다.

2ばん 💿 **2-20**

女 : 一緒に昼ごはんを食べに行きたいです。何と言いますか。

男 : 1 食事に行きそうですか。

　　 2 食事に行けましたか。

　　 3 食事に行きませんか。

스크립트 해석

여 : 함께 점심을 먹으러 가고 싶습니다. 뭐라고 말합니까?

남 : 1 식사하러 갈 것 같습니까?

　　 2 식사하러 갈 수 있었습니까?

　　 3 식사하러 가지 않겠습니까?

어휘	一緒に 같이, 함께 食事 식사

정답	3

유형분석	발화표현

해설	상대에게 요청이나 권유할 때는 「〜しませんか(〜하지 않겠습니까?)」가 가장 일반적으로 사용된다.

3ばん 💿 2-21

女：パーティーでお客様にコーヒーを飲むかどうか聞きます。何と言いますか。

男：1　コーヒー、飲みたいですか。

　　2　コーヒー、いかがですか。

　　3　コーヒー、ほしいですか。

스크립트 해석

여 : 파티에서 손님에게 커피를 마실지 어떨지 묻습니다. 뭐라고 말합니까?

남 : 1　커피, 마시고 싶습니까?

　　2　커피, 어떠십니까?

　　3　커피, 갖고 싶습니까?

어휘	パーティー 파티　お客様 손님　コーヒー 커피　飲む 마시다　聞く 묻다, 듣다　言う 말하다ほしい 갖고 싶다, 얻고 싶다

정답	2

유형분석	발화표현

해설	「いかがですか」는 「どうですか(어떠십니까?)」의 겸양적 표현으로 상대의 의중을 물을 때 사용하는 가장 대표적 표현이다.

4ばん 💿 2-22

女：風邪をひいたので、今日は仕事を休みたいです。何と言いますか。

女：1　今日、休んでくださいませんか。

　　2　今日、休ませていただけませんか。

　　3　今日は　休んだほうがよろしいですよ。

해설 및 정답

스크립트 해석

여 : 감기에 걸려 오늘은 일을 쉬고 싶습니다. 뭐라고 말합니까?

여 : 1 오늘, 쉬어주시지 않겠습니까?

  2 오늘, 쉴 수 없을까요?

  3 오늘은 쉬는 편이 좋아요.

어휘 風邪をひく 감기에 걸리다   仕事 일   休む 쉬다

정답 2

유형분석 발화표현

해설 「~(さ)せていただけませんか(~할 수 있을까요)」는 상대에게 자신의 행위의 허락을 구하는 겸양적 표현으로 가장 일반적으로 사용된다. 1번은 상대에게 '쉬라고' 부탁할 때, 3번은 충고할 때 사용하는 표현이다.

5ばん 💿 **2-23**

女 : 友だちが泣いています。何と言いますか。

女 : 1 どうするの？

  2 どうしたの？

  3 どうだった？

스크립트 해석

여 : 친구가 울고 있습니다. 뭐라고 말합니까?

여 : 1 어떻게 할거야?

  2 무슨 일이야?

  3 어땠어?

어휘 泣く 울다

정답 2

유형분석 발화표현

해설 '친구의 울고 있는 장면'을 보고 걱정하는 표현이 가장 적당하다. 따라서 2번이 정답이다. 「どうしたの？」는 '무슨 일이야?, 왜 그래?' 등의 의미로 상대방에게 일어난 상황을 알아차리고 걱정하며 묻는 표현이다. 1번은 앞으로 '어떻게 할 건가'를 묻는 표현이며, 3번은 과거 표현이므로 정답이 될 수 없다.

問題4 ◎ 2-24

もんだい4では、えなどが　ありません。まず　ぶんを　聞いて　ください。それから、その　へんじを　聞いて、1から3の　中から、いちばん　いいものを　一つ　えらんで　ください。

― メモ ―

문제 4

문제 4에서는 그림이 없습니다. 먼저 문장을 들어 주세요. 그리고 그 대답을 듣고 1~3중에서 가장 적당한 것을 하나 고르세요.

1ばん 2-25

男：ねえ、どんな靴がいい？

女：1　ほんと、いい靴ね。

　　2　軽くて、歩きやすいの。

　　3　いいけど、高いですね。

스크립트 해석

남 : 저기, 어떤 신발이 좋아?

여 : 1　정말, 좋은 신발이네.

　　2　가볍고 걷기 편한 것.

　　3　좋지만, 비싸네요.

어휘　　靴 구두　　軽い 가볍다　　歩く 걷다

정답　　2

유형분석　　질의응답

해설　　「どんな(어떤)」라는 의문사의 대답으로 적절한 것은 2번이다. 1번과 3번은 각각 '좋은지, 좋지 않은지'의 질문에 대한 대답이다.

2ばん 2-26

女：ごめんください。リンです。

男：1　ああ、よくいらっしゃいました。

　　2　ああ、こちらこそごめんなさい。

　　3　ああ、私はリンではありません。

스크립트 해석

남 : 실례합니다. 린 입니다.

여 : 1　아아, 잘 오셨어요.

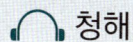

2 아아, 저야말로 죄송합니다.

3 아아, 저는 린이 아닙니다.

어휘 いらっしゃる 오시다, 계시다, 가시다　こちらこそ 저야말로　ごめんなさい 미안합니다

정답 1

유형분석 질의응답

해설 「ごめんください」는 '실례합니다'라는 의미로 상대방의 집에 들어가면서 상대를 부를 때 주로 사용한다. 따라서, '잘 오셨습니다'의 1번이 정답이다. 참고로 「ごめんなさい (미안합니다)」와 혼동하기 쉬우므로 주의하자.

3ばん 🔘 **2-27**

女 : すみません。 ちょっとお願いがあるんですが…。

男 : 1　はい、そうですね。

　　 2　はい、何ですか。

　　 3　はい、どういたしまして。

스크립트 해석

여 : 미안합니다. 부탁이 좀 있는데요….

남 : 1. 네, 그렇군요.

　　2. 네, 뭐죠?

　　3. 네, 천만에요.

어휘 どういたしまして 천만에요, 별 말씀이에요

정답 2

유형분석 질의응답

해설 「お願い(부탁)」가 있다고 하였으므로 그 내용을 묻는 것이 일반적으로 적절하다고 생각할 수 있다. 따라서 2번이 정답이다. 참고로 '부탁을 하다'는 「お願いする」라고 한다.

4ばん 🔘2-28

女：どうぞ、おかけください。お茶^{ちゃ}でもいかがですか。

男：1　いただきます。

　　2　ごちそうさまでした。

　　3　もう一杯^{いっぱい}おねがいします。

스크립트 해석

여 : 어서 앉으세요. 차라도 어떠십니까?

남 : 1　잘 먹겠습니다(마시겠습니다).

　　2　잘 먹었습니다.

　　3　한 잔 더 부탁 드립니다.

어휘　　かける 앉다　　お茶^{ちゃ} 차　　もう一杯^{いっぱい} 한 잔 더

정답　　1

유형분석　　질의응답

해설　　'차'를 권하고 있으므로 1번이 정답이다. 2번과 3번은 이미 마신 상황이므로 부적절하다.

5ばん 🔘2-29

男：ねえ、A社^{しゃ}のキムさんは何時^{なんじ}ごろ来^くるの？

女：1　10時^じにいらっしゃるそうです。

　　2　10時^じに来^くるつもりです。

　　3　10時^じにうかがいたいんですが…。

스크립트 해석

남 : 저기, A사의 김씨는 몇 시경에 와?

여 : 1　10시에 오신다고 합니다.

　　2　10시에 올 생각입니다.

　　3　10시에 찾아 뵙고 싶습니다만….

어휘　　うかがう 찾아 뵙다

정답　　1

유형분석　질의응답

해설　질문에서 'A사의 김씨'라고 하였으므로 제3자의 예정을 묻고 있는 장면이다. 2번과 3번은 각각「～つもりだ(~할 생각이다)」,「～たい(~하고 싶다)」등의 표현으로 자신의 행위를 설명하므로 부적절하다.「～そうだ」는 '~한다고 합니다'라는 전문 즉 다른 사람에게 말을 전달하는 표현이므로 1번이 가장 적절하다.

6ばん　2-30

女：すみません。この近くに郵便局ありませんか。

男：1　はい、その　近くですよ。

　　2　はい、郵便局ですよ。

　　3　はい、すぐそこですよ。

스크립트 해석

여 : 죄송합니다. 이 근처에 우체국 있습니까?

남 : 1　네, 그 근처입니다.

　　2　네, 우체국입니다.

　　3　네, 바로 저기입니다.

어휘　近く 근처　郵便局 우체국

정답　　3

유형분석　질의응답

해설　우체국의 위치를 묻고 있으므로 위치를 알려주는 3번이 가장 적절하다. 1번은 대화의 장소가 아닌 다른 곳의 근처를 가리키므로 부적절하며, 2번은 '여기가 우체국입니까'라는 질문의 대답이라고 볼 수 있다.

7ばん　2-31

女：お久しぶりですね。

男：1　ええ、きのうはありがとうございました。

　　2　ええ、すごいですね。

　　3　ええ、お元気でしたか。

스크립트 해석

여 : 오랜만이네요.

남 : 1 네, 어제는 고마웠습니다.

　　2 네, 대단하군요.

　　3 네, 건강하셨어요?

어휘　　すごい 대단하다

정답　　3

유형분석　　질의응답

해설　　「お久しぶりですね」는 '오랜만이네요'라는 의미의 인사말이다. 오랜만에 만난 정황상 1번과 2번은 부적절하다. 따라서 안부를 묻고 있는 3번이 정답이다.

8ばん 2-32

男：あのう、この席空いていますか。

女：1 ありがとうございます。失礼します。

　　2 すみません。友だちが来ますので…。

　　3 すみません。ここに座ってもいいですか。

스크립트 해석

남 : 저, 이 자리 비어 있습니까?

여 : 1 감사합니다. 실례하겠습니다.

　　2 죄송합니다. 친구가 올 거라서요….

　　3 저기~, 여기에 앉아도 됩니까?

어휘　　席 자리　　空く 비다　　失礼する 실례하다　　座る 앉다

정답　　2

유형분석　　질의응답

해설　　비어 있는 자리를 보고 '비어있습니까?'라고 질문하고 있는 상황이다. 따라서 자리가 비어 있는지 누군가의 자리인지를 대답해야 한다. 1번은 '앉는 것을 허락을 받았을 때', 3번은 빈자리에 '앉아도 됩니까'라고 허락을 요구하는 장면으로 질문자 입장에서의 대화이므로 정답이 아니며, '친구가 올 거라서요'라는 대답이 가장 적절하다.

언어지식(문자 · 어휘)

1	2	3	4	5	6	7	8	9	10	11	12	13	14	15	16	17	18	19	20
4	1	2	3	3	2	3	4	1	1	4	4	3	1	1	2	1	2	3	2

21	22	23	24	25	26	27	28	29	30	31	32	33	34	35
3	4	1	1	3	3	4	2	3	2	2	2	3	1	3

언어지식(문법) · 독해

1	2	3	4	5	6	7	8	9	10	11	12	13	14	15	16	17	18	19	20
3	4	3	2	3	4	2	3	4	4	3	4	3	3	3	4	1	2	3	1

21	22	23	24	25	26	27	28	29	30	31	32	33	34	35
1	3	2	3	4	4	3	3	1	3	1	4	1	4	4

청해

問題 1

1	2	3	4	5	6	7	8
3	4	2	4	2	4	2	1

問題 2

1	2	3	4	5	6	7
3	3	3	1	4	2	3

問題 3

1	2	3	4	5
3	3	2	2	2

問題 4

1	2	3	4	5	6	7	8
2	1	2	1	1	3	3	2

N4 (2回) (げんごちしき (もじ・ごい) かいとうようし

もんだい1

1	①	②	③	④
2	①	②	③	④
3	①	②	③	④
4	①	②	③	④
5	①	②	③	④
6	①	②	③	④
7	①	②	③	④
8	①	②	③	④
9	①	②	③	④

もんだい2

10	①	②	③	④
11	①	②	③	④
12	①	②	③	④
13	①	②	③	④
14	①	②	③	④
15	①	②	③	④

もんだい3

16	①	②	③	④
17	①	②	③	④
18	①	②	③	④
19	①	②	③	④
20	①	②	③	④
21	①	②	③	④
22	①	②	③	④
23	①	②	③	④
24	①	②	③	④
25	①	②	③	④

もんだい4

26	①	②	③	④
27	①	②	③	④
28	①	②	③	④
29	①	②	③	④
30	①	②	③	④

もんだい5

31	①	②	③	④
32	①	②	③	④
33	①	②	③	④
34	①	②	③	④
35	①	②	③	④

N4 (2回)(げんごちしき(ぶんぽう)・どっかい かいとうようし

<ちゅうい Notes >

1. くろいえんぴつ (HB、No.2) で
かいてください。
Use a black medium soft
(HB or No.2) pencil.

2. かきなおすときは、けしゴムで
きれいにけしてください。
Erase any unintended marks
completely.

3. きたなくしたり、おったりしないで
ください。
Do not soil or bend this sheet.

4. マークれい Marking examples

よい Correct	わるい Incorrect
●	⊗ ◯ ⦵ ◑ ⊘ ◓

もんだい1

1	①	②	③	④
2	①	②	③	④
3	①	②	③	④
4	①	②	③	④
5	①	②	③	④
6	①	②	③	④
7	①	②	③	④
8	①	②	③	④
9	①	②	③	④
10	①	②	③	④
11	①	②	③	④
12	①	②	③	④
13	①	②	③	④
14	①	②	③	④
15	①	②	③	④

もんだい2

16	①	②	③	④
17	①	②	③	④
18	①	②	③	④
19	①	②	③	④
20	①	②	③	④

もんだい3

21	①	②	③	④
22	①	②	③	④
23	①	②	③	④
24	①	②	③	④
25	①	②	③	④

もんだい4

26	①	②	③	④
27	①	②	③	④
28	①	②	③	④
29	①	②	③	④

もんだい5

30	①	②	③	④
31	①	②	③	④
32	①	②	③	④
33	①	②	③	④

もんだい6

34	①	②	③	④
35	①	②	③	④

N4 (2回) ちょうかい かいとうようし

受験番号
Examinee Registration
Number

名前
Name

もんだい1

1	①	②	③	④
2	①	②	③	④
3	①	②	③	④
4	①	②	③	④
5	①	②	③	④
6	①	②	③	④
7	①	②	③	④
8	①	②	③	④

もんだい2

1	①	②	③	④
2	①	②	③	④
3	①	②	③	④
4	①	②	③	④
5	①	②	③	④
6	①	②	③	④
7	①	②	③	④

もんだい3

1	①	②	③	④
2	①	②	③	④
3	①	②	③	④
4	①	②	③	④
5	①	②	③	④

もんだい4

1	①	②	③
2	①	②	③
3	①	②	③
4	①	②	③
5	①	②	③
6	①	②	③
7	①	②	③
8	①	②	③

Ⅰ. 언어지식 (문자 · 어휘)

시험과목	배점	시험시간
언어지식 (문자 · 어휘)	언어지식 (문자 · 어휘 · 문법) · 독해 120점	30분

언어지식

문자 · 어휘

해설 및 정답

문제 1 ＿＿＿＿＿의 단어는 히라가나로 어떻게 씁니까? 1·2·3·4에서 가장 적당한 것을 하나 고르세요.

---

1 夏休みに 海外旅行を 計画して います。

　　1 けいけん　　　　2 けいざい　　　　3 けいが　　　　4 けいかく

정답　4

해석　여름방학에 해외여행을 계획하고 있습니다.

어휘　夏休み 여름방학　　海外旅行 해외여행　　経験 경험　　経済 경제

유형분석　명사 한자 읽기 문제

해설　「計画」는 '계획'이라는 의미로 음독은 「けいかく」이다.

---

2 わたしは めずらしい 切手を 集めて います。

　　1 もとめて　　　　2 ほめて　　　　3 あつめて　　　　4 きめて

정답　3

해석　저는 진귀한 우표를 모으고 있습니다.

어휘　珍しい 진귀하다　　切手 우표　　求める 구하다　　ほめる 칭찬하다　　決める 정하다

유형분석　동사 한자 읽기 문제

해설　「集める」는 '모으다'라는 의미이며, 훈독으로 「あつめる」라고 읽는다. 참고로 자동사는 「集まる(모이다)」이다.

---

3 日よう日 都合が よかったら いっしょに 映画に 行きませんか。

　　1 つごう　　　　2 とごう　　　　3 つあい　　　　4 とあい

정답　1

해석　일요일에 사정이 괜찮으시면, 같이 영화 보러 가지 않겠습니까?

어휘　いっしょに 같이, 함께　　映画 영화

유형분석　명사 한자 읽기 문제

해설　「都合」는 스케줄상의 '사정, 형편'등을 의미하며, 음독은 「つごう」이다.

---

[4] いつも　図書館で　勉強します。

　　1　とうしょうかん　　2　とうしょがん　　3　としょがん　　4　としょかん

정답　4

해석　언제나 도서관에서 공부합니다.

어휘　いつも 언제나　勉強する 공부하다

유형분석　명사 한자 읽기 문제

해설　「図書館」은 '도서관'이라는 의미로 음독은 「としょかん」이다. 한자의 단음이 다수 섞여 있으므로 주의가 필요하다.

---

[5] 大人は　200円、子どもは　100円です。

　　1　だいじん　　　2　おおひと　　　3　たいじん　　　4　おとな

정답　4

해석　어른은 200엔, 아이는 100엔입니다.

어휘　子ども 아이

유형분석　명사 한자 읽기 문제

해설　「大人」는 '어른, 성인'이라는 의미로 「おとな」라고 읽으며, 읽는 법이 특별하므로 주의가 필요하다.

---

[6] 友だちと　いっしょに　スポーツを　するのは　楽しいですね。

　　1　うつくしい　　　2　うれしい　　　3　たのしい　　　4　あたらしい

정답　3

해석　친구들과 함께 스포츠를 하는 것은 즐겁습니다.

어휘　友達 친구　うつくしい 아름답다　うれしい 기쁘다　たのしい 즐겁다

유형분석　형용사 한자 읽기 문제

해설　「楽しい」는 형용사로 '즐겁다'라는 의미이며, 한자의 훈독으로 「たのしい」라고 읽는다.

7 わたしの 妹は 日本語が わかりません。

1 あね　　　2 あに　　　3 いもうと　　　4 むすめ

정답　3

해석　저의 여동생은 일본어를 모릅니다.

어휘　兄 형, 오빠　娘 딸

유형분석　명사 한자 읽기 문제

해설　「妹」는 '여동생'이라는 의미로 「いもうと」라고 읽는다. 참고로 「姉 (누나, 언니)」와 한자가 비슷하게 생겼으므로 주의가 필요하다.

8 道が わからない ときは 地図を 見ます。

1 まち　　　2 みち　　　3 どう　　　4 えき

정답　2

해석　길을 모를 때는 지도를 봅니다.

어휘　地図 지도　街 거리　駅 역

유형분석　명사 한자 읽기 문제

해설　「道」는 '길, 도로'라는 의미이며 한자의 훈독으로 「みち」라고 읽는다. 참고로 3번은 음독이며 「道路 (도로)」와 같은 어휘가 있다.

9 こどもたちは 元気に うたって います。

1 てんき　　　2 げんき　　　3 けんぎ　　　4 でんき

정답　2

해석　아이들은 힘차게 노래하고 있습니다.

어휘　天気 날씨　電気 전기　歌う 노래하다

유형분석　형용사 한자 읽기 문제

해설　「元気」는 '건강함, 힘참' 등의 의미이며, 음독은 「げんき」이다. 「お元気ですか？ (잘 계십니까?)」와 같은 인사말도 기억해두자.

문제 2 _____의 단어는 어떻게 씁니까? 1·2·3·4에서 가장 적당한 것을 하나 고르세요.

---

10 この　料理は　あぶらを　つかって　いません。

　　1　使って　　　　2　作って　　　　3　用って　　　　4　便って

정답　　1

해석　　이 요리는 기름을 사용하지 않았습니다.

어휘　　料理 요리　　油 기름

유형분석　　동사 한자 쓰기 문제

해설　　「つかう」는 '사용하다'라는 의미로 한자표기는 「使う」이다. 3번도 '사용하다, 이용하다'의 의미는 있으나 「もちいる」라고 읽는다.

---

11 病院へ　行って　いしゃに　みて　もらった。

　　1　医員　　　　2　医生　　　　3　医者　　　　4　医家

정답　　3

해석　　병원에 가서 의사에게 진찰을 받았다.

어휘　　病院 병원　　診る 진찰하다

유형분석　　명사 한자 쓰기 문제

해설　　「いしゃ」는 '의사'라는 의미로 한자표기는 「医者」이다.

---

12 今　何と　いいましたか。もう　一度　おねがいします。

　　1　行いました　　2　話いました　　3　説いました　　4　言いました

정답　　4

해석　　지금 뭐라고 말했습니까? 다시 한번 부탁 드립니다.

어휘　　もう一度 한번 더　　願う 부탁하다　　話す 이야기하다　　行う 행하다

유형분석　　동사 한자 쓰기 문제

해설　　「いう」는 '말하다'라는 의미로 한자표기는 「言う」이다.

13 旅行に ついて しつもんは ありませんか。

1 見学　　　　2 問題　　　　3 質問　　　　4 用事

정답　3

해석　여행에 관해서 질문은 없습니까?

어휘　旅行 여행　見学 견학　問題 문제　用事 용무

유형분석　명사 한자 쓰기 문제

해설　「しつもん」은 '질문'이라는 의미로 한자표기는 「質問」이다.

14 わたしの へやは くらいです。

1 黒い　　　　2 暗い　　　　3 広い　　　　4 古い

정답　2

해석　제방은 어둡습니다.

어휘　部屋 방　黒い 검다　広い 넓다　古い 오래되다, 낡다

유형분석　형용사 한자 쓰기 문제

해설　「くらい」는 '어둡다'라는 의미로 2번이 정답이다. 참고로 1번은 색깔의 검은 정도를 나타내는 말로 사용하며, 「くろい」라고 읽는다.

15 つかれましたから、すこし 休みませんか。

1 小し　　　　2 少し　　　　3 近し　　　　4 正し

정답　2

해석　피곤하시면, 좀 쉬시겠습니까?

어휘　疲れる 피곤하다　休む 쉬다

유형분석　부사 한자 쓰기 문제

해설　「すこし」는 '조금'이라는 의미로 한자표기는 「少し」이다. 「小さい (작다)」와 혼동하지 않도록 주의하자.

문제 3 (   )에 무엇을 넣습니까? 1 · 2 · 3 · 4에서 가장 적당한 것을 하나 고르세요.

---

16 作文の　しゅくだいは　時間が　（　　　　）。

　　1　かけます　　　　　2　かかります　　　　3　あります　　　　4　おわります

정답　2

해석　작문 숙제는 시간이 걸립니다.

어휘　作文 작문　　宿題 숙제　　時間 시간　　終わる 끝나다

유형분석　적절한 어휘 찾기 문제

해설　3번과 4번은 각각 '시간이 있다', '시간이 끝나다'라는 표현으로 '작문숙제는'라는 주어 부분과 의미적으로 어색하다. 1번은 타동사로 「～が」는 취하지 않는다. 2번 「かかる」는 (시간, 경비, 수고)등이 '소요되다, 걸리다'라는 의미로 가장 적절하다.

---

17 わたしは　毎週　駅の近くの（　　　　）で　およいでいます。

　　1　デパート　　　　2　パソコン　　　　3　プール　　　　4　シャワー

정답　3

해석　저는 매주 역 근처의 수영장에서 수영하고 있습니다.

어휘　毎週 매주　　駅 역　　泳ぐ 헤엄치다, 수영하다　　デパート 백화점　　パソコン 컴퓨터
　　シャワー 샤워

유형분석　적절한 어휘 찾기 문제

해설　「泳ぐ (수영하다)」를 할 수 있는 장소로 적당한 곳을 생각하면 3번이 정답이라는 것을 알 수 있다.
　　「プール」는 '수영장'의 의미이다.

---

18 このきかいは　あぶないので、（　　　）　さわらないで　ください。

　　1　ぜひ　　　　2　きっと　　　　3　ぜったいに　　　　4　かならず

정답　3

해석　이 기계는 위험하기 때문에 절대로 만지지마세요.

어휘　機械 기계　　危ない 위험하다　　触る 만지다　　ぜひ 부디,꼭　　きっと 꼭　　必ず 반드시

유형분석　적절한 어휘 찾기 문제

267

해설　「あぶないので (위험하니까)」와 「さわらないでください (만지지 마세요)」에서 경고의 의미를 나타내므로, 「ぜったいに (절대로)」가 가장 적절하다. 1번은 희망표현을 동반하며, 2번은 추량(추측)표현, 4번은 강한 의지와 의무사항 등을 동반한다.

---

19 夜、本を　読むときは　この電気を　（　　　）　読んで　ください。

1　つけて　　　　　　2　しめて　　　　　　3　あけて　　　　　4　けして

정답　1

해석　밤에 책을 읽을 때는 이 전기를 켜고 읽으세요.

어휘　夜(よる) 밤　電気(でんき) 전기　閉(し)める 닫다　開(あ)ける 열다　消(け)す 끄다, 지우다

유형분석　적절한 어휘 찾기 문제

해설　「電気(でんき) (전기)」라는 목적어를 취하고 있으므로 1번(켜다)와 4번(끄다)가 적절하지만, '책을 읽을 때'라고 했으므로 1번이 정답이라는 것을 알 수 있다.

---

20 あの黒い（　　　）を　着ている　人は　だれですか。

1　ズボン　　　　　2　ぼうし　　　　　3　サングラス　　　　4　コート

정답　4

해석　저 검은 코트를 입고 있는 사람은 누구 입니까?

어휘　黒(くろ)い 검다　ズボン 바지　ぼうし 모자　サングラス 선글라스　コート 코트

유형분석　적절한 어휘 찾기 문제

해설　「着(き)る (입다)」는 옷을 입는 것을 의미하지만, 허리 아래로 입는 것은 「はく」를 사용한다. 따라서 1번은 정답이 될 수 없으며, 4번이 정답이다. 참고로 2번 모자는 「かぶる (쓰다)」, 3번 선글라스와 같은 안경은 「かける (쓰다)」를 사용한다.

21 暑いですから、（　　　）ものが　飲みたいです。

   1　さむい　　　　　2　つめたい　　　　3　すずしい　　　　4　かるい

정답　2

해석　더워서, 차가운 것이 마시고 싶습니다.

어휘　暑^{あつ}い 덥다　　寒^{さむ}い 춥다　　涼^{すず}しい 시원하다　　軽^{かる}い 가볍다

유형분석　적절한 어휘 찾기 문제

해설　문장의미상 '마실 것'을 수식할 수 있는 것은 정답 2번 '차갑다'이다. 1번과 3번은 각각 온도가 낮은 것을 말하기는 날씨나, 공기중의 온도를 가리키는 말이며, 4번은 무게적으로 얼마 나가지 않는다는 의미이므로 부적절하다.

22 日本へ　来た（　　　）は　何ですか。

   1　もくてき　　　　2　かんけい　　　　3　ふうとう　　　　4　けいけん

정답　1

해석　일본에 온 목적은 무엇입니까?

어휘　関係^{かんけい} 관계　　封筒^{ふうとう} 봉투　　経験^{けいけん} 경험

유형분석　적절한 어휘 찾기 문제

해설　「何ですか。(무엇입니까?)」라는 질문의 주어로 가장 적절한 것은 1번 「目的^{もくてき} (목적)」이다. 또, '일본에 온' 을 수식하기에는 2번 관계, 3번 봉투, 4번 경험이라는 말은 문장의미상 부적절하다.

23 かぜを　（　　　）、のどが　いたいです。

   1　ひいて　　　　　2　なって　　　　　3　して　　　　　4　おきて

정답　1

해석　감기에 걸려서 목이 아파요.

어휘　風邪^{かぜ}をひく 감기에 걸리다　　のどが痛^{いた}い 목이 아프다　　置^おく 두다

유형분석　적절한 어휘 찾기 문제

해설　「風邪^{かぜ} (감기)」는 '걸리다'라는 서술어 1번 「ひく」를 동반한다.

해설 및 정답

---

24 あした　母が　日本へ　来るので、なりたくうこうへ　（　　　）行きます。

　　1　見に　　　　　　2　会いに　　　　　3　むかえに　　　　　4　送りに

정답　　3

해석　　내일 어머니가 일본에 오기 때문에 나리타 공항에 마중하러 갑니다.

어휘　　空港 공항　　送る 보내다　　迎える 맞이하다

유형분석　　적절한 어휘 찾기 문제

해설　　「ます形＋に行く」는 '~하러 가다'라는 의미로 목적을 의미한다. 여기서는 공항에 '마중을 나가다'라는 표현이 적절하므로 3번 「迎える」가 정답이다.

---

25 雨が　（　　　）まで　ここに　いましょう。

　　1　やむ　　　　　　2　止まる　　　　　3　終わる　　　　　4　はれる

정답　　1

해석　　비가 그칠 때까지 여기에 있읍시다.

어휘　　止まる 멈춰지다　　終わる 끝나다　　晴れる 맑아지다

유형분석　　적절한 어휘 찾기 문제

해설　　비나 눈이 '그치다'라는 표현은 동사 「やむ」를 사용한다. 2번은 어떠한 움직이고 있는 것이나 동작이 멈추는 것을 가리키며, 3번은 진행되고 상황이 끝나는 것을 의미한다. 그리고 4번은 날씨가 맑다는 의미이다.

문제 4 _____ 의 문장과 거의 같은 의미의 문장이 있습니다. 1 · 2 · 3 · 4에서 가장 적당한 것을 하나 고르세요.

---

26 リーさんの　おじいさんが　なくなりました。

1　リーさんの　おじいさんが　いなくなりました。

2　リーさんの　おじいさんが　なきました。

3　リーさんの　おじいさんが　出かけました。

4　リーさんの　おじいさんが　死にました。

정답　4

해석　이 씨의 할아버지가 돌아가셨습니다.

어휘　お祖父さん 할아버지　　泣く 울다　　出かける 외출하다　　死ぬ 죽다

유형분석　비슷한 의미의 어휘 찾기 문제

해설　「亡くなる (돌아가시다)」는 이 세상에 존재하지 않음을 나타내며 곧, 사람의 죽음을 의미한다. 따라서 4번이 정답이다. 참고로 1번「いなくなりました」는 단순히 지금 그 장소에서 사라지는 것을 의미하므로 죽음을 의미하지는 않는다.

---

27 ひこうきの　時間に　間に　合いませんでした。

1　ひこうきの　時間に　あつまりました。

2　ひこうきの　時間に　おくれました。

3　ひこうきの　時間を　知りませんでした。

4　ひこうきの　時間を　教えました。

정답　2

해석　비행기 시간에 늦었습니다.

어휘　飛行機 비행기　　集まる 모이다　　遅れる 늦어지다　　知る 알다　　教える 가르치다

유형분석　비슷한 의미의 어휘 찾기 문제

해설　「間に合う」는 정해진 시간이나 기한에 늦지 않고 '도착하다, 해결하다'라는 의미로 부정표현「間に合わない」은 '늦다'이다. 따라서 2번이 정답이다.

28 きのうの かいぎは 5人 出ました。

　1　きのうの かいぎは 5人 しゅっせきしました。

　2　きのうの かいぎは 5人 けっせきしました。

　3　きのうの かいぎでは 5人 はんたいしました。

　4　きのうの かいぎでは 5人 しょうかいしました。

정답　　1

해석　　어제 회의는 5명이 나왔습니다.

어휘　　会議 회의　　出席 출석　　欠席 결석　　反対 반대　　紹介 소개

유형분석　비슷한 의미의 어휘 찾기 문제

해설　　「出る」는 '나오다'라는 의미로 여기서는 회의에 참석한 것을 가리킨다. 따라서 1번 '출석'이 가장 적절하다.

29 リーさん、しばらくですね。

　1　リーさん、どうぞ お元気で。

　2　リーさん、よく 会いますね。

　3　リーさん、いつも 元気ですね。

　4　リーさん、ひさしぶりですね。

정답　　4

해석　　이씨 오랜만이네요.

어휘　　しばらく 잠시　　久しぶり 오랜만

유형분석　비슷한 의미의 어휘 찾기 문제

해설　　「しばらく」는 부사로 '잠시'라는 의미도 있지만, 명사표현으로는 '오랜만이다'라는 의미를 갖기도 한다. 여기서는 후자의 의미로 볼 수 있으며 따라서 4번이 정답이다.

30 この問題は　とても　ふくざつです。

1　この問題は　とても　かんたんです。

2　この問題は　とても　むずかしいです。

3　この問題は　とても　おもしろいです。

4　この問題は　とても　めずらしいです。

정답　　2

해석　　이 문제는 매우 복잡합니다.

어휘　　複雑だ 복잡하다　　簡単だ 간단하다　　難しい 어렵다　　面白い 재미있다　　珍しい 진귀하다

유형분석　　비슷한 의미의 어휘 찾기 문제

해설　　「複雑」는 '복잡'이라는 의미이며, 「むずかしい」는 '어렵다'라는 의미 이외에도 복잡하여 이해하기 '어렵다'라는 의미이므로 유의어 표현으로 볼 수 있다. 따라서 2번이 정답이다.

문제 5 다음 단어의 사용법으로서 가장 적당한 것을 1 · 2 · 3 · 4에서 하나 고르세요.

31 だんだん

1　もう　6月ですね。これから　だんだん　あつく　なりますね。

2　時間は　たくさん　ありますから、だんだん　食べて　ください。

3　わたしは　日本語が　だんだん　上手です。

4　毎日　漢字を　だんだん　勉強して　います。

정답　　1

해석　　벌써 6월이네요. 앞으로 점점 더워지겠네요.

어휘　　上手だ 잘하다　　漢字 한자

유형분석　　제시된 어휘가 올바르게 쓰인 문장 찾기 문제

해설　　「だんだん」은 '점점, 차차'라는 의미로 상황과 사태가 진행되어가는 모습을 나타낸다. 따라서 '변화와 진행'을 나타내는 서술어 표현을 필요로 한다. 1번의 「あつくなります」는 '더워지다'라는 의미로 날씨, 기온의 변화를 나타내므로 가장 적절하다. 2번은 사양하지 않고 행동하는 모습을 가리키는 「どんどん」, 3번은 '매우, 대단히'라는 의미인「とても」, 4번은 '조금씩'라는 의미인「少しずつ」가 각각 적절한 어휘라고 볼 수 있다.

<table>
<tr><td>32</td><td>めしあがります</td></tr>
</table>

32 めしあがります

　　1　わたしは　先生の　料理を　めしあがりました。

　　2　わたしは　先生と　いっしょに　ひるごはんを　めしあがりました。

　　3　先生、ひるごはんは　もう　めしあがりましたか。

　　4　先生は　薬を　めしあがりました。

정답　　3

해석　　선생님, 점심은 벌써 드셨어요?

어휘　　料理 요리　　薬 약

유형분석　　제시된 어휘가 올바르게 쓰인 문장 찾기 문제

해설　　「めしあがる」는 '드시다'라는 의미로 「食べる (먹다)」의 존경어이다. 즉, 다른 사람의 행위를 말하고
자 할 때 사용하는 어휘이다. 1번과 2번은 각각 '먹다'의 의미로 사용가능하나, 주어가 자신으로 일본어
에서 자신의 행위는 존경어표현을 사용하지 않는다. 4번은 음식이 아닌 약을 먹는 장면이므로 「飲む」
가 적절하다. 따라서 3번이 정답이다.

---

33 大切

　　1　これは　高いものですから　大切して　ください。

　　2　リンさんは　わたしの大切な友だちです。

　　3　いちばん　大切のことは　何ですか。

　　4　写真を　はこの中に　大切で　入れて　おきます。

정답　　2

해석　　임 씨는 나의 소중한 친구입니다.

어휘　　写真 사진　　箱 상자　　入れる 넣다

유형분석　　제시된 어휘가 올바르게 쓰인 문장 찾기 문제

해설　　「大切」는 '소중함, 중요함'이라는 의미의 な형용사이다. 따라서 1번은 「大切にして」, 3번은 「大切な
こと」, 4번은 「大切に」가 각각 올바른 형태이다. 정확한 어미 활용을 하는 것은 2번이다.

34 われる

1 じしんで 家が われました。
2 ふくろが われますから 重いものは 入れないで ください。
3 このテレビは われて いますから、見られません。
4 あっ、まどのガラスが われて いますよ。

정답 　4

해석 　아! 창문유리가 깨져 있어요.

어휘 　地震(じしん) 지진　 ふくろ 주머니　 重い(おもい) 무겁다　 窓(まど) 창문　 ガラス 유리

유형분석 　제시된 어휘가 올바르게 쓰인 문장 찾기 문제

해설 　「われる」는 강한 힘에 의해서 고체가 여러 갈래로 '깨지다'라는 의미이다. 따라서 무엇이 깨지는가를 살펴보면 정확한 쓰임새를 찾을 수 있다. 1번 집은 「たおれる (쓰러지다)」, 2번 주머니는 「やぶれる (찢어지다)」, 3번 텔레비전은 「こわれる (망가지다)」가 각각 적절하다. 유리는 '깨지다'라고 표현할 수 있으므로 4번이 정답이다.

35 おみまい

1 旅行に 行って、おみまいを 買いました。
2 おみまいで 友だちと いっしょに おどりました。
3 病気のリンさんに おみまいに 花を あげました。
4 寒くなって おみまいのきせつに なりました。

정답 　3

해석 　병에 걸린 임 씨에게 병문안 갈 때 꽃을 주었습니다.

어휘 　旅行(りょこう) 여행　 買う(か) 사다　 おどる 춤추다　 病気(びょうき) 병　 季節(きせつ) 계절

유형분석 　제시된 어휘가 올바르게 쓰인 문장 찾기 문제

해설 　「おみまい」는 '병 문안'이나 또는 병문안 할 때 보내는 편지나 선물 등을 의미한다. 따라서 병원에 입원하거나 병이 난 사람이 그 대상이 되므로 3번이 정답이 된다. 1번은 여행에서 돌아오는 사람이 사오는 선물을 가리키는 「おみやげ (선물)」가 적절하다.

Ⅱ. 언어지식 (문법) / 독해

시험과목	배점	시험시간
언어지식 (문법) 독해	언어지식 (문자·어휘·문법) ·독해 120점	60분

언어지식

 **문법**

문제 1 (   )에 무엇을 넣습니까? 1 · 2 · 3 · 4 에서 가장 적당한 것을 하나 고르세요.

---

1 A：花見に　行きたいんですが、どこか　いい所は　ありませんか。

　　B：花見に　（　　　）駅の前のこうえんが　いいですよ。

1　行くなら　　　　　2　行ったら　　　　　3　行けば　　　　　4　行っても

정답　1

해석　A 꽃 구경 가고 싶은데, 어디 좋은 곳 없습니까?

　　　　B 꽃 구경 간다면, 역 앞 공원이 좋아요.

어휘　花見 꽃 구경　　どこか 어딘가　　公園 공원

유형분석　적절한 기능어 찾기 문제

해설　만약에 '꽃 구경을 간다면'이라는 의미의 가정표현이 적절한 문장이다. 먼저 말한 사람의 이야기에서 주제를 받아 그 주제에 대한 의견을 말하는 장면의 가정법은 「なら」표현을 사용한다. 따라서 1번이 정답이다. 2번은 순차적으로 이뤄지는 행동에 대해서 가정할 때 주로 사용하므로 (꽃 구경을 간 후) 행해지는 행동이 뒤쪽에 서술돼야 하며, 3번은 보편적으로 진리나 상식 등 습관적으로 행해지는 가정적 표현에 사용된다.

---

2 A：おさけ、飲まないんですか。

　　B：ええ。体のために　さいきん　できるだけ　（　　　）して　いるんです。

1　飲む　ように　　　　　　　　　　2　飲まない　ように

3　飲む　ために　　　　　　　　　　4　飲まない　ために

정답　2

해석　A 술 안 드십니까?

　　　　B 네. 몸(건강)을 위해서 요즘에 될 수 있는 한 마시지 않도록 하고 있습니다.

어휘　お酒 술　　最近 요즘　　できるだけ 될 수 있는 한

유형분석　적절한 기능어 찾기 문제

해설　우선 '몸을 위해서'라고 했으므로 '마시지 않는다'라는 표현이 와야 자연스러우므로 1번과 3번은 정답에서 제외. 「～ないようにする」는 '~않도록 하다'이므로 가장 적절한 표현이다.

3 A：これ、えんぴつで　（　　　）。

B：いいえ、黒い　ボールペンで　おねがいします。

1　書いても　いいですか　　　　　　　2　書きませんか

3　書いて　いますか　　　　　　　　　4　書かなくても　いいですか

정답　1

해석　A 이거, 연필로 써도 괜찮을까요?

B 아니요, 검은색 볼펜으로 부탁합니다.

어휘　鉛筆 연필　　黒い 검다　　お願いする 부탁하다

유형분석　적절한 기능어 찾기 문제

해설　B의 대답에서 A가 '연필'사용의 허락을 요구하고 있다는 것을 알 수 있으므로 「～てもいいですか(～ 해도 괜찮을까요?)」이다. 따라서 1번이 정답이다. 2번은 '쓰지 않겠습니까?'로 권유표현, 3번은 '쓰고 있습니까?' 4번은 '쓰지 않아도 됩니까?'라는 표현으로 B의 대답과 의미상 부적절하다.

4 A：Bさん、元気が　ありませんね。どうしたんですか。

B：じつは　昨日　たくさん　おさけを　飲んだので、まだ　頭が　（　　　）。

1　いたいんです　　　　　　　　　　　2　いたかったんです

3　いたそうなんです　　　　　　　　　4　いたかったそうなんです

정답　1

해석　A B씨 힘이 없네요. 무슨 일이세요?

B 실은, 어제 술을 많이 마셔서, 아직 머리가 아파요.

어휘　実は 실은　　たくさん 많이　　頭 머리　　痛い 아프다

유형분석　적절한 기능어 찾기 문제

해설　술은 어제 마셨으며 「まだ (아직)」이라는 표현에서 지금 아픈 것을 가리키는 말을 찾으면 1번이 정답이다. 2번은 '아팠습니다'로 과거 표현이며, 3번은 '아픈 것 같습니다'로 양태표현, 4번은 '아팠다고 합니다'로 다른 사람의 말을 전하는 전문 표현이다.

5 わたしは、50メートル ぐらい（　　　）が できます。

    1　およげること　　　2　およげるの　　　　3　およぐこと　　　　4　およぐの

정답　　3

해석　　저는 50미터 정도 헤엄칠 수 있습니다.

어휘　　泳ぐ 헤엄치다, 수영하다

유형분석　　적절한 기능어 찾기 문제

해설　　동사의 가능형 표현을 찾는 것이 포인트. 동사의 가능형은 「기본형 + ことができる」를 사용하며 '~
할 수 있다'라는 의미를 갖는다. 따라서 3번이 정답이다. 참고로 「およぐ (헤엄치다)」의 가능형으로
「およげる (헤엄칠 수 있다)」를 사용하기도 하며 1번은 가능형의 이중표현으로 적절치 못한 표현이다.

6 A：きのう　図書館で　借りた本、もう　読みましたか。

   B：ええ、とても　おもしろかったので、一日で　ぜんぶ　読んで（　　　）。

    1　おきました　　　　2　いました　　　　　3　しまいました　　　4　ありました

정답　　3

해석　　A 어제 도서관에서 빌린 책, 벌써 읽었습니까?

       B 네, 매우 재미있었기 때문에 하루만에 전부 읽어버렸습니다.

어휘　　図書館 도서관　　借りる 빌리다　　読む 읽다　　おもしろい 재미있다　　ぜんぶ 전부

유형분석　　적절한 기능어 찾기 문제

해설　　「ぜんぶ (전부)」라는 부사 표현으로부터 책을 다 읽었다는 것을 알 수 있다. 따라서 3번이 정답이며,
「～てしまう (~해버리다)」는 어떠한 행위를 '완료하다'라는 의미이다. 1번과 4번은 '~해두다, ~되어
있다'라는 의미로 준비와 상태, 2번은 '~하고 있다'라는 의미로 진행의 뉘앙스를 각각 나타낸다.

7 A：この工場では　おいしいケーキが　毎日　100,000,000個も　（　　　）いるんですよ。

   B：へえ、すごいですね。

    1　作って　　　　　2　作れて　　　　　　3　作られて　　　　　4　作らせて

정답　　3

해석　　A 이 공장에서는 맛있는 케이크가 매일 100,000,000개나 만들어지고 있어요. / B 와, 대단하군요.

 문법

| 어휘 | 工場 공장   おいしい 맛있다   すごい 대단하다 |

유형분석 적절한 기능어 찾기 문제

해설 「ケーキが (케이크가)」와 의미적 호응이 이루어져야 하므로 '~해지고 있다'라는 수동표현이 필요하다. 따라서, 3번이 정답이다. 참고로 1번 「作る (만들다)」는 타동사로, 목적격 조사 「を」를 취해야 하므로 부적절하다.

---

⑧ A：先生、そつぎょう試験は　いつですか。

B：毎年　2月の終わりに　試験を　（　　　　）。

| 1　することに　なって　います | 2　しないことに　なって　います |
| 3　することも　あります | 4　しないことも　あります |

정답 1

해석 A 선생님, 졸업 시험은 언제에요?

B 매년, 2월 말에 시험을 치르기로 되어 있습니다.

어휘 卒業 졸업   試験 시험   毎年 매년

유형분석 적절한 기능어 찾기 문제

해설 이미 정해져 있는 예정 사항이나, 규칙 등은 「～ことになっている (~하기로 되어 있다)」를 사용한다. 따라서 1번이 정답이다. 2번과 4번은 부정표현이 사용되어 의미적으로 부적절하며, 3번은 「～こともある (~하는 경우도 있다)」라는 의미이다.

---

⑨ A：すみません。そこに　ある本を　（　　　　）ください。

B：はい。これですね。

| 1　持ちに　行って | 2　持ちに　来て | 3　持って行って | 4　持って来て |

정답 4

해석 A 죄송합니다. 거기 있는 책을 갖다 주세요.

B 네. 이거죠.

어휘 持つ 들다, 지니다

유형분석 적절한 기능어 찾기 문제

해설 「ます형 + にいく・くる」는 '~하러 가다, 오다'라는 의미로 목적을 나타내므로 B의 대답과 의미적으로 부적절하며, 여기서는 책과 가까이 있는 사람에게 '갖다 달라'는 요청표현이므로 4번이 정답이다. 3번은 '갖고 가세요'라는 의미로 위 대화만으로는 갖고 가야 하는 근거가 되는 표현이 없으므로 의미상 부적절하다.

10 A：先生、作文のしゅくだいは　今日までですか。

B：いいえ、今日　（　　　）。　明日でも　いいですよ。

1　出さなければ　いけません　　　　　2　出しては　いけません

3　出さなくても　いいです　　　　　　4　出さないで　ください

정답　　　3

해석　　　A 선생님, 작문 숙제는 오늘까지입니까?

B 아니요, 오늘 제출하지 않아도 됩니다. 내일이라도 괜찮아요.

어휘　　　作文 작문　　宿題 숙제　　出す 내다, 제출하다

유형분석　　적절한 기능어 찾기 문제

해설　　　이어지는 문장 '내일 제출해도 괜찮아요'에서 '오늘 제출하지 않아도 된다'라는 것을 알 수 있다. 이것을 잘 나타내고 있는 것은 3번이다. 1번은 '제출해야만 한다', 2번은 '제출해서는 안 된다', 4번은 '제출하지 마세요'라는 의미를 각각 나타낸다.

11 この大きい仕事が　（　　　）、ゆっくり　休みたいです。

1　おわったら　　　　2　おわれば　　　　3　おわるなら　　　　4　おわると

정답　　　1

해석　　　이 큰 일이 끝나면 푹 쉬고 싶습니다.

어휘　　　ゆっくり 천천히, 충분히　　仕事 일　　休む 쉬다

유형분석　　적절한 기능어 찾기 문제

해설　　　일이 끝난다는 조건하에 쉬고 싶다는 의미를 나타내는 문장이므로 가정조건의 의미가 필요하다. 따라서 상식적, 습관적인 기정사실을 가정하는 2번과 4번은 부적절하다. 3번은 가정조건의 의미는 있으나, 동사의 기본형 접속으로 '일이 끝나고 난 뒤 쉬고 싶다' 라는 순차적인 행위를 나타낼 수 없으므로 1번이 정답이다. 참고로 기정사실을 가정하는 「～ば、～と」표현은 뒤쪽에 의지, 요청 표현 등을 쓸 수 없는 제약이 있다.

12 A：駅の前に　新しくできたレストラン、（　　　）ことが　ありますか。

B：ええ、先週　はじめて　行きました。　とても　おいしかったですよ。

1　行く　　　　　　　2　行かない　　　　3　行った　　　　4　行かなかった

정답　3

해석　A 역 앞에 새로 생긴 레스토랑, 간 적 있습니까?

B 네, 지난주 처음 갔습니다. 대단히 맛있었습니다.

어휘　新しい 새롭다　先週 지난 주　はじめて 처음으로　おいしい 맛있다

유형분석　적절한 기능어 찾기 문제

해설　'~한 적이 있다, 없다'라는 경험의 유무를 묻는 장면이다. 경험의 유무는 「～た＋ことがある・ない」
표현을 이용하여 '~한 적이 있다, 없다'라고 표현한다. 따라서 3번이 정답이다.

13 A：夏休みは、どこかへ　行かれるんですか。

B：いいえ、どこへも　（　　　）、うちで　ゆっくり　休む　つもりです。

1　出かけないのに　　　　　　　　　　2　出かけなくても

3　出かけなくて　　　　　　　　　　　4　出かけないで

정답　4

해석　A 여름방학은 어딘가에 가십니까?

B 아니요, 어디에도 안가고 집에서 푹 쉴 생각입니다.

어휘　夏休み 여름방학　出かける 나가다　기본형+つもりだ ~할 생각이다, 작정이다

유형분석　적절한 기능어 찾기 문제

해설　부사 표현「どこへも (어디에도)」표현에서 '가지 않는다'라는 표현이 적절하다는 것을 알 수 있으며,
이어지는 '집에서 푹 쉴 생각입니다'에서 연결 동작표현이 적절하다는 것을 유추하는 것이 포인트. 1번
과 2번은 역접의 의미이므로 부적절하며, 3번은 '나가지 않아서'이므로 이유 표현이 된다. 따라서 '나가
지 않기 때문에 집에서 쉰다'라는 의미가 되므로 부적절하다. 4번「～ないで」는 '~하지 않고'라는 표
현으로 이어지는 연결 동작표현으로 가장 적절하다.

콕콕 해설 및 정답

14 わたしは 子どもに うちの仕事を（　　）。

1　てつだいます　　　　　　　　2　てつだわせます

3　てつだわれます　　　　　　　4　てつだわされます

정답　2

해석　저는 아이들에게 집안일을 돕게 합니다.

어휘　仕事(しごと) 일　手伝(てつだ)う 돕다

유형분석　적절한 기능어 찾기 문제

해설　'아이에게 일을 돕도록 시킨다'라는 표현을 요구하는 문장이다. 따라서 '~시키다' 즉 사역형 표현인 2번이 정답이다. 참고로 4번은 '아이가 자신에 돕도록 시킨다'는 의미가 됨으로 부적절하다.

15 A：森先生に（　　　）んですが、いらっしゃいますか。

B：はい、ちょっと お待ち ください。

1　ごらんに なりたい　　　　　2　お会いに なりたい

3　はいけんしたい　　　　　　　4　お目に かかりたい

정답　4

해석　A 모리 선생님을 뵙고 싶습니다만, 계십니까?
　　　　B 네, 좀 기다려주세요.

어휘　いらっしゃる 계시다,「いる 있다」의 존경어　待(ま)つ 기다리다

유형분석　적절한 기능어 찾기 문제

해설　'계십니까?'라는 질문에서 '만나고 싶다'라는 표현을 유추한다. 1번은 '보다'의 존경어, 2번은 '만나다'의 존경어, 3번은 '보다'의 겸양어 표현이다. 4번이 정답이며,「会(あ)う (만나다)」의 겸양어 표현 즉 말하는 사람의 행위를 나타낸다.

 문법

문제 2 __★__ 에 들어갈 것은 어떤 것입니까? 1·2·3·4에서 가장 적당한 것을 하나 고르세요.

16　A：午後は　どこへ　行くんですか。

　　B：午後から _____ _____ __★__ _____ です。

1　よてい　　　　　2　工場へ　　　　　3　見学に　　　　　4　行く

정답　4

올바른 문장　午後から工場へ見学に行くよていです。

해석　A 오후에는 어디에 갑니까?

　　B 오후부터 공장에 견학하러 갈 예정입니다.

어휘　午後 오후　　工場 공장　　見学 견학

유형분석　적절한 기능어 찾기 문제

해설　선택지에서 정형화된 표현「〜にいく (〜하러 가다)」와「〜です」앞에는 명사만 올 수 있으므로 1번이 마지막 밑줄에 들어가야 한다는 것을 알 수 있다. 또, 2번은「行く」의 행선지가 되므로 앞에 와야 한다. 이것을 정리하면 2+3+4+1이 된다. 따라서 4번이 정답이다.

17　A：あしたから　京都を　旅行するんですが、セーターは　いるでしょうか。

　　B：今の　きせつは _____ _____ __★__ _____、ひつようだと　思いますよ。

1　寒い　　　　　2　まだ　　　　　3　ので　　　　　4　かもしれない

정답　4

올바른 문장　今のきせつはまだ寒いかもしれないので、ひつようだと思いますよ。

해석　A 내일부터 쿄토를 여행할건데, 스웨터는 필요합니까?

　　B 지금 계절은 추울지도 모르니까 아직 필요하다고 생각합니다.

어휘　旅行 여행　　季節 계절　　必要だ 필요하다

유형분석　적절한 기능어 찾기 문제

해설　「〜かもしれない」는 '〜일지도 모른다' 라는 의미이며, 형용사 기본형인 1과 접속이 가능하며「まだ (아직)」은 부사로서 서술어「寒い (춥다)」를 수식하므로 1번보다 앞에 와야 한다. 또한「ので (〜때문에)」는 명사를 수식하는 형태와 접속하므로「〜かもしれない」와 접속해야 한다. 정리하면 2+1+4+3 와 같다. 따라서 4번이 정답이다.

---

[18] A : チンさん、明日 リーさんが ＿＿＿＿＿ ＿★＿＿ ＿＿＿＿＿ ＿＿＿＿＿か。

B : いいえ、リーさんから まだ れんらくが ないんです。

1 どうか　　　　　　2 います　　　　　　3 知って　　　　　　4 来るか

정답　　1

올바른 문장　　チンさん、明日リーさんが来るかどうか知っていますか。

해석　　A 진 씨, 내일 이 씨가 올지 안 올지 알고 있습니까?

B 아니요, 이씨로부터 아직 연락이 없습니다.

어휘　　明日 내일　　連絡 연락

유형분석　　적절한 기능어 찾기 문제

해설　　「知る」는 긍정표현을 할 때 항상 「知っている」의 형태를 취해야 하므로 3+2로 접속해야 하며, 「～か(~까)」는 질문할 때의 종조사로 종지형(보통체)과 접속하므로 3+2는 마지막 밑줄에 들어가야 한다. 그리고 「～かどうか」의 형태로 '~인지 아닌지'라는 의미를 나타내므로 4+1의 형태가 앞으로 와야 한다. 따라서 정리하면 4+1+3+2가 되고 1번이 정답이다.

---

[19] かぜを ひくから、＿＿＿＿＿ ＿＿＿＿＿ ＿★＿＿ ＿＿＿＿＿だめだよ。

1 まま　　　　　　2 まどを　　　　　　3 ねちゃ　　　　　　4 開けた

정답　　1

올바른 문장　　かぜをひくからまどを開けたままねちゃだめだよ。

해석　　감기에 걸리니까, 창문을 연 채로 자면 안돼.

어휘　　だめだ 안 된다　　窓 창문　　開ける 열다　　寝る 자다

유형분석　　적절한 기능어 찾기 문제

해설　　「まどを (창문을)」'열다'라는 동사와 의미적 호응하므로 2+4를 만든다. 또한 「た+まま」는 '~한 채로, ~한 상태로'라는 의미를 만들며 1번과 접속이 가능한 것은 4번 밖에 없다. 따라서 2+4+1이 완성된다. 또, 「～ちゃ」는 「～ては」의 회화체적 표현으로 「だめ」와 접속하여 '~해서는 안 된다'가 되므로 가장 마지막에 접속시킨다. 따라서 1번이 정답이다.

 문법

20 会場のじゅんびを　しますから、あしたは＿＿＿＿＿　＿★＿＿　＿＿＿＿＿　＿＿＿＿＿ください。

　　1　来て　　　　　　　　2　半　　　　　　　3　までに　　　　　　4　8時

정답　　2

올바른 문장　会場のじゅんびをしますから、あしたは8時半までにきてください。

해석　　행사장의 준비를 할거니까, 내일은 8시반 까지 와주세요.

어휘　　会場 회장, 행사장　　準備 준비

유형분석　적절한 기능어 찾기 문제

해설　　「～てください (~해주세요)」의 형태로 요청표현을 만들어주므로 1번은 마지막 밑줄에 해당되며, 시간 배열은 우리말과 동일하게 표기한다. 따라서 4+2+3+1가 되며 정답은 2번이다.

문제 3 [21] ~ [25]에 무엇을 넣습니까? 글의 의미를 생각해서 1·2·3·4에서 가장 적당한 것을 하나
고르세요.

田中さん

　今日は　いろいろなところを　案内 [21]、どうも　ありがとうございました。わたしも　妹も、
京都は　はじめてでしたが、とても　楽しかったです。

　朝は　くもって　いたので、心配しましたが、午後から　いい天気に [22]ですね。山の上に　登っ
た　とき、よく　晴れて　いたので、京都の町が　はっきり　見えました。写真も [23]　とれました
から、このメールと　いっしょに　送ります。ほんとうに　ありがとうございました。

　[24]、来月の10日は　妹の誕生日なので、うちで　パーティーを　したいと　思って　います。
大きいパーティーでは　ありませんが、田中さんにも　ぜひ　来て　いただきたいと　思っています。
ご都合は　いかがですか。パーティーは　来月で、まだ　時間が　ありますが、予定を [25]ので、す
みませんが、ご連絡ください。

キム　ビョンフォン

본문해석

다나카씨

　오늘은 여러 곳을 안내 [21 해주셔서] 대단히 감사합니다. 저도 여동생도, 교토는 처음이지만, 아주 즐거웠습니다.
아침에는 흐려서 걱정했는데, 오후부터 날씨가 [22 좋아져서 다행이었] 습니다. 산 위에 올랐을 때 아주 맑아서, 교토의 동네
가 잘 보였습니다. 사진도 [23 잘] 나왔으니, 이 메일과 함께 보냅니다. 정말 감사합니다.
　[24 그런데] 다음달 10일은 여동생의 생일이라, 집에서 파티를 하려고 합니다. 큰 파티는 아니지만, 다나카 씨도 꼭 와 주셨으
면 합니다. 시간은 어떠신지요? 파티는 다음달이라 아직 시간이 있습니다만, 예정을 [25 알고 싶] 으니 죄송하지만, 연락주세요.
김 병헌

어휘

- 案内する 안내하다
- 心配する 걱정하다
- 晴れる 맑다
- 連絡 연락

- 楽しい 즐겁다
- 天気 날씨
- 都合 사정, 형편

- くもる 흐리다
- 登る (산)오르다
- 予定 예정

21	1 して くださって	2 させて くださって
	3 して さしあげて	4 させて さしあげて

정답   1

유형분석   글의 흐름에 맞는 문법 찾기 문제

해설   필자가 이어지는 문장에서 '감사합니다'라고 하였으므로 상대가 '안내해주었다'라는 표현을 찾는다. 따라서 1번이 정답이다. 참고로 3번은 내가 상대방에게 '~해드리다'라는 의미가 된다.

22	1 ならなくて よかった	2 なって よかった
	3 ならなければ よかった	4 なれば よかった

정답   2

유형분석   글의 흐름에 맞는 문법 찾기 문제

해설   이어지는 문장에서 「晴れる (맑다)」라는 어휘에서 「天気 (날씨)」가 좋아졌다는 것을 알 수 있다. 그러므로 '~되지 않았다'라고 부정표현이 들어간 1, 3번은 부적절하며, 4번은 '~되었으면 좋았다'라는 표현은 좋지 않았다는 것을 의미하므로 부적절하다. 2번이 정답이다.

23	1 きれいな	2 きれい	3 きれいに	4 きれいと

정답   3

유형분석   글의 흐름에 맞는 문법 찾기 문제

해설   「きれいだ」는 '예쁘다, 아름답다'라는 의미로 이어지는 「とれました (찍혔습니다)」동사를 수식하므로 부사적으로 어미활용을 한 형태를 찾으면 3번이 정답이다. 참고로 명사를 수식할 때는 1번과 같이 어미활용을 한다.

해설 및 정답

24	1 たとえば	2 ところで	3 それなら	4 でも

정답 　2

유형분석 　글의 흐름에 맞는 문법 찾기 문제

해설 　위의 문단과 아래문단을 이어주는 접속사를 찾는 문제이다. 앞에서 「京都」여행에 관한 화제에서 생일초대로의 화제가 전환되었다. 따라서 화제전환의 접속사 「ところで (그런데)」 2번이 정답이다. 1번은 '예를 들면'이라는 의미로 예시표현, 3번은 '그렇다면', 4번은 '그러나'의 의미로 역접 내용이 와야 한다.

25	1 うかがわない	2 うかがった	3 うかがえる	4 うかがいたい

정답 　4

유형분석 　글의 흐름에 맞는 문법 찾기 문제

해설 　「うかがう」는 '묻다, 듣다, 방문하다'등의 겸양적 표현으로 사용되며 위 문장에서는 필자가 「田中さん」에게 생일 파티에 초대하면서 상대의 예정(스케줄)을 묻는 장면이므로, 4번「うかがいたい (듣고 싶다, 여쭙고 싶다)」가 정답이다. 1번은 부정표현, 2번은 과거표현, 3번은 가능표현으로 각각 부적절하다.

독해

문제 4 다음 글을 읽고 질문에 답해 주세요. 답은 1·2·3·4에서 가장 적당한 것을 하나 고르세요.

(1)

> さいきんインターネットで買い物をする人がふえました。それで買い物しすぎてお金がなくなって、困る人も多くなったそうです。わたしはみなさんに買う前に1日考えてから買うようにしてくださいと言っています。インターネットはいつでも買い物ができますから、便利です。でも、みなさん、気をつけて、買いすぎないようにしてください。

본문해석

요즘 인터넷에서 쇼핑을 하는 사람이 늘어났습니다. 그래서 과다한 쇼핑으로 돈이 없어서 곤란한 사람도 많아졌다고 합니다. 저는 여러분에게 사기 전에 하루 생각하고 나서 사도록 하세요 라고 말하고 있습니다. 인터넷은 언제라도 쇼핑할 수 있어서 편리합니다. 하지만, 여러분 주의하여 과소비하지 않도록 하세요.

어휘

- 最近 요즘
- 買い物 쇼핑
- 困る 곤란하다
- 便利だ 편리하다
- 気をつける 조심하다
- 買いすぎる 과소비하다

26 この文章を書いた人がいちばん言いたいことは何ですか。

1 インターネットで買い物をする人が多くなりました。

2 インターネットで買い物しすぎて困る人がふえました。

3 インターネットで買い物をするときは、よく考えてください。

4 インターネットでいつでも買い物ができて、便利になりました。

해석　이 글을 쓴 사람이 가장 말하고 싶은 것은 무엇입니까?

1 인터넷으로 쇼핑을 하는 사람이 많아졌습니다.

2 인터넷으로 쇼핑을 너무 많이 해서 곤란한 사람이 늘고 있습니다.

3 인터넷으로 쇼핑을 할 때는 잘 생각해 주세요.

4 인터넷으로 언제든지 쇼핑을 할 수 있어서 편리해졌습니다.

정답　3

유형분석　내용 이해 문제

해설　마지막 문장에서 「気をつけて買い過ぎないようにしてください (주의하여 과소비하지 않도록 하세요)」라는 표현에서 필자의 주장을 엿볼 수 있다. 위의 글을 가장 잘 표현하고 있는 선택지를 찾는 것이 포인트. '주의를 필요로 한다'라는 것은 '구입 전에 잘 생각해보라'는 표현이므로 3번이 정답이다.

（2）

> 先日京都へ行くとき、新幹線でお弁当を食べました。有名な料理店のお弁当で、1つ1つていねいに作ってあって、味も本当においしかったです。1つ1000円のお弁当は、買った時はちょっと高いと思いましたが、食べてみて、けっして高くないと思いました。このお弁当を作った人は、本当に料理が好きだから、おいしいお弁当が作れるのでしょう。食べながら、とてもいい気分になりました。

본문해석

___

지난 번에 교토에 갈 때 신칸센에서 도시락을 먹었습니다. 유명한 요리점의 도시락으로 하나하나 정성 들여 만들어져 있어, 정말 맛도 있었습니다. 하나 1000엔 짜리 도시락은 샀을 때는 좀 비싸다고 생각했지만, 먹어보고, 결코 비싸지 않다고 생각했습니다. 이 도시락을 만든 사람은 정말 요리를 좋아하니까, 맛있는 도시락을 만들 수 있겠지요. 먹으면서, 매우 기분이 좋아졌습니다.

어휘

- 先日 일전에
- 味 맛
- 弁当 도시락
- 好きだ 좋아하다
- 有名だ 유명하다
- 気分 기분

27 この文章を書いた人がいちばん言いたいことは何ですか。

1 有名な料理店のお弁当はおいしいです。
2 新幹線のお弁当は高いです。
3 料理が好きな人にお弁当を作ってもらいました。
4 おいしいお弁当が食べられて、うれしかったです。

해석 이 글을 쓴 사람이 가장 말하고 싶은 것은 무엇입니까?

1 유명한 음식점의 도시락은 맛있습니다.

2 신칸센의 도시락은 비쌉니다.

3 요리를 좋아하는 사람이 도시락을 만들어 주었습니다.

4 맛있는 도시락을 먹을 수 있어서 기뻤습니다.

정답 4

유형분석 내용 이해 문제

해설 이 글은 마지막 문장 「とてもいい気分になりました (매우 기분이 좋아졌습니다)」를 말하기 위해 하나의 과정을 서술한 글이다. 따라서 '기분이 좋아졌다'라는 의미의 문장을 찾는 것이 포인트이다. 4번에 「うれしい (기쁘다)」는 「いい気分になる」 표현과 같은 의미로 볼 수 있으므로 정답이다. 참고로 1번과 2번은 본문에서 '요리를 좋아하는 사람이라서 맛있는 도시락을 만들 수 있다', '먹어보고 비싸지 않다고 생각했습니다'라고 하였으므로 각각 본문의 내용과는 다르기 때문에 부적절하다.

（3）

自転車置き場の使い方
・2時間以内なら無料です。お金はいりません。
・2時間以上は1日150円です。
（1）はじめに入り口の機械から、紙を1枚とってください。時間が書いてあります。
（2）出るとき、機械にその紙を入れて、お金を入れると、出口が開きます。
注意：2時間以内でも、必ず紙を入れてください。紙を入れないと、出口が開きません。
　　　紙をなくした場合は150円入れてください。出口が開きます。

본문해석

자전거 보관소 사용법

・ 2시간 이내라면 무료입니다. 요금은 필요 없습니다.

・ 2시간이상은 1일 150엔입니다.

1) 처음에 입구 기계에서, 종이를 1장 뽑아주세요. 시간이 쓰여 있습니다.

2) 나갈 때 기계에 그 종이를 넣고, 요금을 넣으면 출구가 열립니다.

주의: 2시간 이내라도 반드시 종이를 넣어주세요. 종이를 넣지 않으면, 출구가 열리지 않습니다.

　　　종이를 잃어버린 경우에는 150엔을 넣어주세요. 출구가 열립니다.

어휘

・自転車 자전거	・置き場 두는 곳, 보관소	・以内 이내
・無料 무료	・要る 필요하다	・入り口 입구
・機械 기계	・紙 종이	・出口 출구
・注意 주의	・必ず 반드시	・なくす 잃어버리다
・場合 경우	・入れる 넣다	

28 この自転車置き場に1時間自転車を止めた人はどうしますか。

1 何も入れないで出口から出る。
2 紙だけ入れて出口から出る。
3 紙といっしょに150円入れて出口から出る。
4 出口が開かないので入口から出る。

해석　이 자전거 주차장에 1시간 자전거를 세워둔 사람은 어떻게 합니까?

　1 아무것도 넣지 않고 출구로 나간다.

　2 종이만 넣고 출구로 나간다.

　3 종이와 함께 150엔을 넣고 출구로 나간다.

　4 출구가 열리지 않기때문에 입구로 나간다.

정답　2

유형분석　내용 이해 문제

해설　본문에서 문제 조건에 맞는 사항을 찾는 것이 포인트이다. '1시간 세워둔 사람'이라고 하였으므로 「2時間以内
なら無料 (2시간 이내라면 무료)」에서 무료라는 것을 알 수 있다. 또 '주의'사항에 '2시간 이내라고 하더라도
반드시 종이를 넣어주세요' 라고 했으므로 2번이 정답이라는 것을 알 수 있다.

（4）

下のメールは、大木さんが山田さんに送ったものです。

1234@abk.co.jp

大木です。
山ちゃん、元気？
この間は、遊びに来てくれてありがとう。
とっても楽しかったね。

あのとき貸した本だけど、父が仕事で使いたいと言っているので、
まだ読み終わっていないと思うけど、送ってもらえないかな？
あとでもう一度貸すから。
じゃあ、お願いします！

大木

본문해석,

1234@abk.co.jp
오오키입니다.
야마짱, 잘 있어?
지난 번에는 놀러 와줘서 고마워.
매우 즐거웠어.
그때 빌려줬던 책 말인데, 아버지가 일 때문에 쓰고 싶다고 하니까
아직 다 못 읽었을 거라 생각하지만, 보내 줄 수 없을까?
나중에 한번 더 빌려줄 테니까.
그럼 부탁해!
오오키

어휘

- この間 얼마 전
- 遊ぶ 놀다
- 貸す 빌려주다
- 仕事 일
- 使う 사용하다
- 送る 보내다
- もう一度 다시 한번

29 大木さんが山田さんにこのメールを送ったのはどうしてですか。

1 本を貸したいから。

2 本を借りたいから。

3 本を送りたいから。

4 本を返してもらいたいから。

해석   오오키 씨가 야마다 씨에게 이 메일을 보낸 것은 어째서 입니까?

1 책을 빌려주고 싶기 때문에

2 책을 빌리고 싶기 때문에

3 책을 보내고 싶기 때문에

4 책을 돌려받고 싶기 때문에

정답   4

유형분석   내용 이해 문제

해설   마지막 문장 「お願いします (부탁합니다)」에서 무언가 부탁을 하고자 메일을 보냈다는 것을 알 수 있다. 따라서 부탁내용을 찾는 것이 포인트이다. 「送ってもらえないかな (보내 줄 수 없을까)」는 친구 사이에 부탁을 할 때 쓰는 표현으로 '보내달라는' 요청표현이다. 따라서 4번이 정답이다. 참고로 3번은 자신이 '보내고 싶다'라는 의미가 되므로 정답이 될 수 없다.

콕콕

해설 및 정답

문제 5 다음 글을 읽고 질문에 답해 주세요. 답은 1・2・3・4에서 가장 적당한 것을 하나 고르세요.

（1）

　わたしは日本語を勉強している学生です。わたしの日本語の先生は、同じテストの問題をたいてい３回使います。１回目は、正しい答えをａ．ｂ．ｃ．ｄ．の中から選ぶ試験です。これは、だいたいみんなよくできます。

　１週間ぐらい後で、１回目と同じ問題をします。２回目の試験の紙は、問題の文だけで、ａ．ｂ．ｃ．ｄ．の４つの答えがなくて、自分で答えを考えて書きます。１回目のときはできたのに、間違えてしまうこともあります。

　３回目は、その１週間ぐらい後で、自分の１回目の試験の紙を見ながら、どうしてその答えが正しいのか、どうしてほかの答えは正しくないのか、日本語でうまく友だちに説明できるかどうかテストします。正しい答えはわかっていても、うまく説明するのは難しいので、友だちといっしょにわかりやすい説明を考えます。

　新しいことをどんどん勉強したいという友だちや、説明するのは難しいから1回目や2回目のテストだけをやりたいという友だちもいますが、わたしはこのやり方がいいと思います。

　同じ問題を３回やれば、よく覚えられるし、説明を考えながら、わかりやすい話し方の練習をするので、会話が上手になると思うからです。

본문해석

저는 일본어를 공부하고 있는 학생입니다. 저의 일본어 선생님은, 같은 시험문제를 대체로 3번 사용합니다. 첫 번째는, 올바른 정답을 a, b, c, d안에서 고르는 시험입니다. 이것은 대체로 모두 잘 합니다.

1주일 정도 후에, 첫 번째 문제와 같은 문제를 합니다. 두 번째 시험지는, 문제의 문장만으로 a, b, c, d의 4개의 답이 없고, 스스로 답을 생각하여 씁니다. 첫 번째 때는 잘 했는데, 틀리는 경우도 있습니다.

세 번째는, 그 1주일 정도 후에 자신의 첫 번째 시험지를 보면서, 어째서 그 답이 올바른지, 어째서 다른 답은 올바르지 않은지, 일본어로 잘 친구에게 설명할 수 있는지 아닌지 테스트 합니다. 올바른 대답은 알고 있어도 잘 설명하는 것은 어렵기 때문에 친구들과 같이 알기 쉽게 설명을 생각합니다.

새로운 것을 더욱 더 공부하고 싶은 친구들과, 설명하는 것은 어렵기 때문에 첫 번째와 두 번째의 테스트만을 하고 싶다고 하는 친구들도 있습니다만, 저는 이 방법이 좋다고 생각합니다.

같은 문제를 3번 하면, 잘 기억할 수 있고, 설명을 생각하면서, 알기 쉬운 말의 연습을 하기 때문에, 회화를 잘하게 된다고 생각하기 때문입니다.

- 同じ 같음
- 選ぶ 선택하다, 고르다
- 答え 답
- 説明 설명
- 覚える 외우다, 암기하다

- 使う 사용하다
- 試験 시험
- 間違える 틀리다, 실수하다
- 難しい 어렵다
- 練習 연습

- 正しい 올바르다
- だいたい 대체로
- 考える 생각하다
- 新しい 새롭다

---

30 2回目のテストはどんなテストですか。

1 1回目によくできなかった人がもう1回受けるテストです。
2 a．b．c．dの中から、正しい答えはどれか、選ぶテストです。
3 1回目と同じ問題で、正しい答えを自分で考えるテストです。
4 みんな1回目よりいい点数がとれるテストです。

해석

두 번째 시험은 어떤 시험입니까?

1 첫 번째에 잘 보지 못했던 사람이 다시 한번 응시하는 시험입니다.

2 a.b.c.d 중에서 올바른 답은 어떤것인지 고르는 시험입니다.

3 첫 번째와 같은 문제로, 올바른 답을 스스로 생각하는 시험입니다.

4 모두 첫 번째보다 좋은 점수를 받을 수 있는 시험입니다.

정답 3

유형분석 지시 내용 파악 문제

해설 '첫 번째 시험과 같은 문제로 두 번째 시험은 선택지가 없이 스스로 생각하여 쓴다'라는 본문내용과 일치하는 것을 찾는다. 따라서 3번이 정답이다. 1번은 모두가 같은 문제로 3번 시험을 본다는 설명이 있으며, 2번은 선택지가 없다고 하였고, 4번은 첫 번째 시험보다 성적이 좋지 못하다고 하였으므로 각각 정답으로 부적절하다.

31 3回目にするテストはどうして難しいのですか。

1 日本語で説明しなければならないからです。
2 1回目と2回目の答えを忘れたからです。
3 どの答えが正しいかわからないからです。
4 友だちといっしょに考えるからです。

해석 세 번째 하는 시험은 왜 어려운 것입니까?

1 일본어로 설명해야만 하기 때문입니다.
2 첫 번째와 두 번째의 답을 잊어버리기 때문입니다.
3 어떤 답이 올바른지 알 수 없기 때문입니다.
4 친구와 함께 생각할 수 있기 때문입니다.

정답 1

유형분석 지시 내용 파악 문제

해설 '답을 알고 있어도 잘 설명하는 것은 어렵다'라는 표현에서 '설명하는 것'이 어렵다는 것을 의미한다는 것을 알 수 있다. 따라서 '설명하는 것'을 이유로 하는 1번이 정답이다.

32 3回のテストはどんなやり方でしますか。

1 違う問題を3回同じやり方でします。
2 同じ問題を3回違うやり方でします。
3 問題がだんだんやさしくなります。
4 問題がだんだん難しくなります。

해석 세 번째 시험은 어떤 방식으로 합니까?

1 다른 문제를 3번 같은 방식으로 합니다.
2 같은 문제를 3번 다른 방식으로 합니다.
3 문제가 점점 쉬워집니다.
4 문제가 점점 어려워집니다.

정답 2

유형분석 내용 파악 문제

해설 본문 두 번째 문장에서 '같은 문제를 3번 사용합니다'라고 했으므로 2번이 정답이라는 것을 알 수 있다. 또, 본문 전체에서 각 회수마다 1회째는 '선택지가 있는 시험', 2회째는 '선택지가 없는 시험', 3회째는 '정답을 설명하는 시험'등 방식을 다르게 하고 있다는 것을 설명하므로 2번이 정답이다. 참고로 3번과 4번은 문제 자체에는 변화가 없고, 방식에 따라 어렵게 느끼는 것이므로 정답이 될 수 없다.

|33| わたしはこのやり方がいいと思いますとありますが，それはどうしてですか。

1　3回目にだいたいみんな100点(てん)になるからです。

2　新しいことをどんどん勉強できるからです。

3　テストを受(う)けるだけだからです。

4　よく覚(おぼ)えられるし、会話が上手になるからです。

해석　나는 이 방식이 좋다고 생각합니다 라고 되어있는데 그것은 어째서입니까?

1 세 번째에 거의 모두가 100점이 되기 때문입니다.

2 새로운 것을 계속해서 공부할 수 있기 때문입니다.

3 시험을 치는 것 뿐이기 때문입니다.

4 잘 기억할 수 있고, 회화가 능숙해지기 때문입니다.

정답　4

유형분석　내용 파악 문제

해설　본문 마지막 문장에 주목해야 한다. '잘 기억할 수 있고, 설명하면서 알기 쉬운 말의 연습을 하기 때문에'라고 자신이 좋아하는 이유를 들고 있다. 이것을 가장 잘 표현한 것은 4번이다.

문제 6 오른쪽 페이지의 A '아르바이트 표'와 B '김 씨의 1주일 예정'을 보고 질문에 답해 주세요. 답은 1·2·3·4 에서 가
장 적당한 것을 하나 고르세요.

A. アルバイトひょう ─ 日本一大学

今、下のアルバイトがあります。アルバイトをしたい人は、じむしょへ来てください。

アルバイトは1人に1つだけしょうかいします。

	アルバイト代	はたらく時間	仕事のようび	仕事
ア	1時間 850円	16時～19時	月から金まで1週間に4日以上はたらける方	ビルのそうじ
イ	1時間 900円	10時～18時	土・日の2日間はたらける方	レストランのてつだい
ウ	1時間 1,000円	14時～20時	土ようびか日ようびにはたらける方	ケーキを売る
エ	3時間 4,000円	13時～14時	土よう日	子どもにサッカーを教える
オ	2時間 7,000円	7時～9時	木よう日	会社でかんこくごを教える

B. キムさんの1週間のよてい

	月	火	水	木	金	土	日
1 9:00 ～ 10:30	○	○			○		サッカーのれんしゅう
2 10:40 ～ 12:10	○	○	○	○	○		
3 13:00 ～ 14:30	○	○	○	○	○		
4 14:40 ～ 16:10	○		○		○		
5 16:20 ～ 17:50	○						

○ じゅぎょうがある

본문해석

A   아르바이트 표   니혼이치 대학

지금, 아래의 아르바이트가 있습니다. 아르바이트를 하고 싶은 사람은 사무실로 오세요.

아르바이트는 한 사람에 하나만 소개합니다.

	아르바이트비	일하는 시간	일 하는 요일	일
ア	1시간 850엔	16시 ~19시	월요일부터 금요일까지 1주일에 4일 이상 일할 수 있는 분	빌딩청소
イ	1시간 900엔	10시~18시	토, 일 이틀간 일할 수 있는 분	레스토랑 도우미
ウ	1시간 1,000엔	14시~20시	토요일이나 일요일에 일할 수 있는 분	케이크를 판매한다
エ	3시간 4,000엔	13시~14시	토요일	아이들에게 축구를 가르친다
オ	2시간 7,000円	7시~9시	목요일	회사에서 한국어를 가르친다

B   김 씨의 1주일간의 예정

	월	화	수	목	금	토	일
1 9:00 ~ 10:30	○	○			○		
2 10:40 ~ 12:10	○	○	○	○	○		축구연습
3 13:00 ~ 14:30	○	○	○	○	○		
4 14:40 ~ 16:10	○		○		○		
5 16:20 ~ 17:50	○						

○   수업이 있음

어휘

- 事務所 사무소
- 掃除 청소
- 授業 수업
- 働く 일하다
- 売る 팔다
- 仕事 일
- 教える 가르치다

[34] キムさんが月曜日から金曜日まででできるアルバイトはどれですか。

1　ア
2　イ
3　エ
4　オ

해석　김 씨가 월요일부터 금요일까지 할 수 있는 아르바이트는 무엇입니까?

1 ア
2 イ
3 エ
4 オ

정답　4

유형분석　지시 내용 파악 문제

해설　김씨의 스케줄(수업 시간표)과 아르바이트 소개 일정을 비교한 후, 월요일부터 금요일까지 라는 조건을 충족시켜주는 것을 찾으면 된다. 우선 1번 ア는 수업 스케줄에서 일하는 시간과 수업시간이 중복되며, 2번 イ와 3번 エ는 토요일 아르바이트로 월요일부터 금요일까지라는 문제의 조건에 해당하지 않는다. 따라서 4번이 정답이다.

[35] キムさんはできるだけたくさんお金がほしいと思っています。どのアルバイトをしたらいいですか。

1　イ
2　ウとオ
3　エ
4　オ

해석　김 씨는 가능한 한 돈을 많이 받고 싶다고 생각합니다. 어떤 아르바이트를 하면 좋습니까?

1 イ
2 ウ와 オ
3 エ
4 オ

정답　4

유형분석　지시 내용 파악 문제

해설　'가능한 한 많은 돈을 받고 싶어하다'라고 하였으므로 가장 비싼 시급을 주는 분야부터 확인하는 것이 포인트이다. 4번 オ는 시급도 가장 많고, 34번 문제에서 이미 일할 수 있는 시간으로 확인되었으므로 쉽게 정답이라는 것을 알 수 있다.

Ⅲ. 청해

시험과목	배점	시험시간
청해	60점	35분

⌒ 청해

문제 1

문제 1에서는 먼저 질문을 들어 주세요. 그리고 이야기를 듣고 문제지의 1~4중에서 가장 적당한 것을 하나 고르세요.

1ばん 🔘 3-02

学生が昼休みに話しています。2人は今から何をしますか。

女 : ねえ、レポート、終わった？

男 : うん、きのう書いた。イさんは？

女 : わたしももう終わった。

男 : じゃ、授業の後で映画見に行かない？

女 : そうね。

男 : じゃ、授業がおわったら、映画見て、いっしょに晩ごはん食べよう。

2人は今から何をしますか。

스크립트 해석

학생이 점심시간에 이야기하고 있습니다. 두 사람은 지금부터 무엇을 합니까?

여자 : 저기, 리포트 다했어?

남자 : 응, 어제 썼어. 이 씨는?

여자 : 나도 벌써 다했어.

남자 : 그럼, 수업 후에 영화 보러 안 갈래?

여자 : 그래.

남자 : 그럼, 수업이 끝나면, 영화 보고 같이 저녁 먹자.

두 사람은 지금부터 무엇을 합니까?

어휘	昼休み 점심시간　授業 수업　映画 영화　晩ごはん 저녁 식사
정답	2
유형분석	과제 이해
해설	질문의 의도를 확실히 파악하는 것이 포인트이다. 점심시간 이후에 무엇을 하는가를 묻고 있으므로 리포트는 두 사람 다 완료한 상태이며 '수업 후에 영화 보러 가자'라는 대화에서 2번이 정답이라는 것을 알 수 있다. 3번과 4번은 수업이 끝난 후에 할 행동이다.

2ばん 🔘 **3-03**

<ruby>先生<rt>せんせい</rt></ruby>が<ruby>試験<rt>しけん</rt></ruby>について<ruby>話<rt>はな</rt></ruby>しています。<ruby>英語<rt>えいご</rt></ruby>の<ruby>試験<rt>しけん</rt></ruby>だけ<ruby>受<rt>う</rt></ruby>ける<ruby>人<rt>ひと</rt></ruby>は<ruby>何時<rt>なんじ</rt></ruby>にどこへ<ruby>行<rt>い</rt></ruby>きますか。

女：では、これから<ruby>試験<rt>しけん</rt></ruby>の<ruby>時間<rt>じかん</rt></ruby>と<ruby>場所<rt>ばしょ</rt></ruby>を<ruby>説明<rt>せつめい</rt></ruby>します。<ruby>日本語<rt>にほんご</rt></ruby>の<ruby>試験<rt>しけん</rt></ruby>は9時から101<ruby>教室<rt>きょうしつ</rt></ruby>でします。その<ruby>後<rt>あと</rt></ruby>、<ruby>同<rt>おな</rt></ruby>じ<ruby>教室<rt>きょうしつ</rt></ruby>で10時半から<ruby>英語<rt>えいご</rt></ruby>の<ruby>試験<rt>しけん</rt></ruby>です。<ruby>数学<rt>すうがく</rt></ruby>の<ruby>試験<rt>しけん</rt></ruby>は<ruby>午後<rt>ごご</rt></ruby>1時から、201<ruby>教室<rt>きょうしつ</rt></ruby>でします。<ruby>午後<rt>ごご</rt></ruby>は201<ruby>教室<rt>きょうしつ</rt></ruby>になりますから<ruby>注意<rt>ちゅうい</rt></ruby>してください。

<ruby>英語<rt>えいご</rt></ruby>の<ruby>試験<rt>しけん</rt></ruby>だけ<ruby>受<rt>う</rt></ruby>ける<ruby>人<rt>ひと</rt></ruby>は<ruby>何時<rt>なんじ</rt></ruby>にどこへ<ruby>行<rt>い</rt></ruby>きますか。

스크립트 해석

선생님이 시험에 관하여 이야기하고 있습니다. 영어 시험만 보는 사람은 몇 시에 어디로 갑니까?

여자 : 그럼, 이제부터 시험시간과 장소를 설명하겠습니다. 일본어 시험은 9시부터 101교실에서 실시하겠습니다. 그 후에, 같은 교실에서 10시반부터 영어 시험입니다. 수학시험은 오후 1시부터 201교실에서 실시하겠습니다. 오후에는 201교실로 바뀌므로 주의하세요.

영어 시험만 보는 사람은 몇 시에 어디로 갑니까?

1 9시에 101교실
2 10시반에 101교실
3 1시에 101교실
4 2시에 201교실

어휘 <ruby>試験<rt>しけん</rt></ruby> 시험 <ruby>場所<rt>ばしょ</rt></ruby> 장소 <ruby>説明<rt>せつめい</rt></ruby>する 설명하다 <ruby>数学<rt>すうがく</rt></ruby> 수학 <ruby>注意<rt>ちゅうい</rt></ruby>する 주의하다

정답 2

유형분석 과제이해

해설 각각의 조건을 메모하는 것이 포인트이다. 영어 시험은 일본어 시험이 끝난 후 같은 교실 즉 101호실에서 10시 반부터 라고 하였다. 따라서 2번이 정답이다.

3ばん 🔘 **3-04**

女の人と男の人が話しています。男の人は借りたマンガの本をどうしますか。

男：このマンガありがとう。とっても面白かったよ。
女：そう？
男：それでね、友だちも読みたいって言うんだ。もう1週間、借りられる？
女：ごめん！それ、リンさんに貸すことになっているの。来週、また持ってくるよ。
男：うん、わかった。よろしく。

男の人は借りたマンガの本をどうしますか。

스크립트 해석

여자와 남자가 이야기하고 있습니다. 남자는 빌린 만화 책을 어떻게 합니까?

남자 : 이 만화책 고마워. 굉장히 재미있었어.
여자 : 그래?
남자 : 그래서 말인데, 친구도 읽고 싶다고 하네. 1주일만 더 빌릴 수 있을까?
여자 : 미안! 그거, 린 씨에게 빌려주기로 되어 있어. 다음 주에 다시 가져 올게.
남자 : 응, 알았어. 부탁할게.

남자는 빌린 만화책을 어떻게 합니까?
1 여자에게 돌려줍니다.
2 자신의 친구에게 빌려줍니다.
3 여자의 친구에게 빌려줍니다.
4 다시 한 번 읽습니다.

어휘 借りる 빌리다   マンガの本 만화 책   面白い 재미있다   貸す 빌려주다

정답 1

유형분석 과제 이해

해설 1주일 더 빌리고 싶다는 남자의 요청을 여자가 거절. '다음주에 다시 가져 오겠다'라고 했다. 이 말은 다음 주에 빌려 줄 수 있다는 뜻으로 일단 돌려주어야 하므로 1번이 정답이다.

4ばん 💿 **3-05**

女の人と男の人が話しています。男の人は今何をしますか。

男：ああ、疲れた…ちょっと休まない？
女：ええ？！もう少し登れば、景色のいいところに着くから、そこで休もうよ。
男：はぁはぁ…わかったよ。でも、ちょっと水飲ませて。
女：はい、どうぞ。

男の人は今何をしますか。

스크립트 해석

여자와 남자가 이야기하고 있습니다. 남자는 지금 무엇을 하고 있습니까?

남자 : 아~, 피곤하다. 좀 쉬지 않을래?
여자 : 어어? 조금 더 오르면 경치가 좋은 곳에 도착하니까, 거기서 쉬자.
남자 : 헉헉~ 알았어. 그래도 물 좀 마시고.
여자 : 알았어, 어서 마셔.

남자는 지금 무엇을 합니까?

어휘	疲れる 피곤하다　　登る 등산하다,오르다　　景色 경치
정답	4
유형분석	과제이해
해설	남자가 쉬고 싶다고하자 여자가 거절하지만, '물 좀 마시겠다'라는 말에는 동조하였으므로 4번이 정답이다. 「飲ませて」는 「飲ませてください(마시게 해주세요)」의 줄인 형태로 반말이 된다.

男の人が話しています。山下駅へ行く人は、次の大川駅でどうしますか。

（電車の車内放送）

男：次は大川。大川。お乗り換えのご案内をいたします。中山駅へいらっしゃる方は、3番線の小山行き電車にお乗り換えください。なお、この電車は、急行ですので、山下駅、大山駅には止まりません。山下、大山へいらっしゃる方は4番線の電車をご利用ください。

山下駅へ行く人は、次の大川駅でどうしますか。

스크립트 해석

남자가 이야기하고 있습니다. 야마시타 역으로 가는 사람은 다음 오오카와역에서 어떻게 합니까?

（전철 차내방송）

남자 : 다음은 오오카와, 오오카와. 환승안내를 하겠습니다. 나카야마역으로 가시는 분은 3번선 코야마행 전철로 갈아타시기 바랍니다. 그리고 이 전철은 급행이기 때문에, 야마시타역, 오오야마역에는 정차하지 않습니다. 야마시타 오오야마에 가시는 분은 4번선 전철을 이용하시기 바랍니다.

야마시타역으로 가는 사람은 다음 오오카와 역에서 어떻게 합니까?
1　코야마 행 전철을 탑니다.
2　3번선 전철을 탑니다.
3　4번선 전철을 탑니다.
4　이 전철을 타고 갑니다.

어휘	乗り換え 환승　案内 안내　急行 급행　止まる 서다,멈추다　利用 이용
정답	3
유형분석	과제이해
해설	안내 방송을 정리하면 '나카야마역'은 3번선, '야마시타역, 오오야마역'은 4번선을 이용할 것을 안내하고 있다. 문제에서 목적지를 파악한 후 문제를 듣는 것이 포인트이다.

6ばん 🎧 **3-07**

男の人と女の人が話しています。男の人は何を買いますか。

女：あっ、出かけるの？
男：うん、図書館に行こうと思って。
女：じゃあ、帰りにスーパーに寄ってもらえる？
男：何買うの？ちょっと遅くなるから、朝食べるパンとか牛乳ならいいけど、晩ご飯の材料はダメだよ。
女：今日の晩ご飯ね、お隣にいただいた魚なんだけど、しょうゆがないのよ。
男：わかった。買ってくるよ。

男の人は何を買いますか。

스크립트 해석

남자와 여자가 이야기하고 있습니다. 남자는 무엇을 삽니까?

여자 : 어, 외출하는 거야?
남자 : 어, 도서관에 가려고.
여자 : 그럼, 올 때 슈퍼에 들려줄 수 있어?
남자 : 뭐 살 건데? 좀 늦어지니까, 아침에 먹을 빵이라던가 우유라면 몰라도 저녁 재료는 안돼.
여자 : 오늘 저녁 말인데 이웃집에서 받은 생선인데, 간장이 없어.
남자 : 알았어. 사 올게.

남자는 무엇을 삽니까?

어휘	出かける 외출하다　図書館 도서관　寄る 들르다　朝食 조식　材料 재료　お隣 이웃집
정답	4
유형분석	과제이해
해설	여자가 부탁하는 것을 사오는 것이 문제의 포인트이다. 따라서 마지막 여자의 말 '간장이 없어'라는 말에서 4번이 정답이라는 것을 알 수 있다.

콕콕
해설 및 정답

7ばん 🔊 **3-08**

_{がくせい}学生が_{せんせい}先生とレポートについて_{はな}話しています。_{がくせい}学生はレポートをどう_{なお}直しますか。

男：_{せんせい}先生、レポートを_み見ていただけますか。

女：あ、もうできたの？そうねえ…ちょっと、_{なお}直したほうがいいかな。

男：どこですか。

女：この_{ひょう}表を_{おお}大きくして、_じ字も_{すこ}もう少し_{おお}大きい_{ほう}方がいいと_{おも}思うんだけど…。

男：じゃ、2ページ_{つか}使ってもいいですか。

女：_{かみ}紙の_{おお}大きさを_{おお}大きくして、_{よこ}横に_{つか}使えば、1ページで_{はい}入るんじゃない？

男：はい、わかりました。やってみます。

_{がくせい}学生はレポートをどう_{なお}直しますか。

스크립트 해석

학생이 선생님과 리포트에 관하여 이야기하고 있습니다. 학생은 리포트를 어떻게 고칩니까?

남자 : 선생님, 리포트 좀 봐주시겠어요?

여자 : 어, 벌써 다했어? 글쎄, 좀 고치는 것이 좋겠다.

남자 : 어디요?

여자 : 이 표를 크게 하고, 글씨도 좀 더 큰 것이 좋을 것 같아.

남자 : 그럼, 2페이지 사용해도 괜찮아요?

여자 : 종이의 크기를 크게 해서, 옆으로 사용하면, 1페이지에 들어가지 않아?

남자 : 네, 알겠습니다. 해보겠습니다.

학생은 리포트를 어떻게 고칩니까?

어휘 | _{なお}直す 고치다　_{ひょう}表 표　_{おお}大きさ 크기　_{よこ}横 옆

정답 | 4

유형분석 | 과제이해

해설 | 선생님의 지시 사항을 파악하는 것이 포인트이다. '표를 크게 하고 글씨도 크게 하는 것이 좋다'와 '종이의 크기를 크게 하고 옆으로 사용하다'라는 선생님의 대화에서 4번이 정답이라는 것을 알 수 있다.

청해

(8ばん) 🔊 3-09

<ruby>男<rt>おとこ</rt></ruby>の<ruby>人<rt>ひと</rt></ruby>が<ruby>女<rt>おんな</rt></ruby>の<ruby>人<rt>ひと</rt></ruby>と<ruby>電話<rt>でんわ</rt></ruby>で<ruby>話<rt>はな</rt></ruby>しています。<ruby>女<rt>おんな</rt></ruby>の<ruby>人<rt>ひと</rt></ruby>は<ruby>明日<rt>あした</rt></ruby>、<ruby>何時<rt>なんじ</rt></ruby>にどこで<ruby>男<rt>おとこ</rt></ruby>の<ruby>人<rt>ひと</rt></ruby>に<ruby>会<rt>あ</rt></ruby>いますか。

男：もしもし、<ruby>田中<rt>たなか</rt></ruby>です。

女：あ、<ruby>田中<rt>たなか</rt></ruby>さん。

男：あのう、<ruby>明日<rt>あした</rt></ruby>1<ruby>時<rt>じ</rt></ruby>の<ruby>約束<rt>やくそく</rt></ruby>でしたが、ちょっと<ruby>用事<rt>ようじ</rt></ruby>ができちゃって、2<ruby>時<rt>じ</rt></ruby>に<ruby>変<rt>か</rt></ruby>えてもらえませんか。

女：はい、<ruby>私<rt>わたし</rt></ruby>は2時でもかまいませんが…。

男：すみません。それから、<ruby>会<rt>あ</rt></ruby>う<ruby>場所<rt>ばしょ</rt></ruby>ですが、<ruby>駅<rt>えき</rt></ruby>の<ruby>前<rt>まえ</rt></ruby>の<ruby>交番<rt>こうばん</rt></ruby>があるところでいいでしょうか。

女：すみません。<ruby>私<rt>わたし</rt></ruby>は<ruby>東駅<rt>ひがしえき</rt></ruby>へ<ruby>行<rt>い</rt></ruby>ったことがないので、<ruby>駅<rt>えき</rt></ruby>の<ruby>入<rt>い</rt></ruby>り<ruby>口<rt>ぐち</rt></ruby>でお<ruby>願<rt>ねが</rt></ruby>いできませんか。<ruby>間違<rt>まちが</rt></ruby>えたら<ruby>困<rt>こま</rt></ruby>るので…。

男：そうですか。わかりました。じゃ、<ruby>明日<rt>あした</rt></ruby>、<ruby>東駅<rt>ひがしえき</rt></ruby>で。

<ruby>女<rt>おんな</rt></ruby>の<ruby>人<rt>ひと</rt></ruby>は<ruby>明日<rt>あした</rt></ruby>、<ruby>何時<rt>なんじ</rt></ruby>にどこで<ruby>男<rt>おとこ</rt></ruby>の<ruby>人<rt>ひと</rt></ruby>に<ruby>会<rt>あ</rt></ruby>いますか。

스크립트 해석

남자와 여자가 전화로 이야기하고 있습니다. 여자는 내일 몇 시에, 어디에서 남자를 만납니까?

남자 : 여보세요 다나카입니다.

여자 : 아, 다나카씨.

남자 : 저, 내일 1시 약속했습니다만, 일이 좀 생겨서, 2시로 변경할 수 있을까요?

여자 : 네, 저는 2시라도 상관없습니다만.

남자 : 죄송합니다. 그리고 만날 장소말인데요. 역 앞에 파출소가 있는 곳에서 괜찮을까요?

여자 : 죄송합니다. 저는 히가시역에 가본 적이 없어서, 역 입구에서는 안될까요? 잘못 가면 큰일이니까.

남자 : 그러세요? 알겠습니다. 그럼 내일 히가시역에서.

여자는 내일 몇 시에 어디에서 남자를 만납니까?

어휘 | 約束 약속　用事 용무　場所 장소　交番 파출소　間違える 잘못하다, 실수하다 困る 곤란하다

정답 | 2

유형분석 | 과제이해

해설 | 남자가 약속시간을 2시로 하자고 하자, 여자가 '2시라도 상관없다'고 했으므로 시간은 2시이다. 장소에 관해서는 '역 앞 파출소'에서 만나자고 했지만, 여자가 '역 입구'로 하자고 하자 남자가 '알았다'고 했으므로 '2시 역 입구'인 2번이 정답이다.

문제 2

문제 2에서는 먼저 질문을 들어 주세요. 그 후 문제지를 봐 주세요. 읽을 시간이 있습니다. 그리고 이야기를 듣고 문제지의 1~4중에서 가장 적당한 것을 하나 고르세요.

1ばん 🎵 **3-11**

女の人が店員と話しています。女の人はどうしてスカートを買わないのですか。

男：このスカート、いかがですか。
女：そうですねえ…。
男：色がお好きじゃないんですか。
女：いいえ。
男：デザインもいいでしょう。1980円ですよ。安くなっていますよ。
女：実は先週、このスカート買ったんです。3000円で…。
男：あ…。

女の人はどうしてスカートを買わないのですか。

스크립트 해석

여자가 점원과 이야기하고 있습니다. 여자는 왜 치마를 사지 않는 것입니까?

남자 : 이 스커트 어떠십니까?
여자 : 글쎄요.
남자 : 색상이 마음에 들지 않으십니까?
여자 : 아니요.
남자 : 디자인도 좋죠? 1980엔이에요. 쌉니다.
여자 : 실은 지난 주에, 이 치마를 샀어요. 3000엔에.
남자 : 아~

여자는 왜 치마를 사지 않는 것입니까?
1 색상이 싫기 때문에
2 디자인이 싫기 때문에
3 너무 싸기 때문에
4 같은 스커트를 가지고 있기 때문에

어휘 | 店員 점원　スカート 치마　色 색　好きだ 좋아하다　デザイン 디자인　安い 싸다
実は 실은　先週 지난주

정답 | 4

포인트이해

해설 색에 대한 질문에서 '아니요'라고 부정하였으며, 마지막 말에서 '실은 지난 주에 샀다'라고 했으므로 같은 치마를 가지고 있다는 것을 알 수 있다.

2ばん 🎧 **3-12**

おとこ ひと おんな ひと はな おとこ ひと おんな ひと やくそく
男の人と女の人が話しています。男の人は女の人にどんな約束をしましたか。

たんじょう び
男：誕生日おめでとう。はい、これ、プレゼント。
はな
女：ありがとう。お花だけなの？
はな きら ふく くつ
男：あれ？ 花は嫌い？ 服とか靴のほうがよかった？
わたし たんじょう び み い
女：私、誕生日にはミュージカルを観に行きたいって言っていたのに…。
か こん ど み い
男：うん。チケットが買えなかったんだ。ごめんね。また今度観に行こう。
ぜんたい つ い
女：ほんと？ 絶対に連れて行ってね。

おとこ ひと おんな ひと やくそく
男の人は女の人にどんな約束をしましたか。

스크립트 해석

남자와 여자가 이야기하고 있습니다. 남자는 여자에게 어떤 약속을 했습니까?

남자 : 생일 축하해. 자 여기 선물.
여자 : 고마워. 꽃뿐이야?
남자 : 어? 꽃은 싫어? 옷이나 신발이 좋아?
여자 : 나, 생일에는 뮤지컬 보러 가고 싶다고 말했는데.
남자 : 응. 티켓을 살 수 없었어. 미안, 또 다음에 보러 가자.
여자 : 정말? 꼭 데리고 가는거야.

남자는 여자에게 어떤 약속을 했습니까?
1. 신발을 산다   2. 옷을 산다
3. 꽃을 사러 간다   4. 뮤지컬을 본다

어휘 約束 약속   誕生日 생일   プレゼント 선물   服 옷   靴 신발   絶対に 절대로
連れて行く 데리고 가다

정답 4

유형분석 포인트 이해

해설 여자의 말에서 '생일에는 뮤지컬을 보고 싶다'라고 이미 말을 했음에도 보지 못해 아쉬워하고 있음을 알 수 있

다. 남자 또한 다음에 보러 가자고 한다. 따라서 4번이 정답이다. 3번(꽃)은 이미 선물을 했으며, 신발과 옷은 여자의 동의가 없으므로 정답이 아니다.

3ばん 🎧**3-13**

_{おとこ}男の_{ひと}人と_{おんな}女の_{ひと}人が話しています。ハイキングに_い行く_{ひと}人は_{なんにん}何人になりましたか。

男：<ruby>日曜日<rp>(</rp><rt>にちようび</rt><rp>)</rp></ruby>のハイキング、<ruby>全部<rp>(</rp><rt>ぜんぶ</rt><rp>)</rp></ruby>で7<ruby>人<rp>(</rp><rt>にん</rt><rp>)</rp></ruby>ですね。
女：あっ、<ruby>田中<rp>(</rp><rt>たなか</rt><rp>)</rp></ruby>さんと<ruby>山下<rp>(</rp><rt>やました</rt><rp>)</rp></ruby>さんは<ruby>都合<rp>(</rp><rt>つごう</rt><rp>)</rp></ruby>が<ruby>悪<rp>(</rp><rt>わる</rt><rp>)</rp></ruby>くなったと<ruby>言<rp>(</rp><rt>い</rt><rp>)</rp></ruby>ってましたよ。
男：そうですか。<ruby>田中<rp>(</rp><rt>たなか</rt><rp>)</rp></ruby>さんと<ruby>山下<rp>(</rp><rt>やました</rt><rp>)</rp></ruby>さんですね。
女：あと、<ruby>森<rp>(</rp><rt>もり</rt><rp>)</rp></ruby>さんはご<ruby>主人<rp>(</rp><rt>しゅじん</rt><rp>)</rp></ruby>も<ruby>一緒<rp>(</rp><rt>いっしょ</rt><rp>)</rp></ruby>に<ruby>来<rp>(</rp><rt>く</rt><rp>)</rp></ruby>るそうです。
男：そうですか。わかりました。

ハイキングに<ruby>行<rp>(</rp><rt>い</rt><rp>)</rp></ruby>く<ruby>人<rp>(</rp><rt>ひと</rt><rp>)</rp></ruby>は<ruby>何人<rp>(</rp><rt>なんにん</rt><rp>)</rp></ruby>になりましたか。

스크립트 해석

남자와 여자가 이야기하고 있습니다. 하이킹에 가는 사람은 몇 명이 됩니까?

남자 : 일요일에 하이킹가는 사람 전부 7명이죠.
여자 : 아, 다나카 씨와 야마시타 씨는 사정이 생겼다고 했어요.
남자 : 그래요? 다나카 씨와 야마시타 씨네요.
여자 : 또 모리 씨는 남편도 같이 온대요.
남자 : 그렇군요. 알겠습니다.

하이킹에 가는 사람은 몇 명이 됩니까?
1 5명
2 6명
3 7명
4 8명

어휘	<ruby>全部<rp>(</rp><rt>ぜんぶ</rt><rp>)</rp></ruby> 전부 <ruby>都合<rp>(</rp><rt>つごう</rt><rp>)</rp></ruby> 사정, 형편
정답	2
유형분석	포인트 이해
해설	첫 대화에서 참석 예정인원이 7명이라는 것을 메모한다. 다나카 씨와 야마시타 씨 즉, 두 사람이 형편이 좋지 못하다고 했다. 따라서 2명을 빼고, 모리 씨가 남편과 같이 온다고 하였으므로 1명을 추가한다. 모리 씨는 본래 예정되어있던 사람으로 볼 수 있기 때문이다. 따라서 6명이다.

4ばん 3-14

<ruby>男<rt>おとこ</rt></ruby>の<ruby>人<rt>ひと</rt></ruby>と<ruby>女<rt>おんな</rt></ruby>の<ruby>人<rt>ひと</rt></ruby>が<ruby>新幹線<rt>しんかんせん</rt></ruby>の<ruby>切符<rt>きっぷ</rt></ruby>について<ruby>話<rt>はな</rt></ruby>しています。どうして<ruby>子<rt>こ</rt></ruby>どもの<ruby>切符<rt>きっぷ</rt></ruby>を2<ruby>枚<rt>まい</rt></ruby><ruby>予約<rt>よやく</rt></ruby>しましたか。

<ruby>男<rt></rt></ruby>：<ruby>大人<rt>おとな</rt></ruby>2<ruby>枚<rt>まい</rt></ruby>と<ruby>子<rt>こ</rt></ruby>ども2<ruby>枚<rt>まい</rt></ruby><ruby>予約<rt>よやく</rt></ruby>しておくよ。
<ruby>女<rt></rt></ruby>：え？ <ruby>子<rt>こ</rt></ruby>どもの<ruby>切符<rt>きっぷ</rt></ruby>は1<ruby>枚<rt>まい</rt></ruby>でいいのよ。ひろくんはまだ<ruby>小<rt>ちい</rt></ruby>さいから<ruby>切符<rt>きっぷ</rt></ruby><ruby>要<rt>い</rt></ruby>らないでしょ。
<ruby>男<rt></rt></ruby>：そうだけど、<ruby>切符<rt>きっぷ</rt></ruby>を<ruby>買<rt>か</rt></ruby>わないと、<ruby>席<rt>せき</rt></ruby>がないよ。
<ruby>女<rt></rt></ruby>：そうか。3<ruby>時間<rt>じかん</rt></ruby>も<ruby>乗<rt>の</rt></ruby>るんだから、<ruby>席<rt>せき</rt></ruby>がないと<ruby>大変<rt>たいへん</rt></ruby>ね。
<ruby>男<rt></rt></ruby>：じゃ、<ruby>子<rt>こ</rt></ruby>どもも2<ruby>枚<rt>まい</rt></ruby>でいいね。

どうして<ruby>子<rt>こ</rt></ruby>どもの<ruby>切符<rt>きっぷ</rt></ruby>を2<ruby>枚<rt>まい</rt></ruby><ruby>予約<rt>よやく</rt></ruby>しましたか。

스크립트 해석

남자와 여자가 신칸센 표에 관해서 이야기하고 있습니다. 왜 아이의 표를 2장 예약했습니까?

남자 : 어른 2장하고 어린이 2장 예약해 둘게.
여자 : 어? 어린이 표는 1장으로 돼. 히로는 아직 어리니까 표가 필요없잖아.
남자 : 그렇지만 표를 사지 않으면 자리가 없어.
여자 : 그런가. 3시간씩이나 타야하니까 자리가 없으면 힘들겠네.
남자 : 그럼 어린이도 2장으로 괜찮지?

왜 아이의 표를 2장 예약했습니까?
1 표가 없으면 탈 수가 없기 때문에
2 아이들만 타기 때문에
3 앉을 자리가 필요하기 때문에
4 아이는 표가 필요없기 때문에

어휘 | <ruby>切符<rt>きっぷ</rt></ruby> 표, 티켓　　<ruby>予約<rt>よやく</rt></ruby>する 예약하다　　<ruby>大人<rt>おとな</rt></ruby> 어른, 성인　　<ruby>要<rt>い</rt></ruby>らない 필요없다　　<ruby>大変<rt>たいへん</rt></ruby>だ 힘들다

정답 | 3

유형분석 | 포인트 이해

해설 | 문제에서 아이의 티켓을 2장 예약한 사실은 이미 알 수 있다. '표를 사지 않으면 자리가 없다'라는 남자의 말에 '자리가 없으면 힘들겠다'라는 말로 동의하고 있으므로 자리가 필요했기 때문이라는 것을 알 수 있다.

5ばん 🔘 3-15

<u>おとこ</u> <u>ひと</u> <u>おんな</u> <u>ひと</u> <u>はな</u>
男の人と女の人が話しています。男の人はどうして今日、本を返しに行かないのですか。

男：本、返しに行ってくるよ。明日から旅行だから。

女：えっ？もう8時半よ。図書館開いてないよ。

男：でも、図書館が閉まっているときに本を返す大きい箱が置いてあるでしょ。箱に入れてくるよ。

女：え？この本CDがついているから、箱に入れちゃいけないのよ。

男：そうか。

女：しかたないなあ。明日私が返しにいくわ。

男：そう？ありがとう。

男の人はどうして今日、本を返しに行かないのですか。

스크립트 해석

남자와 여자가 이야기하고 있습니다. 남자는 왜 오늘 책을 돌려주려 가지 않는 것입니까?

남자 : 책 돌려주러 갔다 올게. 내일부터 여행이니까.

여자 : 어? 벌써 8시반 이야. 도서관 문 닫았지.

남자 : 그래도 도서관이 닫혀 있을 때 책을 돌려 주는 커다란 상자가 있잖아. 상자에 넣고 올게.

여자 : 어머? 이 책 CD가 딸려 있어서 상자에 넣으면 안 돼.

남자 : 그렇구나.

여자 : 어쩔 수 없네. 내일 내가 돌려주러 갈게.

남자 : 그래? 고마워.

남자는 왜 오늘 책을 돌려주러 가지 않는 것입니까?

1 내일부터 여행을 가기 때문에

2 도서관이 열려 있기 때문에

3 책을 돌려주는 상자가 있기 때문에

4 책에 CD가 딸려 있기 때문에

어휘	返す 되돌려주다　旅行 여행　図書館 도서관　閉まる 닫히다　箱 상자, BOX
	置いてある 놓여 있다　入れる 넣다
정답	4
유형분석	포인트 이해
해설	도서관의 반납함에 넣어 두고 오겠다는 남자의 말에 여자가 'CD가 붙어 있어서 넣으면 안 된다'라고 말하고 있다. 남자는 납득하고 여자가 갖다 주겠다고 하였으므로 4번이 정답이다. 나머지 선택지는 각각 도서관에 반납을 하러 가는 상황을 나타내는 표현이므로 정답이 될 수 없다.

6ばん 🔊 3-16

男の人と女の人が旅行の鞄について話しています。2人はどうして鞄を買わないのですか。

男：アメリカ旅行に持って行く荷物、ずいぶん多くなったね。鞄、どうする？もう時間がないよ。明日買いに行こうか？

女：でも、1回しか使わないし…。

男：じゃ、借りたほうがいいかな。旅行のものを貸してくれる店、近くにある？

女：実は、もう友だちに頼んだの。前に買った鞄、今使っていないから貸してくれるって。

男：なんだ。そうか。

2人はどうして鞄を買わないのですか。

스크립트 해석

남자와 여자가 여행 가방에 관하여 이야기하고 있습니다. 두 사람은 왜 가방을 사지 않는 것입니까?

남자 : 미국 여행에 가지고 갈 짐, 상당히 많아졌네. 가방 어떻게 할거야? 이제 시간 없어. 내일 사러 갈까?

여자 : 하지만, 한 번밖에 사용하지 않을 거니까……

남자 : 그럼, 빌리는 편이 좋을까. 여행 물품 빌려주는 가게 근처에 있나?

여자 : 실은 벌써 친구한테 부탁했어. 전에 산 가방 지금 안 쓰니까 빌려 준데.

남자 : 뭐야. 그래?

두 사람은 왜 가방을 사지 않는 것입니까?

1 시간이 없기 때문에
2 가게에서 빌리기 때문에
3 가방을 사용하지 않기 때문에
4 친구에게 빌리기 때문에

어휘 旅行 여행　鞄 가방　買う 사다　荷物 짐　使う 사용하다　借りる 빌리다
貸す 빌려주다　実は 실은　頼む 부탁하다

정답 4

유형분석 포인트 이해

해설 남자는 가방을 빌리거나 사자고 하나, 친구한테 빌리기로 했다고 여자가 말했으므로 4번이 정답이다.

해설 및 정답

7ばん 🔘 3-17

<ruby>男<rt>おとこ</rt></ruby>の<ruby>人<rt>ひと</rt></ruby>がケーキについて<ruby>話<rt>はな</rt></ruby>しています。<ruby>男<rt>おとこ</rt></ruby>の<ruby>人<rt>ひと</rt></ruby>がケーキを<ruby>自分<rt>じぶん</rt></ruby>で<ruby>作<rt>つく</rt></ruby>るのはどうしてですか。

<ruby>男<rt>おとこ</rt></ruby>：ケーキを<ruby>自分<rt>じぶん</rt></ruby>で<ruby>作<rt>つく</rt></ruby>ったら、<ruby>安<rt>やす</rt></ruby>く<ruby>作<rt>つく</rt></ruby>れると<ruby>思<rt>おも</rt></ruby>うでしょう。でも、<ruby>実<rt>じつ</rt></ruby>は<ruby>材料<rt>ざいりょう</rt></ruby>が<ruby>高<rt>たか</rt></ruby>いので、<ruby>決<rt>けっ</rt></ruby>して<ruby>安<rt>やす</rt></ruby>くないんです。あまりきれいに<ruby>作<rt>つく</rt></ruby>れないし、<ruby>時間<rt>じかん</rt></ruby>もかかるし、<ruby>買<rt>か</rt></ruby>ったほうがずっと<ruby>簡単<rt>かんたん</rt></ruby>にきれいなケーキが<ruby>食<rt>た</rt></ruby>べられるんですよ。でもね、<ruby>子<rt>こ</rt></ruby>どもが<ruby>私<rt>わたし</rt></ruby>の<ruby>作<rt>つく</rt></ruby>るケーキをおいしいと<ruby>言<rt>い</rt></ruby>って、<ruby>喜<rt>よろこ</rt></ruby>んでくれるんですよ。<ruby>妻<rt>つま</rt></ruby>は<ruby>台所<rt>だいどころ</rt></ruby>をかたづけるのが<ruby>大変<rt>たいへん</rt></ruby>だっていうんですけどね。

<ruby>男<rt>おとこ</rt></ruby>の<ruby>人<rt>ひと</rt></ruby>がケーキを<ruby>自分<rt>じぶん</rt></ruby>で<ruby>作<rt>つく</rt></ruby>るのはどうしてですか。

스크립트 해석

남자가 케이크에 관하여 이야기하고 있습니다. 남자가 케이크를 직접 만드는 것은 왜 그렇습니까?

남자 : 케이크는 직접 만들면 싸게 만들 수 있다고 생각하시죠. 하지만, 실은 재료가 비싸기 때문에 결코 싸지 않습니다. 그다지 예쁘게 만들 수 없고, 시간도 걸리고, 사는 편이 훨씬 간단하게 예쁜 케이크를 먹을 수 있습니다. 하지만, 아이가 제가 만든 케이크를 맛있다며 기뻐해 주는 거예요. 아내는 부엌을 치우는 것이 힘들다고 하지만요.

남자가 케이크를 직접 만드는 것은 왜 그렇습니까?
1 만드는 편이 싸기 때문에
2 예쁘게 만들 수 있기 때문에
3 아이가 기뻐하기 때문에
4 치우는 것이 힘들기 때문에

어휘	
<ruby>自分<rt>じぶん</rt></ruby> 자신　<ruby>作<rt>つく</rt></ruby>る 만들다　<ruby>安<rt>やす</rt></ruby>い 싸다　<ruby>材料<rt>ざいりょう</rt></ruby> 재료　<ruby>高<rt>たか</rt></ruby>い 비싸다　<ruby>決<rt>けっ</rt></ruby>して 결코	
<ruby>簡単<rt>かんたん</rt></ruby>だ 간단하다　おいしい 맛있다　<ruby>喜<rt>よろこ</rt></ruby>ぶ 기뻐하다　<ruby>台所<rt>だいどころ</rt></ruby> 부엌	

정답　3

유형분석　포인트 이해

해설　첫 번째 문장에서 '재료가 비싸고, 예쁘지 않고, 시간이 걸린다'라고 했으므로 1, 2번은 정답이 될 수 없다. '그러나, 아이가 맛있다며 기뻐해 주는 거예요'라고 했으므로 3번이 정답이다.

문제 3

문제 3에서는 그림을 보면서 들어 주세요. 화살표(→)의 사람은 어떻게 말합니까? 1~3중에서 가장 적당한 것을 하나 고르세요.

1ばん 🔊 **3-19**

女：友だちのパソコンを借りたいです。友だちに何と言いますか。

男：1　パソコン、ちょっと使わせて。
　　2　パソコン、ちょっと使って。
　　3　パソコン、ちょっと使ってあげて。

스크립트 해석

친구에게 컴퓨터를 빌리고 싶습니다. 친구에게 뭐라고 말합니까?

1　컴퓨터 좀 쓰게 해줘.
2　컴퓨터 좀 사용해.
3　컴퓨터 좀 사용해 줘.

어휘	パソコン 컴퓨터　借りる 빌리다　使う 사용하다
정답	1
유형분석	발화표현
해설	컴퓨터를 사용하는 사람이 누구인지를 파악하는 것이 포인트이다. 1번「~(さ)せて」의 사역형 표현은 친구와 같이 가까운 사이에 요청할 때 사용하는 표현이다. 이 표현은 정중하게 말할 때 사용하는 「~させてください・~させていただけませんか」등을 줄인 반말이다. 2번은 상대방에게 쓸 것을 요청하는 표현이다.

2ばん 🔊 **3-20**

女：仕事で会社の外へ出かけます。会社の人に何と言いますか。

男：1　しつれいします。
　　2　いってまいります。
　　3　どうぞよろしく。

스크립트 해석

업무상 회사 밖으로 외출합니다. 회사에 있는 사람에게 뭐라고 말합니까?

1   실례하겠습니다.
2   다녀오겠습니다.
3   잘 부탁합니다.

어휘	仕事 일 出かける 외출하다 失礼する 실례하다
정답	2
유형분석	발화표현
해설	집이나 직장에서 돌아 올 것을 전제로 외출하는 사람은 '다녀오겠습니다' 즉 「いってきます」라고 인사하며, 2번이 정답이다. 「まいる」는 「くる (오다)」의 겸양적 표현이다.

3ばん 🔘 3-21

女：お客様を部屋に案内して、少し待ってもらいます。何と言いますか。

男：1 こちらで　待ってもいいですか。
　　2 こちらで　待ちましょうか。
　　3 こちらで　お待ちください。

스크립트 해석

손님을 방으로 안내하고 조금 기다리게 합니다. 뭐라고 말합니까?

1   여기서 기다려도 돼나요?
2   여기서 기다릴까요?
3   여기서 기다려주세요.

어휘	お客様 손님의 존칭 部屋 방 案内 안내 待つ 기다리다
정답	3
유형분석	발화표현
해설	상대에게 기다릴 것을 요청하는 표현이므로 3번이 정답이다. 1번은 '~해도 괜찮을까요'라는 의미로 기다리는 사람이 허락을 받는 것이며, 2번은 '~합시다'라는 권유 표현으로 같이 기다리자는 표현이므로 정답이 될 수 없다.

4ばん 🔘 3-22

女：友<ruby>とも</ruby>だちのうちでテレビが見<ruby>み</ruby>たいです。友<ruby>とも</ruby>だちに何<ruby>なん</ruby>と言<ruby>い</ruby>いますか。

男：1　テレビがついているよ。
　　2　テレビ、つけてもいい？
　　3　テレビをつけなさい。

스크립트 해석

친구 집에서 텔레비전을 보고 싶습니다. 친구에게 뭐라고 말합니까?

1　텔레비전이 켜져 있어.
2　텔레비전 켜도 될까?
3　텔레비전을 켜라.

어휘　　見<ruby>み</ruby>る 보다　　つける (전원 등을)켜다

정답　　2

유형분석　　발화표현

해설　　그림에서 텔레비전이 꺼져 있는 상태이므로 '켜져 있다'라는 1번은 정답이 될 수 없다. 친구 사이이지만 명령표현 3번은 적절치 못하므로 '~해도 괜찮아?'라고 허락을 요하는 표현인 2번이 정답이다.

5ばん 🔘 3-23

女：大学<ruby>だいがく</ruby>の試験<ruby>しけん</ruby>に合格<ruby>ごうかく</ruby>しました。先生<ruby>せんせい</ruby>に何<ruby>なん</ruby>と言<ruby>い</ruby>いますか。

男：1　先生<ruby>せんせい</ruby>、おかげさまでごうかくできました。
　　2　先生<ruby>せんせい</ruby>、ほんとうによかったですね。
　　3　先生<ruby>せんせい</ruby>、だいがくのしけんを　うけますか。

스크립트 해석

대학시험에 합격하였습니다. 선생님에게 뭐라고 말합니까?

1　선생님, 덕분에 합격했습니다.
2　선생님, 정말 잘 됐네요.
3　선생님, 대학시험 보십니까?

어휘	大学 대학　　試験 시험　　合格 합격　　うける (시험)보다
정답	1
유형분석	발화표현
해설	2번 표현은 선생님에게 좋은 일이 있었을 때, 3번은 선생님이 시험을 본 것이 아니므로 정답이 될 수 없다. 「おかげさまで」 '~덕분에' 라는 표현이 가장 적절하다.

문제 4

문제 4에서는 그림이 없습니다. 먼저 문장을 들어 주세요. 그리고 그 대답을 듣고 1~3중에서 가장 적당한 것을 하나 고르세요.

1ばん 💿 **3-25**

女：すみません。お水、お願いします。
男：1　かしこまりました。
　　2　ごちそうさまです。
　　3　おまたせしました。

스크립트 해석

여자 : 저기요. 물 좀 주세요.
남자 : 1　알겠습니다.
　　　2. 잘 먹었습니다.
　　　3. 기다리셨습니다.

어휘　　水 물

정답　　1

유형분석　질의응답

해설　　식당 같은 곳에서 물을 달라고 하는 장면이다. 2번은 '잘 먹었습니다' 로 무언가를 다 먹었을 때, 3번은 '오래 기다리셨습니다' 로 기다리던 사람에게 무언가를 가져다 줄 때 사용하는 표현으로 적절한 대답으로 볼 수 없다. 「かしこまりました」는 「わかりました (알겠습니다)」의 겸양표현으로 가장 적절하다.

2ばん 💿 **3-26**

男：もしもし。今東京駅です。出張からもどりました。
女：1　お疲れ様です。
　　2　もう戻りましたよ。
　　3　行ってらっしゃい。

스크립트 해석

남자 : 여보세요. 지금 도쿄 역입니다. 출장에서 돌아왔습니다.
여자 : 1　수고 했습니다.
　　　2　이미 돌아왔습니다.
　　　3　다녀오세요.

어휘	駅 역　　出張 출장　　もどる 되돌아가다, 되돌아오다

정답　1

유형분석　질의응답

해설　출장에서 돌아온 것을 보고하는 장면이다. 이미 출장을 다녀왔으므로 3번은 제외, 2번은 돌아 왔는지의 여부를 묻는 질문에 대한 대답이므로 적절치 못하다. 1번은 '수고 했습니다'라는 표현으로 일을 마쳤을 때 쓰는 인사말이다.

3ばん 🔊 3-27

女：ご家族も日本にいらっしゃるんですか。

男：1　いいえ、いらっしゃいません。

　　2　いいえ、タイに住んでおります。

　　3　いいえ、日本にいらっしゃいました。

스크립트 해석

여자 : 가족도 일본에 계십니까?

남자 : 1　아니요, 안 계십니다.

　　　2　아니요, 태국에 살고 있습니다.

　　　3　아니요, 일본에 오셨습니다.

어휘	家族 가족　　住む 살다, 거주하다

정답　2

유형분석　질의응답

해설　일본어에서 자신 또는 자신과 관련된 사람의 행동 등은 낮추어 표현하는 것이 일반적이다. 「いらっしゃる (계시다, 오시다, 가시다)」는 존경표현이므로 1, 3번은 적절치 못하다. 2번이 정답이며, 「おる」는 「いる(있다)」의 겸양적 표현이다.

4ばん 🔊 3-28

女：今日は天気がいいから歩いていきませんか。

男：1　ええ、そうしましょう。

　　2　ええ、歩いてきました。

　　3　ええ、天気がいいですね。

여자 : 오늘은 날씨가 좋으니까 걸어가지 않을래요?

남자 : 1 네, 그렇게 합시다.

     2 네, 걸어 왔습니다.

     3 네, 날씨가 좋군요.

어휘	天気 날씨　　歩く 걷다
정답	1
유형분석	질의응답
해설	걷자는 권유 표현에 대한 적절한 대답을 찾아야 하므로 1번이 정답이다. 2번은 '어떻게 왔는가?'라는 질문에 대한 대답이며, 3번은 '날씨가 좋은가?'에 대한 대답으로 볼 수 있다.

5ばん　🔘 3-29

女：むすこさん、おいくつですか。

男：1 7こです。

    2 2人です。

    3 7さいです。

여자 : 아드님 몇 살입니까?

남자 : 1 7개 입니다.

     2 2명 입니다.

     3 7살 입니다.

어휘	息子 아들
정답	3
유형분석	질의응답
해설	「おいくつですか」는 '몇 개입니까?'라고 개수를 물을 때도 사용하나 사람에 대하여 사용하면 '몇 살입니까' 로 나이를 물을 때 사용하는 표현이기도 하다.

6ばん 💿 3-30

男：ちょっと熱がありますので、お先に失礼します。

女：1 そうですね。失礼ですね。

2 いいえ、こちらこそよろしく。

3 大丈夫ですか。お大事に。

스크립트 해석

남자 : 열이 좀 있는 것 같아서 먼저 실례하겠습니다.

여자 : 1 그렇군요. 실례네요.

2 아니요, 저야말로 잘 부탁합니다.

3 괜찮으세요? 몸 조리 잘 하세요.

어휘 熱 열　失礼する 실례하다　大丈夫だ 괜찮다

정답 3

유형분석 질의응답

해설 열이 있다는 것은 몸이 좋지 않음을 나타낸다. 몸이 아픈 사람에게 잘 쉬라고 건네는 인사말에는 「お大事に」를 사용한다.

7ばん 💿 3-31

女：ちょっと消しゴムかりてもいい？

男：1 どうぞ。

2 どうも。

3 ありがとう。

스크립트 해석

여자 : 지우개 좀 빌려도 될까?

남자 : 1 쓰세요.

2 고마워요.

3 고맙습니다.

어휘 消しゴム 지우개　借りる 빌리다

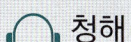

정답	1
유형분석	질의응답
해설	'지우개를 빌려도 될까?'라고 상대에게 허락을 요청하고 있다. 「どうぞ」는 상대방에게 정중하게 부탁하거나, 권유, 또는 허가를 할 때 사용한다. 감사나 사과의 뜻을 담은 표현 2번과, '고맙다'라고 얘기하는 3번은 적절치 못하다.

8ばん 🔘 3-32

女：どうぞたくさん召し上がってください。
男：1　はい、ごちそうさまでした。
　　2　はい、いただきます。
　　3　はい、かしこまりました。

스크립트 해석

여자 : 어서 많이 드세요.
남자 : 1　네, 잘 먹었습니다.
　　　2　네, 잘 먹겠습니다.
　　　3　네, 알겠습니다.

어휘	たくさん 많이　　召し上がる 드시다「食べる (먹다)」의 존경어　　かしこまる 「わかる (알다)」의 겸양어
정답	2
유형분석	질의응답
해설	「召し上がる」는「食べる (먹다)」의 존경어 표현으로「召し上がる(드세요)」이다. 1번은 먹은 후에 하는 인사말이며, 3번은 '알겠습니다'의 겸양표현이다.

언어지식(문자 · 어휘)

1	2	3	4	5	6	7	8	9	10	11	12	13	14	15	16	17	18	19	20
4	3	1	4	4	3	3	2	2	1	3	4	3	2	2	2	3	3	1	4

21	22	23	24	25	26	27	28	29	30	31	32	33	34	35
2	1	1	3	1	4	2	1	4	2	1	3	2	4	3

언어지식(문법) · 독해

1	2	3	4	5	6	7	8	9	10	11	12	13	14	15	16	17	18	19	20
1	2	1	1	3	3	3	1	4	3	1	3	4	2	4	4	4	1	1	2

21	22	23	24	25	26	27	28	29	30	31	32	33	34	35
1	2	3	2	4	3	4	2	4	3	1	2	4	4	4

청해

問題 1

1	2	3	4	5	6	7	8
2	2	1	4	3	4	4	2

問題 2

1	2	3	4	5	6	7
4	4	2	3	4	4	3

問題 3

1	2	3	4	5
1	2	3	2	1

問題 4

1	2	3	4	5	6	7	8
1	1	2	1	3	3	1	2

MEMO

집필진 소개

(財)アジア学生文化協会　日本語コース
　町田恵子
　秋元由美
　掛谷知子
　勝尾秀和
　亀山稔史
　國府卓司
　森下明子

❋ 해설진
　유충렬 (現 시사일본어학원 종로캠퍼스 JLPT 담당)
　　　－ 요코하마국립대학 졸업
　　　－ 일본 조명발명회 동시통역 담당
　　　－ 일본 쿠엔학원 일본어 강사

新 일본어능력시험 시험분석 독학용 N4

초판인쇄_ 2011년 11월 30일

초판발행_ 2011년 12월 15일

저자 _ (財)アジア学生文化協会

책임편집 _ 강희경 · 오은정 · 中原 美菜子

펴낸이_ 엄호열

펴낸곳_ (주)시사일본어사

등록일자_ 1977년 12월 24일

등록번호_ 제300-1977-31호

주소_ 서울시 강남구 역삼동 826-28

전화_ 1588-1582(교재구입문의) / 02)764-1582(교재내용문의)

팩스_ 02)3671-0500

홈페이지_ http://book.japansisa.com

이메일 _ tltk@chol.com

ISBN 978-89-402-9075-0 18730

N4

げんごちしき (もじ・ごい) 30 ぷん

げんごちしき（もじ・ごい・ぶんぽう）・どっかい120てん

ちゅうい

1．しけんかいしのあいずがあるまで、このもんだいようしをあけないでください。

2．このもんだいようしをもちかえることはできません。

3．じゅけんばんごうとなまえをしたのらんに、はっきりとかいてください。

4．このもんだいようしは、ぜんぶで8ページあります。

じゅけんばんごう	

なまえ	

もんだい1 ＿＿＿の ことばは ひらがなで どう かきますか。1・2・3・4から
　　　　　いちばん いい ものを ひとつ えらんで ください。

1 夏休みに 海外旅行を 計画して います。
　　1 けいけん　　　　2 けいざい　　　　3 けいが　　　　4 けいかく

2 わたしは めずらしい 切手を 集めて います。
　　1 もとめて　　　　2 ほめて　　　　3 あつめて　　　　4 きめて

3 日よう日 都合が よかったら いっしょに 映画に 行きませんか。
　　1 つごう　　　　2 とごう　　　　3 つあい　　　　4 とあい

4 いつも 図書館で 勉強します。
　　1 とうしょうかん　2 とうしょがん　3 としょがん　　　4 としょかん

5 大人は 200円、子どもは 100円です。
　　1 だいじん　　　　2 おおひと　　　　3 たいじん　　　　4 おとな

6 友だちと いっしょに スポーツを するのは 楽しいですね。
　　1 うつくしい　　　2 うれしい　　　3 たのしい　　　4 あたらしい

7 わたしの 妹は 日本語が わかりません。
　　1 あね　　　　2 あに　　　　3 いもうと　　　　4 むすめ

8 道が わからない ときは 地図を 見ます。
　　1 まち　　　　2 みち　　　　3 どう　　　　4 えき

9 こどもたちは 元気に うたって います。
　　1 てんき　　　　2 げんき　　　　3 けんぎ　　　　4 でんき

もんだい2 ＿＿の ことばは どう かきますか。1・2・3・4から いちばん いい
ものを ひとつ えらんで ください。

10 この 料理は あぶらを つかって いません。
　　1 使って　　　　 2 作って　　　　 3 用って　　　　 4 便って

11 病院へ 行って いしゃに みて もらった。
　　1 医員　　　　 2 医生　　　　 3 医者　　　　 4 医家

12 今 何と いいましたか。もう 一度 おねがいします。
　　1 行いました　　 2 話いました　　 3 説いました　　 4 言いました

13 旅行に ついて しつもんは ありませんか。
　　1 見学　　　　 2 問題　　　　 3 質問　　　　 4 用事

14 わたしのへやは くらいです。
　　1 黒い　　　　 2 暗い　　　　 3 広い　　　　 4 古い

15 つかれましたから、すこし 休みませんか。
　　1 小し　　　　 2 少し　　　　 3 近し　　　　 4 正し

4

もんだい3 （　　　　）に　なにを　いれますか。1・2・3・4から　いちばん　いい　ものを　ひとつ　えらんで　ください。

16 作文の　しゅくだいは　時間が　（　　　　）。
　　1　かけます　　　　2　かかります　　　3　あります　　　4　おわります

17 わたしは　毎週　駅の近くの（　　　　）で　およいでいます。
　　1　デパート　　　　2　パソコン　　　　3　プール　　　　4　シャワー

18 このきかいは　あぶないので、（　　　　）　さわらないで　ください。
　　1　ぜひ　　　　　　2　きっと　　　　　3　ぜったいに　　　4　かならず

19 夜、本を　読むときは　この電気を　（　　　　）　読んで　ください。
　　1　つけて　　　　　2　しめて　　　　　3　あけて　　　　　4　けして

20 あの黒い（　　　　）を　着ている　人は　だれですか。
　　1　ズボン　　　　　2　ぼうし　　　　　3　サングラス　　　4　コート

21 暑いですから、（　　　　）ものが　飲みたいです。
　　1　さむい　　　　　2　つめたい　　　　3　すずしい　　　　4　かるい

22 日本へ　来た（　　　　）は　何ですか。
　　1　もくてき　　　　2　かんけい　　　　3　ふうとう　　　　4　けいけん

23 かぜを （   ）、のどが いたいです。
　　1 ひいて　　　　2 なって　　　　3 して　　　　　4 おきて

24 あした 母が 日本へ 来るので、なりたくうこうへ （   ） 行きます。
　　1 見に　　　　　2 会いに　　　　3 むかえに　　　4 送りに

25 雨が （   ）まで ここに いましょう。
　　1 やむ　　　　　2 止まる　　　　3 終わる　　　　4 はれる

もんだい4 ＿＿の ぶんと だいたい おなじ いみの ぶんが あります。
1・2・3・4から いちばん いい ものを ひとつ えらんで ください。

26 リーさんの おじいさんが なくなりました。
　　1 リーさんの おじいさんが いなくなりました。
　　2 リーさんの おじいさんが なきました。
　　3 リーさんの おじいさんが 出かけました。
　　4 リーさんの おじいさんが 死にました。

27 ひこうきの 時間に 間に 合いませんでした。
　　1 ひこうきの 時間に あつまりました。
　　2 ひこうきの 時間に おくれました。
　　3 ひこうきの 時間を 知りませんでした。
　　4 ひこうきの 時間を 教えました。

28 きのうの かいぎは 5人 出ました。
　　1 きのうの かいぎは 5人 しゅっせきしました。
　　2 きのうの かいぎは 5人 けっせきしました。
　　3 きのうの かいぎでは 5人 はんたいしました。
　　4 きのうの かいぎでは 5人 しょうかいしました。

29 <u>リーさん、しばらくですね。</u>
　　1　リーさん、どうぞ　お元気で。
　　2　リーさん、よく　会いますね。
　　3　リーさん、いつも　元気ですね。
　　4　リーさん、ひさしぶりですね。

30 <u>この問題は　とても　ふくざつです。</u>
　　1　この問題は　とても　かんたんです。
　　2　この問題は　とても　むずかしいです。
　　3　この問題は　とても　おもしろいです。
　　4　この問題は　とても　めずらしいです。

もんだい5 つぎの ことばの つかいかたで いちばん いい ものを 1・2・3・4
　　　　　 から ひとつ えらんで ください。

31 だんだん
　1 もう 6月ですね。これから だんだん あつく なりますね。
　2 時間は たくさん ありますから、だんだん 食べて ください。
　3 わたしは 日本語が だんだん 上手です。
　4 毎日 漢字を だんだん 勉強して います。

32 めしあがります
　1 わたしは 先生の料理を めしあがりました。
　2 わたしは 先生と いっしょに ひるごはんを めしあがりました。
　3 先生、ひるごはんは もう めしあがりましたか。
　4 先生は 薬を めしあがりました。

33 大切
　1 これは 高いものですから 大切して ください。
　2 リンさんは わたしの大切な 友だちです。
　3 いちばん 大切のことは 何ですか。
　4 写真を はこの中に 大切で 入れて おきます。

34 われる

　　1　じしんで　家が　われました。

　　2　ふくろが　われますから　重いものは　入れないで　ください。

　　3　このテレビは　われて　いますから、見られません。

　　4　あっ、まどのガラスが　われて　いますよ。

35 おみまい

　　1　旅行に　行って、おみまいを　買いました。

　　2　おみまいで　友だちと　いっしょに　おどりました。

　　3　病気のリンさんに　おみまいに　花を　あげました。

　　4　寒くなって　おみまいのきせつに　なりました。

N4

げんごちしき(ぶんぽう)・どっかい 60ぷん

げんごちしき (もじ・ごい・ぶんぽう)・どっかい120てん

ちゅうい

1. しけんかいしのあいずがあるまで、このもんだいようしをあけないで
ください。

2. このもんだいようしをもちかえることはできません。

3. じゅけんばんごうとなまえをしたのらんに、はっきりとかいてくださ
い。

4. このもんだいようしは、ぜんぶで15ページあります。

じゅけんばんごう	

なまえ	

もんだい1 （　　　　）に　何を　入れますか。1・2・3・4から　いちばん　いい
　　　　　　ものを　一つ　えらんでください。

1　A：花見に　行きたいんですが、どこか　いい所は　ありませんか。
　　B：花見に　（　　　　　）　駅の前のこうえんが　いいですよ。
　　1　行くなら　　　　　2　行ったら　　　　　3　行けば　　　　　4　行っても

2　A：おさけ、飲まないんですか。
　　B：ええ。体のために　さいきん　できるだけ　（　　　　　）して　いるんです。
　　1　飲む　ように　　　　　　　　　　　2　飲まない　ように
　　3　飲む　ために　　　　　　　　　　　4　飲まない　ために

3　A：これ、えんぴつで　（　　　　　）。
　　B：いいえ、黒いボールペンで　おねがいします。
　　1　書いても　いいですか　　　　　　2　書きませんか
　　3　書いて　いますか　　　　　　　　4　書かなくても　いいですか

4　A：Bさん、元気が　ありませんね。どうしたんですか。
　　B：じつは　昨日　たくさん　おさけを　飲んだので、まだ　頭が　（　　　　　）。
　　1　いたいんです　　　　　　　　　　2　いたかったんです
　　3　いたそうなんです　　　　　　　　4　いたかったそうなんです

5　わたしは、50メートルぐらい　（　　　　　）が　できます。
　　1　およげること　　2　およげるの　　　3　およぐこと　　　4　およぐの

6　A：きのう　図書館で　借りた本、もう　読みましたか。
　　B：ええ、とても　おもしろかったので、一日で　ぜんぶ　読んで（　　　　　）。
　　1　おきました　　　2　いました　　　3　しまいました　　4　ありました

7 A：この工場では　おいしいケーキが　毎日　100,000,000個も　（　　　　）いる
　　んですよ。

　　B：へえ、すごいですね。

　　1　作って　　　　　　　2　作れて　　　　　　3　作られて　　　　4　作らせて

8 A：先生、そつぎょう試験は　いつですか。

　　B：毎年　2月の終わりに　試験を　（　　　　　）。

　　1　することに　なって　います　　　　　2　しないことに　なって　います

　　3　することも　あります　　　　　　　4　しないことも　あります

9 A：すみません。そこに　ある本を　（　　　　　）ください。

　　B：はい。これですね。

　　1　持ちに　行って　　　　　　　　　2　持ちに　来て

　　3　持って行って　　　　　　　　　4　持って来て

10 A：先生、作文のしゅくだいは　今日までですか。

　　B：いいえ、今日　（　　　　　）。　明日でも　いいですよ。

　　1　出さなければ　いけません　　　　　2　出しては　いけません

　　3　出さなくても　いいです　　　　　　4　出さないで　ください

11 この大きい仕事が　（　　　　）、ゆっくり　休みたいです。

　　1　おわったら　　　2　おわれば　　　3.おわるなら　　　4　おわると

12 A：駅の前に　新しくできたレストラン、（　　　　　）ことが　ありますか。

　　B：ええ、先週　はじめて　行きました。　とても　おいしかったですよ。

　　1　行く　　　　　　2　行かない　　　3　行った　　　　4　行かなかった

13 A：夏休みは、どこかへ　行かれるんですか。

B：いいえ、どこへも　（　　　　　　）、うちで　ゆっくり　休む　つもりです。

1　出かけないのに　　　　　　　　　2　出かけなくても

3　出かけなくて　　　　　　　　　　4　出かけないで

14 わたしは　子どもに　うちの仕事を　（　　　　　　）。

1　てつだいます　　　　　　　　　　2　てつだわせます

3　てつだわれます　　　　　　　　　4　てつだわされます

15 A：森先生に　（　　　　　　）んですが、いらっしゃいますか。

B：はい、ちょっと　お待ち　ください。

1　ごらんに　なりたい　　　　　　　2　お会いに　なりたい

3　はいけんしたい　　　　　　　　　4　お目に　かかりたい

もんだい2 ___★___ に 入る ものは どれですか。1・2・3・4から いちばん
いい ものを ひとつ えらんで ください。

16 A:午後は どこへ 行くんですか。
B:午後から _____ _____ __★__ _____ です。
1 よてい 2 工場へ 3 見学に 4 行く

17 A:あしたから 京都を 旅行するんですが、セーターは いるでしょうか。
B:今の きせつは _____ _____ __★__ _____ 、 ひつようだと 思います
よ。
1 寒い 2 まだ 3 ので 4 かもしれない

18 A:チンさん、明日 リーさんが _____ __★__ _____ _____ か。
B:いいえ、リーさんから まだ れんらくが ないんです。
1 どうか 2 います 3 知って 4 来るか

19 かぜを　ひくから、_____ _____ __★__ _____だめだよ。
　　1　まま　　　　　2　まどを　　　　3　ねちゃ　　　4　開けた

20 会場のじゅんびを　しますから、あしたは _____ __★__ _____ _____
　くださ い。
　　1　来て　　　　　2　半　　　　　3　までに　　　4　8時

もんだい3 ____21____ から ____25____ に 何を 入れますか。文章の 意味を 考えて、
1・2・3・4から いちばん いい ものを 一つ えらんで ください。

田中さん

　今日は　いろいろなところを　案内 ____21____、どうも　ありがとうございました。わたしも　妹も、京都は　はじめてでしたが、とても　楽しかったです。

　朝は　くもって　いたので、心配しましたが、午後から　いい天気に ____22____ ですね。山の上に　登った　とき、よく　晴れて　いたので、京都の町が　はっきり　見えました。写真も ____23____ とれましたから、このメールと　いっしょに　送ります。ほんとうに　ありがとうございました。

　____24____、来月の10日は　妹の誕生日なので、うちで　パーティーを　したいと　思って　います。大きいパーティーでは　ありませんが、田中さんにも　ぜひ　来て　いただきたいと　思っています。ご都合は　いかがですか。パーティーは　来月で、まだ　時間が　ありますが、予定を ____25____ ので、すみませんが、ご連絡ください。

キム　ビョンフォン

21　1　して　くださって　　　　　2　させて　くださって
　　3　して　さしあげて　　　　　　4　させて　さしあげて

22　1　ならなくて　よかった　　　　2　なって　よかった
　　3　ならなければ　よかった　　　4　なれば　よかった

23　1　きれいな　　　2　きれい　　　3　きれいに　　　4　きれいと

24　　1　たとえば　　　　2　ところで　　　　3　それなら　　　　4　でも

25　　1　うかがわない　　2　うかがった　　　3　うかがえる　　　4　うかがいたい

もんだい4　つぎの文章を読んで、質問に答えてください。答えは、1・2・3・4から
　　　　　いちばんいいものを一つえらんでください。

（1）

> 　さいきんインターネットで買い物をする人がふえました。それで買い物しす
> ぎてお金がなくなって、困る人も多くなったそうです。わたしはみなさんに買
> う前に1日考えてから買うようにしてくださいと言っています。インターネット
> はいつでも買い物ができますから、便利です。でも、みなさん、気をつけて、
> 買いすぎないようにしてください。

26　この文章を書いた人がいちばん言いたいことは何ですか。
　　1　インターネットで買い物をする人が多くなりました。
　　2　インターネットで買い物しすぎて困る人がふえました。
　　3　インターネットで買い物をするときは、よく考えてください。
　　4　インターネットでいつでも買い物ができて、便利になりました。

（2）

先日京都へ行くとき、新幹線でお弁当を食べました。有名な料理店のお弁当で、1つ1つていねいに作ってあって、味も本当においしかったです。1つ1000円のお弁当は、買った時はちょっと高いと思いましたが、食べてみて、けっして高くないと思いました。このお弁当を作った人は、本当に料理が好きだから、おいしいお弁当が作れるのでしょう。食べながら、とてもいい気分になりました。

27 この文章を書いた人がいちばん言いたいことは何ですか。
  1 有名な料理店のお弁当はおいしいです。
  2 新幹線のお弁当は高いです。
  3 料理が好きな人にお弁当を作ってもらいました。
  4 おいしいお弁当が食べられて、うれしかったです。

（3）

自転車置き場の使い方

・2時間以内なら無料です。お金はいりません。

・2時間以上は1日150円です。

(1)はじめに入り口の機械から、紙を1枚とってください。時間が書いてあります。

(2)出るとき、機械にその紙を入れて、お金を入れると、出口が開きます。

注意：2時間以内でも、必ず紙を入れてください。紙を入れないと、出口が開きません。紙をなくした場合は150円入れてください。出口が開きます。

28 この自転車置き場に1時間自転車を止めた人はどうしますか。

1　何も入れないで出口から出る。

2　紙だけ入れて出口から出る。

3　紙といっしょに150円入れて出口から出る。

4　出口が開かないので入口から出る。

（4）
下のメールは、大木さんが山田さんに送ったものです。

1234@abk.co.jp

大木です。
山ちゃん、元気？
この間は、遊びに来てくれてありがとう。
とっても楽しかったね。

あのとき貸した本だけど、父が仕事で使いたいと言っているので、
まだ読み終わっていないと思うけど、送ってもらえないかな？
あとでもう一度貸すから。
じゃあ、お願いします！

大木

29 大木さんが山田さんにこのメールを送ったのはどうしてですか。

　1　本を貸したいから。

　2　本を借りたいから。

　3　本を送りたいから。

　4　本を返してもらいたいから。

もんだい5　つぎの文章を読んで、質問に答えてください。答えは、１・２・３・４から
　　　　　いちばんいいものを一つえらんでください。

（１）

　　わたしは日本語を勉強している学生です。わたしの日本語の先生は、同じテス
トの問題をたいてい３回使います。１回目は、正しい答えをａ．ｂ．ｃ．ｄ．の中か
ら選ぶ試験です。これは、だいたいみんなよくできます。

　　１週間ぐらい後で、１回目と同じ問題をします。２回目の試験の紙は、問題の
文だけで、ａ．ｂ．ｃ．ｄ．の４つの答えがなくて、自分で答えを考えて書きます。
１回目のときはできたのに、間違えてしまうこともあります。

　　３回目は、その１週間ぐらい後で、自分の１回目の試験の紙を見ながら、どう
してその答えが正しいのか、どうしてほかの答えは正しくないのか、日本語でう
まく友だちに説明できるかどうかテストします。正しい答えはわかっていても、
うまく説明するのは難しいので、友だちといっしょにわかりやすい説明を考えま
す。

　　新しいことをどんどん勉強したいという友だちや、説明するのは難しいから１
回目や２回目のテストだけをやりたいという友だちもいますが、わたしはこのや
り方がいいと思います。

　　同じ問題を３回やれば、よく覚えられるし、説明を考えながら、わかりやすい
話し方の練習をするので、会話が上手になると思うからです。

30 2回目のテストはどんなテストですか。

　1　1回目によくできなかった人がもう1回受けるテストです。

　2　a．b．c．dの中から、正しい答えはどれか、選ぶテストです。

　3　1回目と同じ問題で、正しい答えを自分で考えるテストです。

　4　みんな1回目よりいい点数がとれるテストです。

31 3回目にするテストはどうして難しいのですか。

　1　日本語で説明しなければならないからです。

　2　1回目と2回目の答えを忘れたからです。

　3　どの答えが正しいかわからないからです。

　4　友だちといっしょに考えるからです。

32 3回のテストはどんなやり方でしますか。

　1　違う問題を3回同じやり方でします。

　2　同じ問題を3回違うやり方でします。

　3　問題がだんだんやさしくなります。

　4　問題がだんだん難しくなります。

33 わたしはこのやり方がいいと思いますとありますが、それはどうしてですか。

　1　3回目にだいたいみんな100点になるからです。

　2　新しいことをどんどん勉強できるからです。

　3　テストを受けるだけだからです。

　4　よく覚えられるし、会話が上手になるからです。

もんだい6　右のページのA「アルバイトひょう」とB「キムさんの1週間のよてい」を見て、
　　　　　質問に答えてください。答えは1・2・3・4からいちばんいいものを一つ
　　　　　えらんでください。

34　キムさんが月曜日から金曜日まででできるアルバイトはどれですか。
　　　1　ア
　　　2　イ
　　　3　エ
　　　4　オ

35　キムさんはできるだけたくさんお金がほしいと思っています。どのアルバイトを
　　　したらいいですか。
　　　1　イ
　　　2　ウとオ
　　　3　エ
　　　4　オ

A. アルバイトひょう ― 日本一大学

今、下のアルバイトがあります。アルバイトをしたい人は、じむしょへ来てください。

アルバイトは1人に1つだけしょうかいします。

	アルバイト代	はたらく時間	仕事のようび	仕事
ア	1時間 850円	16時～19時	月から金まで1週間に4日以上はたらける方	ビルのそうじ
イ	1時間 900円	10時～18時	土・日の2日間はたらける方	レストランのてつだい
ウ	1時間 1,000円	14時～20時	土ようびか日ようびにはたらける方	ケーキを売る
エ	3時間 4,000円	13時～14時	土よう日	子どもにサッカーを教える
オ	2時間 7,000円	7時～9時	木よう日	会社でかんこくごを教える

B. キムさんの1週間のよてい

	月	火	水	木	金	土	日
1 9:00 ～ 10:30	○	○			○		
2 10:40 ～ 12:10	○	○	○	○	○		サッカーのれんしゅう
3 13:00 ～ 14:30	○	○	○	○	○		
4 14:40 ～ 16:10	○		○		○		
5 16:20 ～ 17:50	○						

○ じゅぎょうがある

N4

ちょうかい 35ふん

（60てん）

ちゅうい

1. しけんかいしのあいずがあるまで、このもんだいようしをあけないで
ください。
2. このもんだいようしをもちかえることはできません。
3. じゅけんばんごうとなまえをしたのらんに、はっきりとかいてくださ
い。
4. このもんだいようしは、ぜんぶで12ページあります。

じゅけんばんごう	

なまえ	

<ruby>問題<rt>もんだい</rt></ruby>1

もんだい1では、まず　しつもんを　<ruby>聞<rt>き</rt></ruby>いて　ください。それから　<ruby>話<rt>はなし</rt></ruby>を　<ruby>聞<rt>き</rt></ruby>いて、もんだいようしの　1から4の　<ruby>中<rt>なか</rt></ruby>から、　いちばん　いいものを　<ruby>一<rt>ひと</rt></ruby>つ　えらんで　ください。

1ばん

1

2

3

4

2ばん

1　9<ruby>時<rt>じ</rt></ruby>に　101<ruby>教室<rt>きょうしつ</rt></ruby>

2　10<ruby>時<rt>じ</rt></ruby><ruby>半<rt>はん</rt></ruby>に　101<ruby>教室<rt>きょうしつ</rt></ruby>

3　1<ruby>時<rt>じ</rt></ruby>に　101<ruby>教室<rt>きょうしつ</rt></ruby>

4　2<ruby>時<rt>じ</rt></ruby>に　201<ruby>教室<rt>きょうしつ</rt></ruby>

1 女の人に　かえします

2 自分の　友だちに　貸します

3 女の人の　友だちに　貸します

4 もう一度　読みます

1

2

3

4

5ばん

1 こやま行きの 電車に 乗ります

2 3ばんせんの 電車に 乗ります

3 4ばんせんの 電車に 乗ります

4 この電車に 乗って行きます

6ばん

1

2

3

4

1

2

3

4

1

2

3

4

問題2

もんだい2では、まず しつもんを 聞いて ください。そのあと、もんだいようしを 見て ください。読む 時間が あります。それから 話を 聞いて、もんだいようし の1から4の 中から、 いちばん いいものを 一つ えらんで ください。

1ばん

1 いろが きらいだから

2 デザインが きらいだから

3 やすすぎるから

4 おなじスカートを 持っているから

2ばん

1 くつを 買う

2 ふくを 買う

3 はなを 買いにいく

4 ミュージカルを みる

3ばん

 1 5人

 2 6人

 3 7人

 4 8人

4ばん

 1 きっぷが　ないと　乗れないから

 2 子どもだけで　乗るから

 3 すわるところが　ほしいから

 4 子どもは　きっぷが　いらないから

1 明日から 旅行に 行くから

2 図書館が 開いているから

3 本を かえす ボックスが あるから

4 本に CDが ついているから

1 時間が ないから

2 店で 借りるから

3 かばんを 使わないから

4 友だちに 借りるから

1　作ったほうが　安いから

2　きれいに　作れるから

3　子どもが　よろこぶから

4　かたづけるのが　たいへんだから

問題3
もんだい

もんだい3では、えを 見ながら しつもんを 聞いて ください。やじるし (→) の人
は 何と いいますか。1から3の 中から、いちばん いいものを 一つ えらんで
ください。

1ばん

2ばん

問題4

もんだい4では、えなどが ありません。まず ぶんを 聞いて ください。それから、その へんじを 聞いて、1から3の 中から、いちばん いい ものを 一つ えらんで ください。

― メモ ―

N4 (3回) げんごちしき (もじ・ごい) かいとうようし

受験番号
Examinee Registration
Number

名前
Name

< ちゅうい Notes >

1. くろいえんぴつ (HB、No.2) で
かいてください。
Use a black medium soft
(HB or No 2) pencil.

2. かきなおすときは、けしゴムで
きれいにけしてください。
Erase any unintended marks
completely.

3. きたなくしたり、おったりしないで
ください。
Do not soil or bend this sheet.

4. マークれい Marking examples

よい Correct	わるい Incorrect
●	⊗ ◌ ◑ ◐ ⊜ ◍

もんだい 1

1	①	②	③	④
2	①	②	③	④
3	①	②	③	④
4	①	②	③	④
5	①	②	③	④
6	①	②	③	④
7	①	②	③	④
8	①	②	③	④
9	①	②	③	④

もんだい 2

10	①	②	③	④
11	①	②	③	④
12	①	②	③	④
13	①	②	③	④
14	①	②	③	④
15	①	②	③	④

もんだい 3

16	①	②	③	④
17	①	②	③	④
18	①	②	③	④
19	①	②	③	④
20	①	②	③	④
21	①	②	③	④
22	①	②	③	④
23	①	②	③	④
24	①	②	③	④
25	①	②	③	④

もんだい 4

26	①	②	③	④
27	①	②	③	④
28	①	②	③	④
29	①	②	③	④
30	①	②	③	④

もんだい 5

31	①	②	③	④
32	①	②	③	④
33	①	②	③	④
34	①	②	③	④
35	①	②	③	④

N4 (3回) げんごちしき (ぶんぽう)・どっかい かいとうようし

受験番号
Examinee Registration
Number

名 前
Name

もんだい1

1	①	②	③	④
2	①	②	③	④
3	①	②	③	④
4	①	②	③	④
5	①	②	③	④
6	①	②	③	④
7	①	②	③	④
8	①	②	③	④
9	①	②	③	④
10	①	②	③	④
11	①	②	③	④
12	①	②	③	④
13	①	②	③	④
14	①	②	③	④
15	①	②	③	④

もんだい2

16	①	②	③	④
17	①	②	③	④
18	①	②	③	④
19	①	②	③	④
20	①	②	③	④

もんだい3

21	①	②	③	④
22	①	②	③	④
23	①	②	③	④
24	①	②	③	④
25	①	②	③	④

もんだい4

26	①	②	③	④
27	①	②	③	④
28	①	②	③	④
29	①	②	③	④

もんだい5

30	①	②	③	④
31	①	②	③	④
32	①	②	③	④
33	①	②	③	④

もんだい6

34	①	②	③	④
35	①	②	③	④

N4 (3回) ちょうかい かいとうようし

受 験 番 号
Examinee Registration
Number

名 前
Name

もんだい1

1	①	②	③	④
2	①	②	③	④
3	①	②	③	④
4	①	②	③	④
5	①	②	③	④
6	①	②	③	④
7	①	②	③	④
8	①	②	③	④

もんだい2

1	①	②	③	④
2	①	②	③	④
3	①	②	③	④
4	①	②	③	④
5	①	②	③	④
6	①	②	③	④
7	①	②	③	④

もんだい3

1	①	②	③	④
2	①	②	③	④
3	①	②	③	④
4	①	②	③	④
5	①	②	③	④

もんだい4

1	①	②	③
2	①	②	③
3	①	②	③
4	①	②	③
5	①	②	③
6	①	②	③
7	①	②	③
8	①	②	③